मीराँबाई ग्रन्थावली-1

मीराँबाई की जीवनी

मीरांबाई ग्रन्थावली–1

(मीरांबाई की जीवनी)

प्रो. (डॉ.) कल्याणसिंह शेखावत

वाणी प्रकाशन

प्रकाशन के उत्कृष्टतम 60 वर्ष

सजिल्द पहला संस्करण : 2001
सजिल्द दूसरा संस्करण : 2004
सजिल्द तीसरा संस्करण : 2017
सजिल्द चौथा संस्करण : 2023

vaniprakashan.com

वाणी प्रकाशन

4695, 21-ए, दरियागंज, नयी दिल्ली-110 002

फ़ोन : +91 11 23273167, 23275710

शाखाएँ

अशोक राजपथ, पटना-800 004, बिहार
कॉफ़ी हाउस कैम्पस, महात्मा गांधी मार्ग, इलाहाबाद-211 001, उत्तर प्रदेश
महात्मा गांधी अन्तरराष्ट्रीय हिन्दी विश्वविद्यालय, वर्धा-442 001, महाराष्ट्र
36/ए, शेक्सपियर सरणी, रानी बिरला गर्ल्स कॉलेज के पास, कोलकाता-700 017, प. बंगाल

sales@vaniprakashan.in
vaniprakashan@gmail.com

Meeranbai Granthawali-1
by Prof. (Dr.) Kalyan Singh Sekhawat

ISBN : 978-81-7055-762-0
Granthawali

मूल्य : ₹ 475

आर. टेक ऑफ़सेट प्रिंटर्स, दिल्ली-110 032 में मुद्रित

वाणी प्रकाशन का लोगो मक़बूल फ़िदा हुसेन की कूची से

मैं अपना यह ग्रन्थ राजस्थानी भाषा, साहित्य एवं संस्कृति के अनन्य उपासक तथा भक्तों एवं सन्तों के प्रति श्रद्धाभाव रखने वाले माननीय महाराज गजसिंह जी जोधपुर को सादर समर्पित करता हूँ।

—**कल्याणसिंह शेखावत**

अनुक्रम

प्राक्कथन

मीराँबाई के जीवन वृत पर इतिहास और साहित्य के अनेक विद्धानों ने प्रकाश डाला है और वर्तमान में भी मीरा पर लेखन और अनुसन्धानपरक अध्ययन निरन्तर हो रहे हैं। आज तो मीराँबाई भारत की सीमाओं को लाँघकर अन्तर्राष्ट्रीय स्तर पर लेखन एवं अनुसन्धान का विषय बन गई है। भारत के प्रायः सभी विश्वविद्यालयों में मीराँबाई स्नातक एवं स्नातकोत्तर कक्षाओं में अध्ययन-अध्यापन का विषय अनेक वर्षों से है। अतः मीराँबाई की प्रामाणिक जीवनी एवं पदावली के प्रस्तुतिकरण की आवश्यकता अनेक वर्षों से अनुभव की जा रही है। अतः मैंने इस अभाव की पूर्ति के लिए प्रस्तुत पुस्तक का लेखन किया है।

अध्यावधि मीराँबाई की जीवनी पर इतिहासकारों एवं साहित्यकारों ने अपने-अपने दृष्टिकोणों से विचार किया है। इतिहास के विभिन्न ग्रन्थों में मीराँबाई का कोई प्रामाणिक उल्लेख नहीं मिलता किन्तु मुहणोत-नेणसी, बाँकीदास दयालदास तथा अन्य ख्यात और विगत लिखने वाले इतिहासकारों ने प्रसंगवश उल्लेख किया। तत्पश्चात् विदेशी लेखकों में कर्नल जेम्स टॉड, एच.जी.वेल्स, जैसे रचनाकारों ने भी मीराँ के सम्बन्ध में अप्रमाणिक लेखन किया। आधुनिक इतिहासकारों ने गौरीचन्द हीराचन्द ओझा, हरविलासशारदा, डॉ. रघुवीर सिंह सीतामऊ, पं. रामकर्ण आसोपा, विश्वेश्वर नाथ रेऊ, डॉ. गोपीनाथ शर्मा, डॉ. दशरथ शर्मा राम जैसे अनेक इतिहासकारों ने मीराँ के व्यक्तित्व और कृतित्व पर ऐतिहासिक दृष्टि से विचार कर लेखन किया है। 'जयमलवंश प्रकाण' जैसे ऐतिहासिक ग्रन्थ में रावजयमल के वंशज बदनोर के गोपाल सिंह मेड़तिया ने भी मीराँबाई की भक्ति और जीवनी पर प्रकाश डाला है। उपर्युक्त समस्त इतिहासकारों ने किसी प्रामाणिक सामग्री का उल्लेख तो नहीं किया किन्तु उनके अध्ययन पर आधारित मध्यकाल से लेकर उत्तर मध्य काल तक लिखी गई विभिन्न ख्यातें, विगत, वंशावलियाँ, बहियाँ, शिलालेख आदि अवश्य रहे हैं। मध्यकाल की रियासतें में रियासती राज की ओर से इतिहास के जानकारों ने ख्यातें, बातें, विगते, वंशावलीय आदि लिखाने की परम्परा प्रारम्भ हो गई थी और भारत के स्वतन्त्र होने से पूर्व तक यह इतिहास लेखन की परम्परा राजस्थान

की प्रायः सभी रियासतों में विद्यमान रही है।

दूसरी ओर परिवारिक और धार्मिक स्तर पर इस प्रकार का लेखन भी मध्यकाल में प्रारम्भ हो गया था। चारणों, भाटों, रावों, राणीमुंगावों, कुलगुरुओं का धार्मिक स्थलों पर विभिन्न पण्डों द्वारा जातिय आधार पर बहियाँ तैयार करने की परम्परा रही है। राणीमुंगा केवल उच्चकुल की महिलाओं के सम्बन्ध में ऐतिहासिक लेखन अपनी बहियों में लिखते थे। वे लोग राजपरिवार की जनानी डोढ़ियों में जाकर अपनी बहियों के लिए सामग्री एकत्रित करते थे और उसकी पुष्टि भी राजपरिवार की महिलाओं से करवाते थे। इसलिए राणीमुंगावों की बहियों को महिलाओं की दृष्टि से विश्वसनीय माना जाता रहा है।

इसी प्रकार एक वंश विशेष के कुलगुरु द्वारा लिखी गई बंहियाँ भी अधिक विश्वास योग्य मानी जाती रही है। इस प्रकार के लेखन करने वालों को अधिक सहयोग, जमीन आदि का दान तथा विविध प्रकार का मान सम्मान देकर सहयोग किया जाता रहा है। इस कारण इस प्रकार का लेखन अनेक व्यक्तियों और उनके परिवारों के लिए आजीविका का साधन भी रहा है। इस तरह रियासती राज के द्वारा तथा स्वतन्त्र रूप से इतिहास लेखन का कार्य समानान्तर चलता रहा है। यही कारण है कि राजस्थान में लिखित यह सामग्री विविध एवं विशाल है किन्तु इस महत्त्वपूर्ण सामग्री का पूर्ण अध्ययन करके इतिहास लेखन का कार्य अभी तक नहीं हुआ जिसके कारण राजस्थान का इतिहास अधूरा माना जाता है।

राजस्थान का इतिहास लेखन करते समय इतिहासकारों ने अरबी तथा फ़ारसी भाषाओं में लिखी गई सामग्री का तो उपयोग अधिकांश विद्धानों ने किया है किन्तु राजस्थान में प्राप्त विभिन्न हस्तलिखित ग्रन्थों में उपलब्ध ऐतिहासिक सामग्री का दो कारणों से अध्ययन नहीं हुआ। प्रथम कारण तो यह था कि यह सम्पूर्ण सामग्री राजस्थानी भाषा और मुड़िया लिपि में लिखी होने के कारण सरलता से पढ़ी नहीं जा सकी और नहीं उसका सही अर्थ इतिहासकार समझ सके क्योंकि अधिकांश इतिहास लेखक राजस्थानी भाषा का ज्ञान नहीं रखते थे।

इसका दूसरा कारण यह था कि इतिहासकारों ने यह धारणा बना ली कि चारणों, भाटों, रावों, राणीमुंगों तथा कुलगुरुओं तथा लिखित यह सामग्री अतिशयोक्ति पूर्ण, अतिरंजित तथा अप्रामाणिक है, जबकि ऐसा था नहीं। अतः मैंने इस सम्पूर्ण ऐतिहासिक सामग्री का पुर्नमूल्यांकन कर इस पुस्तक का लेखन किया है। जहाँ इतिहासकार ने राजस्थानी भाषा के ज्ञान के अभाव में भूले की हैं, उन्हें समक्ष रखकर प्रामाणिक सामग्री को पाठकों के समक्ष लाने का प्रयास किया है।

मेरी यह मान्यता है कि राजस्थान का इतिहास बिना राजस्थानी भाषा के अध्ययन के प्रामाणिक रूप से प्रस्तुत नहीं किया जा सकता। राजस्थानी भाषा

के हजारों दोहें हैं जिन्हें समझे बिना राजस्थान के इतिहास का अध्ययन हो ही नहीं सकता। इसी तरह राजस्थानी साहित्य का अध्ययन भी इतिहास के अध्ययन बिना अधूरा है। यदि किसी लेखक को इतिहास का सम्यक ज्ञान नहीं है तो वह राजस्थानी भाषा में किसी ग्रन्थ का अध्ययन नहीं कर सकता। अतः इतिहास, भाषा और साहित्य का पूर्ण अध्ययन करके ही राजस्थान के इतिहास और साहित्य का प्रामाणिक अध्ययन प्रस्तुत किया जा सकता है।

इस ग्रन्थ में मैंने राजस्थान के इतिहास और साहित्य का अध्ययन इसी दृष्टि को समक्ष रखकर प्रस्तुत करने का प्रयास किया है और इस आधार पर मीराँबाई के जीवन की घटनाओं को प्रमाण पुष्ट करके प्रस्तुत करने का प्रयास किया है। यह एक प्रयास है जिसके माध्यम से मीराँबाई के जीवनवृत्त से सम्बन्धित अनेक जिज्ञासाओं को शान्त किया जा सकेगा।

मैं वाणी प्रकाशन, नई दिल्ली के व्यवस्थापक श्री अरुण माहेश्वरी का अत्यन्त आभारी हूँ कि उन्होंने मेरे इस अध्ययन को पुस्तक रूप में इतने सुन्दर ढंग से प्रकाशित कर विद्धत समाज के समक्ष प्रस्तुत किया है। मैं इस श्रेष्ठ प्रकाशन के लिए उन्हें बधाई देता हूँ।

इस पुस्तक को सम्पूर्ण कर विद्धत समाज के समक्ष प्रस्तुत करने के पीछे मेरी पत्नी श्रीमती आनन्द कंवर का बहुत योगदान रहा है। वे स्वयं विदुषी हैं और श्रेष्ठ पुस्तकों का अध्ययन करना उन्हें प्रिय है। मेरी दोनों पुत्रियों श्रीमती अनुपमा सिंह और डॉ. चेतन शेखावत जंवाई श्री सौमित्र सिंह तथा पुत्र उदित सिंह मुझे सदा प्रेरित करते रहे। अतः मैं अपने परिवार के इस योगदान के लिए आभारी हूँ।

प्रो. कल्याण सिंह शेखावत

'शिवगंगा'
रक्षा प्रयोगशाला
रातानाडा, जोधपुर (राज.)

मीराँबाई ग्रन्थावली-1

मीराँबाई के जीवनवृत्त पर पुनर्विचार

जगत्‌विख्यात मध्ययुगीन भक्त कवयित्री राजरानी मीराँबाई पर सम्प्रति अनेक विद्वानों ने कार्य किया है। अनेक अध्ययनकर्ताओं ने शोधपूर्ण दृष्टि रख कर, मीराँ के जीवनवृत्त पर अपने विचार प्रस्तुत किए हैं किन्तु इस सर्वोत्कृष्ट स्त्री भक्त कवयित्री का जीवनवृत्त अद्यावधि इतिहास और साहित्य के लिए उलझन बना हुआ है। यह गुत्थी तब और भी उलझ जाती है, जब हम देखते हैं कि मीराँ जैसी विश्व की अद्वितीय महिला भक्त का, भारतीय इतिहास में कहीं प्रामाणिक उल्लेख तक नहीं है। मीराँ के सम्बन्ध में भारतीय इतिहास के अनिश्चित होने से, मीराँ सम्बन्धी अनेक विवाद अनायास उठ खड़े हुए। मीराँ का सर्वप्रथम ऐतिहासिक उल्लेख कर्नल जेम्स टॉड ने अपने राजस्थान के इतिहास में किया।[1] टॉड साहब द्वारा प्रस्तुत यह उल्लेख कालान्तर में अप्रामाणिक हुआ[2] और इस तरह एक विवाद का सूत्रपात हुआ। तत्पश्चात् कविराजा श्यामलदास जी ने अपने इतिहास में मीराँबाई सम्बन्धी दो परस्पर विरोधी बातें लिखीं[3] इसी प्रकार कविवर सूर्यमल मिश्रण के बूँदी के इतिहास में[4] मुहता नैणसी की ख्यातों, रामदान लालस के भीमप्रकाश[5] हरविलास सारदा की पुस्तक[6] मुंशी देवी प्रसाद की पुस्तक[7] चतुरकुलचरित्र[8] पं. रामकरण आसोपा के इतिहास[9] पं. विश्वेश्वरनाथ रेऊ के इतिहास[10] पं. गौ. ही. ओझा के इतिहास[11] श्री गोपाल सिंह मेड़तिया के 'वंश प्रकाश'[12] जगदीश सिंह गहलोत के इतिहास[13] रामनाथ रतनू के इतिहास[14] देवनाथ पुरोहित के इतिहास[15] डा. रघुवीर सिंह सीतामऊ के पूर्व आधुनिक राजस्थान[16] पृथ्वीसिंह मेहता के हमारा राजस्थान[17] में मीराँ सम्बन्धी सामग्री उपलब्ध है जिस पर विचार की पर्याप्त आवश्यकता है।

कुछ विदेशी विद्वान ऐसे थे जिन्होंने मीराँ सम्बन्धी अस्पष्ट तथा असत्य परिचय पाठकों को कराया[18]।

सम्प्रति मुंशी देवीप्रसाद के निर्णयों को ही स्वीकार कर मीराँ के जीवन का ऐतिहासिक वृत्त खींचा गया है, किन्तु मुंशी जी की दोनों पुस्तकें[19] देखने पर ज्ञात होता है जैसे मुंशी जी स्वय भी अनिश्चित हैं। एक स्थान पर ये मीराँ का जन्म स्थान चोकड़ी लिखते हैं तो दूसरे स्थान पर कुड़की। इस प्रकार मुंशी जी मीराँ सम्बन्धी निर्णय प्रामाणिकता से परे, सम्भावनाओं के सहारे देते हैं। वस्तुतः मीराँ का सम्पूर्ण

जीवनवृत्त ही पूर्ण ऐतिहासिकता एवं पूर्ण प्रामाणिकता की आवश्यकता लिए हुए है। मीराँ का जीवनवृत्त इतिहास के साथ-साथ साहित्य की भी एक रोचक कहानी है।

यह सर्वविदित सत्य है कि मीराँ अपने युग की देन है और वह अपने सम्पूर्ण युग का पूर्ण प्रतिनिधित्व करती है। अतः मीराँ को समझने के लिए यह आवश्यक है कि हम मीराँ के युग को समझें। मीराँ का परिचय प्राप्त करने से पूर्व मीराँ के युग की राजनीतिक, सामाजिक, धार्मिक एवं आर्थिक परिस्थिति का ज्ञान होना परम आवश्यक है। मीराँ का युग युद्ध, भक्ति और शृंगार का मिश्रित युग है। इसी ताने-बाने के बीच झाँकता है, मीराँ का अद्वितीय व्यक्तित्व और उसकी अनोखी भक्ति।

मीराँ के युग के ऐतिहासिकवृत्त से हमें ज्ञात होता है कि मेड़ता तत्कालीन राजनीतिक हलचलों का प्रमुख केन्द्र रहा है। मेड़ता सदा अपने युग की राजनीति का सूत्रधार रहा है। मीराँ के युग का मेड़ता एक शक्तिसम्पन्न तथा स्वतन्त्र राज्य था, जो अपना स्वतन्त्र स्थान रखता था[20] जिसने सदा मेवाड़ाधिपति राणा साँगा रायमलोत (संग्राम सिंह) की सहायता की। चाहे वे वि.सं. 1582 में ईडर की मदद को (गुजरात) आक्रमण करने गए[21] तब और चाहे मुगल सम्राट बाबर के विरुद्ध वि.सं. 1584 में खानवा का ऐतिहासिक युद्ध करने गए तब।[22] अतः मेड़ता को (तत्कालीन) जोधपुर के अधीन मानना एक भूल होगी। मीराँ के युग का मेड़ता जोधपुर, बीकानेर और चित्तौड़ की तरह ही एक स्वतन्त्र राज्य था। मेड़ता के शासक भी वही 'राव' की पदवी रखते थे जो जोधपुर एवं बीकानेर के शासकों को प्राप्त थी। यहाँ तक कि मेड़ता के शासक वीरमदे दूदावत को तो 'राजा' का खिताब प्राप्त था। जोधपुर से मेड़ता का रक्त सम्बन्ध अवश्य था किन्तु मेड़ता जोधपुर के अधीन कदापि नहीं था। यदि सामरिक दृष्टि से विचार किया जाए तो मेड़ता उस समय जोधपुर से भी अधिक सम्पन्न और महत्त्वपूर्ण माना जाता था।

मेड़ता के तीनों राव अपने समय के अत्यन्त शक्तिशाली शासक थे जिन्होंने तत्कालीन इतिहास का सूत्र-संचालन कर, उसे निर्माण, परिवर्तन एवं धूमिल करने में अपना अत्यन्त महत्त्वपूर्ण योग दिया। राव दूदा जोधावत, राव वीरमदे दूदावत तथा राव जैमल वीरमदेवोत, ये सभी मेड़ता के राव राजस्थान में ही नहीं अपितु भारतीय इतिहास में आज भी अपना विशिष्ट स्थान बनाए हुए हैं। ये तीनों परम वैष्णव थे।[23] राव दूदा जोधावत के पाँचों पुत्र वीरमदे, रायमल, रायसल, रतनसी और पीचांण, सभी एक से एक बढ़कर वीर योद्धा थे।

मेड़तिया राव दूदा जोधावत के बाद वीरमदे दूदावत मेड़ता के शासक हुए। इनकी वीरता से भारतीय इतिहास के स्वर्ण पृष्ठ रँगे हैं। इन्होंने जोधपुर के शासक राव गाँगा बाघावत के साथ महाराणा साँगा को प्रत्येक युद्ध में सहायता दी थी,

यहाँ तक कि मेवाड़ाधिपति महाराणा साँगा रायमलोत के उस अन्तिम ऐतिहासिक युद्ध में भी, जो उन्होंने मुगल सम्राट बाबर के साथ विक्रमी संवत् 1584 में खानवा के प्रसिद्ध मैदान में लड़ा था, राव गाँगा बाघावत के न होते हुए भी, आप 4,000 सैनिक और अपने दोनों भाइयों–रतनसी और रायमल को साथ लेकर महाराणा की सहायतार्थ गए थे।[24] इस युद्ध में तीनों मेड़तिया भाइयों ने जो अद्भुत रणकौशल दिखाया[25] उसकी प्रशंसा शत्रु तक ने मुक्त कण्ठ से की है। खानवा के इस ऐतिहासिक और निर्णायक युद्ध में राव वीरमदे दूदावत के दोनों भाई रतनसी दूदावत तथा रायमल दूदावत वीरगति को अवश्य प्राप्त हुए किन्तु उन्होंने महाराणा को बचा लिया। राव वीरमदे दूदावत के प्रताप से ही महाराणा साँगा रायमलोत घायलावस्था में एक सुरक्षित स्थान को पहुँचाए जा सके थे। यह अलग बात है कि बाद में उन्हें कुछ लोगों ने विष देकर मार दिया। इस घटना से सम्बन्धित एक कवित्त आज भी प्रसिद्ध है, प्रचलित है–

रतन रायमल्ल बँधव रहिया,
समहर भिड़ दारवै ओसाप।
साँगो राण कुसल घर पोंचो,
(वो) वीरमदे तणों प्रताप।।[26]

महाराणा साँगा रायमलोत के पश्चात् राजस्थान के राजनीतिक घटनाचक्र में भी मेड़ताधीश राव वीरमदे दूदावत का सदा प्रमुख हाथ रहा है, चाहे वह जोधपुर के शासक राव मालदे गाँगावत से निरन्तर युद्धों के रूप में रहा हो, चाहे दिल्ली सम्राट शेरशाह 'सूर' को आक्रमण हेतु जोधपुर की ओर लाने के रूप में रहा हो।[27]

राय वीरमदे दूदावत के बाद जैमल वीरमदेवोत (राव वीरमदे दूदावत के ज्येष्ठ पुत्र) मेड़ता के शासक हुए।[28] राव जैमल वीरमदेवोत एक अनुपम वीर योद्धा तथा प्रसिद्ध वैष्णव भक्त के रूप में भारतीय इतिहास और धार्मिक जगत् में कीर्ति अर्जित कर चुके हैं।[29] आपकी वीरता के गान इतिहास बड़े गौरव से गाता है। राव जैमल भी अपने युग की राजनीति के प्रमुख संचालक रहे हैं। इस अनोखे मेड़तिया वीर से मारवाड़ के राव मालदे गाँगावत बहुत घबराते थे क्योंकि राव मालदे गाँगावत राव जैमल वीरमदेवोत से हुई अपनी पराजयों और भिड़न्तों को कभी भूल नहीं सके थे।[30] मेवाड़ के महाराणा उदयसिंह साँगावत ने सदा इस मेड़तिया राव की सहायता की आशा रखी और इन्होंने भी अन्तिम दम तक महाराणा की सहायता की। इस वीर की प्रशंसा स्वयं मुगल सम्राट जलालुद्दीन अकबर ने मुक्त कण्ठ से की थी। आपकी और वीरवर पत्ता की वीरता से प्रभावित होकर ही अकबर ने इन दोनों की हाथी पर चढ़ी मूर्तियाँ बनवाकर आगरे के किले के सामने लगवाई थीं।[31]

पारिवारिक दृष्टि से देखें तो, एक ओर मेड़ता के शासक जोधपुर के शासकों

के पुत्र तथा भाई हैं। वे बीकानेर और ईडर के शासकों के भी भाई ही हैं क्योंकि ये दोनों राज्य भी राठौड़ शासकों के हैं। दूसरी ओर मेवाड़, जयपुर और शेखावतों के मेवाड़ के शासक सम्बन्धी हैं।

मेड़तिया शाखा के संस्थापक राव दूदाजी, जोधपुर के शासक राव जोधाजी रिड़मलोत के पुत्र थे।[32] इस तरह राव दूदा जोधावत की सन्तान मारवाड़ के शासकों की भाई हुई। चूँकि बीकानेर और ईडर दोनों राठौड़ों की रियासतें थीं, अतः इन दोनों के शासक भी मेड़ता के शासकों के भाई हुए। मेवाड़ के शासक राणा रायमल मोकलोत एवं महाराणा साँगा रायमलोत की बहन गोरज्या कुमारी से मेड़ताधीश राव (राजा) वीरमदे दूदावत का विवाह हुआ था[33] तथा महाराणा साँगा रायमलोत के कुँवर भोजराज साँगावत से राव वीरमदे दूदावत के छोटे भाई रतनसी दूदावत की पुत्री मीराँबाई का विवाह हुआ था।[34] अतः मेवाड़ तथा मेड़ता के शासक परस्पर सगे-सम्बन्धी हुए।

उधर अमरसर (शेखावाटी) के शासक एवं शेखावत शाखा के संस्थापक राव शेखा मोकलोत के पौत्र एवं राव रायमल शेखावत के पुत्र सूजा रायमलोत को मेड़ता के स्वामी राव वीरमदे दूदावत के छोटे भाई (इतिहासप्रसिद्ध रेण के स्वामी) रायमल दूदावत की पुत्री ब्याही थी।[35] इस तरह अमरसर के शेखावत भी मेड़ता के सगे-सम्बन्धी हुए। चूँकि जयपुर के शासक कछवाह हैं और कछवाह तथा शेखावत भाई हैं, अतः जयपुर के राजावत (कछवाह) भी मेड़ता के सम्बन्धी ही हुए। चूँकि जोधपुर और जयपुर में भी परस्पर सम्बन्ध हुए हैं, इस कारण भी जयपुर वाले मेड़ता के राठौड़ी (मेड़तिया) शासकों के सम्बन्धी होते हैं। अमरसर के शेखावतों के उपर्युक्त सम्बन्ध के कारण ही जोधपुर के राव मालदे गाँगावत द्वारा मेड़ता के राव वीरमदे को मेड़ता और अजमेर से निकाल देने पर राव वीरमदे दूदावत अमरसर के राव रायमल शेखावत के अतिथि बने थे।[36]

इस तरह तत्कालीन युग में मेड़ता, उस युग के सभी प्रमुख राज्यों एवं उनके शासकों से घरेलू सम्बन्ध रखता था। इस तरह उस युग की राजनीति में उसका प्रमुख हाथ रहता था।

उपर्युक्त तथ्यों से हमें ज्ञात होता है कि मेड़ता एक स्वतन्त्र और प्रभुतासम्पन्न राज्य था, जिसका अपने युग में एक विशिष्ट स्थान था। आज तक कुछ इतिहासकारों ने मेड़ता राज्य के इसी स्वतन्त्र और सर्व प्रभुतासम्पन्न स्वरूप को समझने में भूल की है, जिससे अनेक शंकाओं का जन्म हुआ। मेवाड़ के महाराणा रायमल कुम्भावत ने अपनी पुत्री गोरज्या देवी का मेड़ताधीश राव वीरमदे दूदावत से विवाह कर, मेड़ता के बढ़ते हुए महत्त्व को स्वीकार कर लिया था। महाराणा साँगा रायमलोत ने भी सदा मेड़ता को महत्त्व दिया और मेड़ता की राजकुमारी मीराँ को अपनी पुत्रवधू बनाकर, सम्बन्धों का नवीनीकरण कर, उन्हें पुष्ट कर लिया। महाराणा साँगा

रायमलोत जैसा दूरदर्शी शासक, विख्यात योद्धा और कुशल राजनीतिज्ञ मेड़ता के भौगोलिक और सामरिक महत्त्व को भली प्रकार समझता था। इन्हीं सम्बन्धों के कारण मेड़ता के उद्भट वीरों की तलवारें महाराणा के प्रत्येक युद्ध में चमकती रहीं और मेड़तिया वीरों ने ढाल बनकर उनकी रक्षा की। अकेले राव वीरमदे दूदावत ने महाराणा साँगा रायमलोत के 18 युद्धों में भाग लिया।[37] इन्हीं सम्बन्धों को राव जैमल वीरमदेवोत ने महाराणा उदयसिंह साँगावत के समय तक अपना ख़ून देकर भी निभाया और इन्हीं सम्बन्धों को निभाते हुए वि सं. 1624 में चित्तौड़ को बचाते समय अपने प्राण दे दिए।

मेड़ता की इसी स्थिति का ज्ञान न होने के कारण लोग पूछ बैठते हैं—मेड़ता जैसे छोटे राज्य की कन्या का सम्बन्ध मेवाड़ाधीश महाराणा साँगा के पुत्र से कैसे हो गया? फिर मीराँ तो राव वीरमदे दूदावत के भाई की लड़की थी जो केवल 12 गाँवों का ठाकुर ही तो था? ऐसे प्रश्न करने से पूर्व एक तो हमें मीराँ के युग के मेड़ता का उपर्युक्त परिचय होना चाहिए, दूसरा मेवाड़ और मेड़ता की पूर्व सम्बन्ध परम्परा के सन्दर्भ में इस पर विचार करना चाहिए। मेड़ता के स्वामी राव वीरमदे दूदावत मेवाड़ के दामाद थे, ...अतः उन्होंने (अपने भाई रतनसी की मृत्यु के बाद) अपनी पुत्री से बढ़कर पालन-पोषण किया था। फिर महाराणा साँगा रायमलोत स्वयं यह सम्बन्ध करना चाहते थे।

मीराँबाई का जन्म संवत् :

मीराँबाई मेड़ता के स्वामी तथा राठौड़ों की मेड़तिया शाखा के संस्थापक राव दूदा जोधावत के पुत्र रतनसी की सन्तान थी।[38] रतनसी दूदावत के यहाँ मीराँबाई का जन्म वि.सं. 1555 को वैशाख सुदि 3 को हुआ था।[39]

मीराँ के भ्राता :

मीराँबाई के पूर्व रतनसी दूदावत के एक पुत्र हुए थे, जिनकी बचपन में ही मृत्यु हो गई थी। इनका नाम गोपाराया गोपाल था। कुछ राणीमुंगाओं की बहियों में इनका नाम दुर्जनसाल भी लिखा मिलता है।[40] इस तरह इन राणीमुंगाओं की बहियों के अनुसार ये मीराँ से बड़े थे। उनकी बचपन में ही मृत्यु होने के पश्चात् सिंहाकमाता की आराधना पर बाई मीराँ का जन्म हुआ। स्व. पुरोहित हरिनारायण जी को भी मीराँ के एक भाई के होने की सूचना मिली थी, जिसे उन्होंने अपने 'नोट्स' में लिखा है।[41] इसी प्रकार स्व. उदयराज जी उज्ज्वल भी मीराँ के एक भाई होने की बात मानते हैं।[42] मीराँ के एक भाई होने का उल्लेख मेड़तियों के कुलगुरुओं की बहियों में भी मिलता है।

मीराँ की माता :

गोगूँदा के झाला कहलाण हमीर की पुत्री टाकणी कसुम्ब कँवर मीराँबाई की माता थी और कहलाण हमीर उनके नाना थे।[43]

मीराँ का पितृ परिवार :

राठौड़ों की मेड़तिया शाखा के संस्थापक राव दूदा जोधावत, मीराँबाई के दादा थे। राव दूदा जोधपुर के शासक राव जोधा रिड़मलोत के पुत्र थे। इस तरह मीराँबाई राव जोधा रिड़मलोत की प्रपौत्री थी।

राव दूदाजी जोधावत के पाँच पुत्र थे जिनके नाम इस प्रकार हैं–

1. वीरमदे
2. रतनसी
3. रायमल
4. रायसल
5. पीचांण।

राव दूदा जोधावत के इन्हीं पाँचों पुत्रों के सम्बन्ध में एक दोहा प्रसिद्ध है जो मेड़ता क्षेत्र के मेड़तियों के कुलगुरुओं, रावों, राणीमुंगाओं तथा चारणों में अत्यन्त प्रचलित है–

> मैहपत बीरम रायमल रासौ रतन'र पीचाण।
> पाँचों ही पंच पंडव जेहा दूद तणों दैहीवाण।।[44]

राव दूदा जोधावत :

राव दूदा जोधावत का जन्म वि.सं. 1497 में (मारवाड़ की तत्कालीन राजधानी) मण्डोर में होना मान्य है।[45] दूदा जोधावत और वरसिंह (बरसी) जोधावत दोनों राव जोधा रिड़मलोत की सोनगरी राँणी चम्पा के पुत्र थे और इन्हें ही राव जोधा रिड़मलोत ने सम्मिलित रूप से मेड़ता दिया था।[46] वि.सं. 1518-19 में इन दोनों भाइयों ने माँडू के बादशाह से मेड़ते का इलाका छीन कर अपना स्वतन्त्र राज्य स्थापित किया।[47]

राव वीरमदे दूदावत :

वि.सं. 1573 में राव दूदा जोधावत की मृत्यु हो जाने के बाद उनके ज्येष्ठ पुत्र वीरमदे दूदावत मेड़ता के शासक हुए।[48]

मीराँ के युग का ऐतिहासिक इतिवृत्त

अमरसर(शेखावाटी)	मेड़ता	जोधपुर	चित्तौड़	बीकानेर	दिल्ली	ईडर
राव शेखां जी	राव दूदा	राव जोधा	महाराणा रायमल	राव बीका	बाबर	राव रायमल
राव रायमल	राव वीरमदेव	राव सातल	महाराणा साँगा	राव नरोजी	हुमायूँ	राव भारमल
राव सूजा	राव जैमल	राव सूजाजी	महाराणा रतनसिंह	राव लूणकरण	शेरशाह	राव पूजाजी
राव लूणकरण	(वि.सं. 1518-19 से 1624 तक)	राव गाँगा	महा. विक्रमादित्य	राव जैतसी	अकबर	राव नारायणदास
(वि.सं. 1490 से 1673 तक)		राव मालदेव	महाराणा वणवीर	राव कल्याणमल	(वि.सं. 1585 से (वि.सं. 1648 तक)	राव कल्याणमलजी
		(वि.सं. 1515 से 1619 तक)	महाराणा उदयसिंह	राव रायसिंह		(ई.सं. 1481 से 1643 ई. तक)
			(वि.सं. 1530 से 1629 तक)	(वि.सं. 1495 से 1668 तक)		

जन्म :

राव वीरमदे दूदावत का जन्म वि.सं. 1534 मार्गशीर्ष शुक्ला 14 (ई.सं. 1477 ता. 19 नवम्बर) बुधवार को हुआ।[49]

विवाह :

वि.सं. 1553 (ई. सन् 1496) में युवराज वीरमदे दूदावत का विवाह चित्तौड़ के महाराणा रायमल कुम्भावत की पुत्री गोरज्या कुमारी से हुआ।[50] महाराणा रायमल की पुत्री गोरज्या कुमारी से प्रतापसिंह जी उत्पन्न हुए जिनको मेवाड़ की ओर से घाणेराव की जागीर प्रदान की गई। यह जागीर आज तक इन्हीं के वंशजों के अधिकार में चली आ रही है।[51] इस प्रकार गोरज्या कुमारी महाराणा साँगा रायमलोत की बहन थी और राव वीरमदे दूदावत उनके दामाद थे।

राव वीरमदे दूदावत (जो राजा की पदवी से भी विभूषित थे)[52] ने मीराँबाई को 2-3 वर्ष की अवस्था में ही, उनकी माता का देहान्त हो जाने पर, कुड़की से अपने पास मेड़ते बुलवा लिया था और बड़े लाड़ और प्यार से मीराँबाई का पालन-पोषण करने लगे। मीराँबाई अपने दादा राव दूदा जोधावत और अपने बड़े पिता (बाबोसा) की अत्यन्त लाड़ली कन्या थी। राव दूदा जोधावत की यह बलवती इच्छा थी कि मीराँ का विवाह उनके हाथों हो जाए किन्तु ऐसा न हो सका और मीराँ के विवाह के एक वर्ष पूर्व ही राव दूदा जोधावत का देहान्त हो गया। अतः राव वीरमदे दूदावत ने वि.सं. 1573 में मीराँबाई का विवाह बड़ी धूमधाम से मेवाड़ के स्वामी महाराणा साँगा के पुत्र भोजराज साँगावत से कर दिया।

मीराँबाई के इस विवाह में महाराणा साँगा रायमलोत स्वयं आए थे। ऐसा प्रसिद्ध है कि महाराणा का प्रसिद्ध हाथी विक्रम मेड़ता के दरवाजे (पोल) में न आ सका, अतः दरवाजा तुड़वाना पड़ा था। मीराँ के विवाह में उसके सभी देवर यथा रतनसिंह, विक्रमादित्य साँगावत तथा उदयसिंह साँगावत आए थे। मीराँ के विवाह के अवसर पर जो तोरण तैयार करवाया गया, वह इतना बड़ा था कि उस पर 300 दीए रखे गए थे। यह तोरण कुछ वर्ष पूर्व मेड़ता स्थित चारभुजा के मन्दिर में विद्यमान था।

इस तरह मीराँ का विवाह उनकी 18 वर्ष की अवस्था में वि.सं. 1573 में हुआ। इस बात में कोई औचित्य नहीं है कि चूँकि मीराँ का विवाह उनकी 12 वर्ष की अवस्था में ही होना चाहिए अथवा यही अधिक उपयुक्त लगता है अतः मीराँ का जन्म वि.सं. 1516 में मान लिया जाए और एक प्रामाणिक समय को ठुकरा दिया जाए। उस युग की परिस्थितियों में मीराँ का 18 वर्ष तक अविवाहित रहना सम्भव हो सकता है।[53]

मीराँबाई का विवाह बड़ी धूमधाम से किया गया किन्तु विवाह के कुछ वर्ष पश्चात् ही वि.सं. 1579 में युवराज भोजराज साँगावत की मृत्यु हो गई और मीराँ विधवा हो गई। युवराज भोजराज साँगावत की मृत्यु पर राव वीरमदे दूदावत, रतनसी दूदावत और रायसल दूदावत चित्तौड़ गए थे। इस समय महाराणा साँगा रायमलोत जीवित थे। अतः मीराँबाई को विशेष कष्ट नहीं सहना पड़ा। युवराज भोजराज साँगावत की मृत्यु के बाद उनकी 'छमाही' होने के पश्चात् मीराँ को मेड़ता बुलाया गया। चित्तौड़ से मेड़ता आने से पूर्व मीराँबाई राजपूत परम्पराओं के अनुसार पुष्कर स्नान करने गई और इसके बाद कुछ दिन मेड़ता ठहरने के बाद पुनः चित्तौड़ चली गई।

अपने लौकिक पति की मृत्यु के पश्चात् दुःखी मीराँ ने अपने आपको पूर्णरूपेण अपने बचपन के साँवरिया श्रीगिरधर नागर की भक्ति में लगा दिया।

जन्म-स्थान :

मीराँबाई का जन्म-स्थान जोधपुर राज्य का बाजोली ग्राम है, कुड़की और चोकड़ी नहीं जैसा कि अद्यावधि प्रसिद्ध है। यह बाजोली गाँव पहले बाजोली—बीजारूण के नाम से प्रसिद्ध था। एक ही गाँव के ये दो भाग थे जिनमें बीजारूण के तो खँडहर विद्यमान हैं और बाजोली गाँव बसा हुआ है। यह बाजोली ग्राम दिल्ली-जोधपुर रेल मार्ग पर स्थित डेगाना जंक्शन से 6 मील दक्षिण पूर्व में स्थित है।

यह गाँव मीराँबाई के पिता रतनसी दूदावत को कुड़की सहित 12 गाँवों के साथ जागीर में मिला था। रतनसी दूदावत के 12 गाँवों में बाजोली और कुड़की दो प्रमुख ग्राम थे। मीराँ के जन्म-उत्सव तक रतनसी दूदावत बाजोली में ही रहा करते थे, जो कि 'एक धान की मण्डी' के रूप में उस समय प्रसिद्ध था। मुझे बताया गया कि वहाँ पहले 110 के लगभग दुकानें थीं, जिनके अवशेष शेष हैं। इस छोटे-से गाँव में रतनसी दूदावत के प्राचीन महल आज भी विद्यमान हैं। यहीं विक्रम सं. 1555 में मीराँबाई का जन्म हुआ था। मीराँबाई के जन्म के पश्चात् ही कुड़की का गढ़, रतनसी दूदावत ने बनवाया था[54] और फिर सपरिवार वहीं रहने लगे। इस तरह मीराँबाई का जन्म तो बाजोली में हुआ किन्तु बचपन कुड़की में व्यतीत हुआ।

मेड़तियों के कुल-गुरुओं से ज्ञात हुआ है कि चूँकि मीराँ मूल नक्षत्र में पैदा हुई थी, अतः पिता के लिए घातक हो सकती थी; इस कारण मीराँ के जन्म के उपलक्ष में दान-दक्षिणा की गई और इसी के अन्तर्गत मीषण शाखा के चारणों को, रतनसी दूदावत ने बाजोली के पास स्थित रतनास गाँव दान में दिया। यह रतनास बाजोली गाँव से केवल 2 मील की दूरी पर अद्यावधि स्थित है। रतनसी

दूदावत द्वारा मीषण चारणों को रतनास देने का उल्लेख मुँहणोत नैणसी ने अपनी पुस्तक 'मारवाड़ रा परगनां री विगत' में भी किया है।[55]

वर्तमान में बाजोली गढ़ में माधोदासोत मेड़तियों का निवास है, जो कि राव दूदा जोधावत की सन्तति ही से है। बाजोली गढ़ में मुझे प्राचीन 'सालगराम' के मन्दिर के अवशेष दिखाए गए। यह मन्दिर मीराँ के समय में बना हुआ था। वर्तमान 85 वर्षीय माजी साहिबा ने उस मन्दिर की स्थिति तथा आकार-प्रकार का ज्ञान मुझे कराया। वे ही बहुत वर्षों से, उस मन्दिर में पूजा पाठ किया करते थे। सम्भवतः 'सालगराम' का यही एक मात्र मन्दिर था जिसके अवशेष मैंने देखे थे। इस मन्दिर के 'सालगराम' अब बाजोली गढ़ के बाहर स्थित श्री चारभुजा के मन्दिर में रखे हुए हैं। यह चारभुजा का मन्दिर भी बहुत प्राचीन है, जिसका जीर्णोद्धार वर्तमान माजी साहिबा ने ही करवाया था।[56] इस मन्दिर में एक अति प्राचीन श्री चारभुजा की मूर्ति और 'सालगराम' रखे हुए हैं। कहते हैं वहाँ स्थापित 'सालगराम' ही मीराँ के उपास्यदेव हैं।

यहाँ मीराँ के जन्म सम्बन्धी कुछ धारणाएँ, मान्यताएँ अथवा किंवदन्तियाँ सुनने को मिलीं, जिनमें सत्यांश अवश्य है।[57]

कुड़की ग्राम :

यह ग्राम मीराँ के जन्म स्थान के रूप में सम्प्रति विख्यात रहा है। वस्तुतः यह ग्राम मेड़ता से 18 मील की दूरी पर 'रीयाँ तथा आलनियावास' ग्रामों के पास स्थित है। यह ग्राम मीराँबाई के पिता रतनसी दूदावत के जागीर के 12 ग्रामों में से एक प्रमुख गाँव था। मीराँबाई का जन्म यहाँ नहीं हुआ किन्तु उनके शैशव काल के कई वर्ष यहाँ व्यतीत हुए थे। मीराँबाई का बाजोली में जन्म हो जाने के उपरान्त रतनसी जी ने इस कुड़की को छोटे नगर के रूप में बसाया[58] तथा छोटा दुर्ग बनवाया, जो आज भी विद्यमान है।

इस दुर्ग में मीराँ के महल और एक छोटा-सा मन्दिर भी है। यह कहा जाता है कि यहीं पर मीराँ रहती थी और इसी मन्दिर में आराधना किया करती थी। इस छोटे मन्दिर के चारों ओर परिक्रमा-स्थल बना हुआ है तथा इसके पास तुलसी के पौधे आज भी खड़े हैं।

अब यहाँ राव दूदा के वंशज चाँदावत मेड़तिया निवास करते हैं। किन्तु यहाँ के ठाकुर आज भी मीराँ के प्रति अत्यन्त आदर-भाव रखते हैं। उन्होंने मुझे बताया कि यहाँ एक काली घोड़ी है, जिसका सम्बन्ध मीराँबाई से है। मीराँबाई के उपास्यदेव 'गिरधरनागर' की जब सवारी निकलती थी तब इस घोड़ी की पूर्व पीढ़ी वाली घोड़ी की पीठ पर निकला करती थी। यह घोड़ी केवल श्री गिरधरनागर की सवारी के ही काम आती थी, उस पर कोई अन्य नहीं बैठता था। वह सदा

घुड़साल में बँधी ही रहती थी। उसकी सन्तान को बेचने अथवा कहीं देने की भी मनाही थी। इस सम्बन्ध का एक शिलालेख जो कि एक प्राचीन शिलालेख की प्रतिलिपि था, मुझे दिखाया गया। वह शिलालेख उसी घोड़ी की 'पायगों' (ठाँण) में आज भी लगा हुआ है। उस पर लिखा है–

"ठीकाना कुड़की, राज मारवाड़

शपथ

पुराना शिलालेख सं. 1573 का देखकर नया कायम किया गया। तेजरूप घोड़ी की औलाद से मादा जो हो उसको ठिकाने में ही रखा जावे। न तो आल-औलाद को दी जावे, न बेची जावे। इसके लिए ठाकुर साहब बहादुर सिंह जी साहब के समय से तलाक दी हुई है। इस शपथ को जो तोड़ेगा वह अपने धर्म से विमुख होगा।

मगसर वदि 22 सं. 2123। –जोरावरसिंह"

मीराँ का ससुर परिवार :

मीराँबाई के ससुर मेवाड़ के महाराणा साँगा रायमलोत थे,[59] जिनकी मेड़ता पर, प्रारम्भ से ही विशेष कृपा थी और मेड़ता ने भी महाराणा की सदा सहायता की। राणा परिवार ने भी मेड़ता का हमेशा सम्मान रखा और महाराणा साँगा रायमलोत ने मीराँ को पुत्रवधू बनाकर, तत्कालीन राजनीतिक और सामरिक महत्त्व से शक्ति-सम्पन्न मेड़ता के वीर शासक परिवार को सहज ही में अपना बना लिया। महाराणा साँगा रायमलोत का यह अत्यन्त दूरदर्शितापूर्ण कार्य था। मेड़ता ने इस सम्बन्ध में राणा परिवार को अन्त समय तक लाभ पहुँचाया। मेवाड़ ने मेड़ता से घरेलू सम्बन्ध स्थापित कर एक तो सामरिक महत्त्व के स्थान मेड़ता पर अपना अप्रत्यक्ष अधिकार कर लिया था तथा इस सम्बन्ध के कारण मेवाड़ ने मारवाड़ और बीकानेर से दृढ़ सम्बन्ध कर लिए। साथ ही मेड़ता से सम्बन्ध होने से मेवाड़ को मारवाड़, बीकानेर, नागौर, साँभर और दिल्ली तक जाने का मार्ग मिल गया था। चूँकि महाराणा साँगा रायमलोत अत्यन्त दूरदर्शी, महान् और महत्त्वाकांक्षी राणा थे अतः उन्होंने यह सब योजनाबद्ध तरीके से किया था।

वैसे मीराँ रूपलावण्ययुक्त सुशील कन्या थी तथा मेड़ता के पाँचों वीर योद्धाओं की लाड़ली कन्या थी अतः पाँच योद्धा भी सहज प्राप्य थे। जैसे राव वीरमदे दूदावत की वीरता, रण-कौशल से महाराणा स्वयं परिचित थे, अतः यह सम्बन्ध कर महाराणा ने बड़ी बुद्धिमानी की थी।

मीराँ के जेठ :

महाराणा रतनसी साँगावत मीरा के जेठ हो सकते हैं।[60] इस बात की पुष्टि

ऐतिहासिक खोज से भी होती है तथा मीराँ के प्रामाणिक माने जा सकने वाले पदों से भी होती है। इस तरह मीराँ के पति भोजराज साँगावत महाराणा साँगा रायमलोत के द्वितीय पुत्र सिद्ध होते हैं।[61] यद्यपि अनेक इतिहासवेत्ताओं ने उन्हें महाराणा रायमलोत का पाटवी (ज्येष्ठ) पुत्र ही माना है।[62] मीराँ के अधिकांश पदों में 'राणा' के लिए 'जेठ' या 'देवर' का सम्बोधन है।[63] अतः इस अन्तःसाक्ष्य से भी इस बात की पुष्टि होती है। क्योंकि भोजराज साँगावत कभी राणा नहीं हुए और न ही उन्हें 'राणा' शब्द से सम्बोधित किया जा सकता था क्योंकि भोजराज साँगावत की जीवितावस्था तक महाराणा साँगा रायमलोत ही मेवाड़ के शासक और महाराणा थे। यह राणा सम्बोधन महाराणा साँगा रायमलोत के लिए भी नहीं हो सकता क्योंकि उनके द्वारा मीराँ को सताने का तो प्रश्न ही नहीं उठता। इस समय तक (वि.सं. 1584 तक) मीराँबाई के पिता रतनसी दूदावत जीवित थे और वे वि.सं. 1584 के महाराणा साँगा रायमलोत और मुगल सम्राट बाबर के बीच हुए खानवा युद्ध में काम आए थे। यदि महाराणा साँगा रायमलोत मीराँ के साथ उचित व्यवहार न करते तो मेड़ता के राव वीरमदे दूदावत 4000 सेना लेकर अपने दोनों भाइयों (रतनसी दूदावत और रायमल दूदावत) को साथ लेकर महाराणा की ओर से लड़ने न जाते और न ही मीराँबाई के पिता रतनसी दूदावत इस युद्ध में लड़ते हुए वीरगति को प्राप्त होते।[64] महाराणा साँगा रायमलोत मीराँ के ससुर थे, जेठ नहीं।

इस तरह महाराणा रतनसी साँगावत ही मीराँबाई के जेठ सिद्ध होते हैं। महाराणा रतनसी साँगावत, महाराणा साँगा रायमलोत की महाराणी धनाई (धन्नाबाई, धनबाई, धनकुवर) से उत्पन्न हुए थे। यह महाराणी जोधपुर के राव जोधा के पौत्र बाघा सूजावत की पुत्री थी।[65] इस तरह महाराणा रतनसी साँगावत की माता और मीराँबाई दोनों एक ही राठौड़ कुल से थीं। मीराँबाई भी राव जोधा रिड़मलोत की प्रपौत्री थी।[66] महाराणा रतनसी साँगावत मारवाड़ का भान्जा था। अतः इस सम्बन्ध को देखते हुए यह कहा जा सकता है कि महाराणा रतनसी साँगावत ने मीराँबाई को कोई कष्ट नहीं दिया होगा। साथ ही महाराणा रतनसी साँगावत का राज्य काल अल्प समय का है (वि.सं. 1588)[67] और वह भी बूँदी के हाडा सूरजमल से लड़ने-झगड़ने में व्यतीत हुआ है।[68] अतः उपरोक्त दोनों ही बातों से कहा जा सकता है कि महाराणा रतनसी साँगावत ने मीराँ को कष्ट नहीं दिए होंगे। हाँ यह सम्भव है कि सन्तसमागम और लोकलाज तज, नृत्य-गान करने को मीराँ को कहलवाया हो। यही कारण है कि जेठ सम्बन्धी मीराँ के पद अल्प संख्या में मिलते हैं।

मीराँ के देवर :

यह इतिहास-सम्मत तथ्य है कि महाराणा विक्रमादित्य और महाराणा उदयसिंह साँगावत दोनों मीराँ के देवर थे।[69] इनमें महाराणा विक्रमादित्य साँगावत अपनी अव्यावहारिक और उद्दण्डता के लिए इतिहास में कुख्यात है।[70] इसने ही मीराँ जैसी भक्त आत्मा को, कुलाभिमान की आड़ में, अनेक कष्ट दिए।[71] मीराँ जैसी नर-रत्न को सताने के लिए ऐसा ही महाराणा उपयुक्त भी कहा जा सकता है। जो अपने छिछोरेपन के कारण अपने सरदारों की खिल्ली उड़ाया करता था और सरदारों के स्थान पर सात हजार पहलवान[72] रखकर राज्य करने वाला, अपनी सनक में कुछ भी कर सकता है। यद्यपि उसे इस उद्दण्डता का दण्ड भी मिला[73] किन्तु वह नहीं सम्भला और अन्त में पृथ्वीराज रायमलोत के पासवानिया पुत्र बणवीर के हाथों मारा गया[74] इस प्रकार वि.सं. 1588 से 1593 तक का समय महाराणा विक्रमादित्य साँगावत का है।

मीरा का चित्तौड़ त्याग :

वि.सं. 1588 से 1591 के बीच मीराँ को महाराणा विक्रमादित्य साँगावत ने अनेक कष्ट दिए, जिनकी साक्षी मीराँ के पदों में मिलती है। मीराँ के, महाराणा को सम्बोधित कर कहे गए अधिकांश पद इन्हीं महाराणा के लिए कहे हुए कहे जा सकते हैं। वि.सं. 1591 में हुए 'चित्तौड़ के दूसरे साके'[75] से पूर्व ही, राव वीरमदे दूदावत ने मीराँ को मेड़ते बुला लिया था।[76] इसके पश्चात् मीराँ चित्तौड़ नहीं गई।

दासी पुत्र बणवीर :

वि.सं. 1593 से 1596 तक पृथ्वीराज रायमलोत (महाराणा साँगा रायमलोत के बड़े भाई) का दासी पुत्र बणवीर मेवाड़ की राजगद्दी पर बैठा रहा।[77] यद्यपि बणवीर घमण्डी और उद्दण्ड था,[78] किन्तु मेवाड़ राजमहलों की ओर आँख उठाकर देखने की उसकी हिम्मत कभी नहीं हुई। इस समय तक मीराँ चित्तौड़ छोड़ चुकी थी। किन्तु यदि वह वहाँ होती भी तो भी बणवीर के द्वारा उन्हें सताने अथवा कष्ट देने का प्रश्न नहीं उठता।

महाराणा उदैसी (उदयसिंह) साँगावत :

आप महाराणा साँगा रायमलोत के सबसे छोटे पुत्र थे जिनका समय वि.सं. 1596 से 1629[79] तक माना जाता है। महाराणा उदैसिंह सांगावत भी मीराँ के देवर थे। आप मीराँ और उनके चचेरे भाई जैमल वीरमदेवोत का अत्यन्त सम्मान करते

थे। आप धार्मिक प्रवृति वाले महाराणा थे। आपने मीराँबाई को द्वारिका से मेवाड़ लिवा लाने हेतु चित्तौड़ से द्वारिका आदमी भेजे थे। किन्तु मीराँ चित्तौड़ नहीं लौट सकी। आपने तत्पश्चात् द्वारिका की यात्रा भी की थी और राव रणछोड़ जी के मन्दिर का जीर्णोद्धार भी करवाया था।[80]

चित्तौड़ छोड़ने के बाद मीराँ का जीवन :

यह एक अत्यन्त महत्त्वपूर्ण प्रश्न है कि मीराँ ने चित्तौड़ त्याग किन परिस्थितियों में किया होगा? मैं अपनी शोध के आधार पर इस निष्कर्ष पर पहुँचा हूँ कि मीराँ ने चित्तौड़ की सुरक्षा को ध्यान में रखकर तथा महाराणा विक्रमादित्य साँगावत के कष्टों से दुखी होकर, चित्तौड़ त्याग किया था। मीराँ की मण्डलियों और 'सन्तसमागम' में सभी तरह के व्यक्ति आया करते थे। इनमें मेवाड़ के शत्रुओं के जासूस भेष बदलकर (साधु बनकर) आ जाया करते होंगे। यह समागम चित्तौड़गढ़ स्थित कुम्भश्याम के मन्दिर में होता था। इस 'सन्तसमागम हरि' कथा करने वाली भजन मण्डलियों में मीराँ भी जाया करती थी और भजनभाव किया करती थी। सब लोग तो भजनों में लीन हो जाया करते होंगे और जासूस किले की जासूसी किया करते होंगे और जाते समय किले की सामरिक व्यवस्था की जानकारी अपने साथ ले जाते थे। मैंने इसी बात को ध्यान में रखकर, चित्तौड़ की दो बार यात्रा की थी और तीन दिन तक दुर्ग का निरीक्षण करता रहा। वहाँ मुझे बताया गया कि उन भजन मण्डलियों और सन्तों को दुर्ग के मुख्य मार्ग से नहीं आने दिया जाता था। वे किले के पीछे की ओर से छोटे रास्ते से आया-जाया करते थे।[81] चित्तौड़ पर हुए बाद के आक्रमणों में इन जासूसों की विश्वस्त सूचनाओं का बड़ा महत्त्व रहा।

इन जासूसों (भेदियों) का जब महाराणा रतनसी साँगावत को ज्ञान हुआ होगा तब मेवाड़ के हित में, भजन भाव न करने का आग्रह उन्होंने मीराँ से किया होगा। कालान्तर में इसी की आड़ में महाराणा विक्रमादित्य साँगावत ने भी मीराँ को कष्ट देने तथा मार डालने के प्रयास किए होंगे। मेवाड़ की सुरक्षा के नाम पर महाराणा विक्रमादित्य साँगावत के इन कृत्यों को कुछ लोगों का मूक समर्थन भी मिल गया होगा क्योंकि मातृभूमि की सुरक्षा से बढ़कर उस युग में कुछ भी नहीं था। मीराँ को भी जब यह ज्ञात हुआ होगा तब उसने भी मेवाड़ और चित्तौड़ के हित में चित्तौड़ त्याग कर दिया होगा। अन्यथा मीराँ को कष्ट देना सम्पूर्ण मेवाड़ का कोप-भाजन बनना ही था क्योंकि इस समय तक मीराँ मेवाड़ी जनता की श्रद्धा-केन्द्र बन चुकी थी।

मीराँ की यात्राएँ :

यह निश्चित है कि वि.सं. 1591 से ही पूर्व मीराँ ने चित्तौड़ छोड़ दिया था अन्यथा वि.सं. 1591 के चित्तौड़ के दूसरे 'साके' के समय यदि वे चित्तौड़ में होती तो जीवित कदापि न बचती। इस दूसरे साके में किले में रहने वाली स्त्रियों में से एक भी नहीं बची।[82]

मेड़ता के शासक और मीराँ के बड़े पिता (बाबोसा) राव वीरमदे दूदावत को जब महाराणा विक्रमादित्य साँगावत द्वारा कष्ट देने की सूचनाएँ मिलीं तो उन्होंने मीराँ को मेड़ते बुला लिया (वि.सं. 1589 में ही)। मीराँ मेड़ता एक दो वर्ष ही रह पाई थी कि जोधपुर के शासक राव मालदे गाँगावत ने वि.सं. 1591 में मेड़ता पर आक्रमण कर राव वीरमदे दूदावत को सपरिवार मेड़ता छोड़ने पर विवश कर दिया।[83] मेड़ता से राव वीरमदे दूदावत अजमेर गया और वहाँ बहादुर शाह से अजमेर ले लिया। वि.सं. 1592 तक राव वीरमदे दूदावत का अजमेर पर अधिकार रहा[84] और वि.सं. 1592 में ही राव मालदे गाँगावत ने अजमेर पर आक्रमण कर अजमेर को अपने अधिकार में कर लिया।[85] तब राव वीरमदे दूदावत अपने परिवार सहित अपने सम्बन्धी[86] अमरसर के (शेखावाटी) शासक राव रायमल शेखावत के पास चला गया और वहाँ एक वर्ष तक रहा।[87] राव वीरमदे दूदावत के डीडवाना, चाटसू, टोडाभीम, रणथम्बोर आदि स्थानों पर रहने और राज्य करने के भी संकेत मिलते हैं।[88] अन्त में वह दिल्ली के तत्कालीन शासक शेरशाह शूर के पास चला गया और उसे राव मालदे गाँगावत पर चढ़ा लाया।[89]

राव वीरमदे दूदावत के अजमेर में रहने तक मीराँ राव वीरमदे दूदावत के साथ थी (वि.सं.1592 तक) तत्पश्चात वह वृन्दावन की ओर चली गई। मीराँ के एक पद से यह भी संकेत मिलता है कि राव वीरमदे दूदावत के टोडा (भीम) में राज्य करते समय तक मीराँबाई उनके साथ थी।[90] सम्भव है मीराँ अपनी चचेरी बहन से मिलने राव वीरमदे दूदावत के साथ अमरसर (शेखावाटी) भी गई हो और वहाँ से लौटकर टोडा रही हो और तब वृन्दावन की ओर उस समय चली गई हो जबकि राव वीरमदे दूदावत दिल्ली की ओर चले गए थे। अधिक उपयुक्त यही लगता है।

मीराँ की पुष्कर यात्रा :

पुष्कर हिन्दुओं के तीर्थों में प्रमुख है इसीलिए इसे तीर्थराज पुष्कर कहते हैं। मीराँ के युग में साधारण व्यक्ति भी जीवन में एक आध बार पुष्कर जाना 'परममहात्म्य' समझता था। और नहीं तो किसी सम्बन्धी की मृत्यु पर उसके अवशेष गंगा आदि में प्रवाहित करते समय पुष्कर में डालने की प्रथा थी (जो

आज भी है) अतः तब व्यक्ति इन स्थानों को हो आता था। मीराँ तो स्वयं प्रसिद्धि-प्राप्त वैष्णव भक्त थी अतः वह तीर्थाटन का महत्त्व खूब समझती थी। इसीलिए कई बार मीराँ पुष्कर गई थी। वैसे मेड़ता से मेवाड़ आते-जाते समय पुष्कर होकर आया जा सकता था अतः इस आवागमन में भी वह कई बार पुष्कर रुकी थी। अपने पति भोजराज साँगावत की मृत्यु के बाद तो[91] मीराँबाई अवश्य ही पुष्कर गई थी। इस प्रकार मीराँ की पुष्कर यात्रा निर्विवाद सत्य है।

मीराँ की वृन्दावन यात्रा :

मीराँ की वृन्दावन यात्रा अत्यन्त विवादास्पद है। कुछ विद्वानों की सम्मति में मीराँ का वृन्दावन गमन असम्भव है[92] तथा कुछ के अनुसार सम्भव है।[93] यद्यपि इसके कोई ऐतिहासिक प्रमाण उपलब्ध नहीं हैं कि मीराँ वृन्दावन गई थी या नहीं किन्तु यह लगता है कि अपने 'गिरधरनागर' की जन्मस्थली में मीराँ गई होगी और जब उसे ऐसा करने का अवसर भी मिला था तो वह वृन्दावन अवश्य गई होगी। मीराँ के पदों तथा समसामयिक धार्मिक ग्रन्थों से भी इस बात की पुष्टि होती है। अतः मीराँ का वृन्दावन जाने का समय वि.सं. 1593 से 1595 के बीच हो सकता है।

मीराँ की द्वारिका यात्रा :

सभी विद्वान इस बात पर एकमत हैं कि मीराँ ने अपने अन्तिम दिन द्वारिका में व्यतीत किए थे और अन्त में वहीं मीराँ की मृत्यु हो गई थी। मीराँ के द्वारिका जाने पर मतैक्य है किन्तु द्वारिका जाने के मार्ग और समय में मत-वैभिन्न्य है। कुछ विद्वानों का विचार है कि चित्तौड़ से ही सीधे मीराँ द्वारिका की ओर चली गई थी, कुछ विचारकों का मत है कि मीराँ राव वीरमदे दूदावत के अजमेर छोड़ते ही अजमेर से द्वारिका चली गई थी और कुछ ऐसे भी हैं जिनकी मान्यता है कि मीराँ वृन्दावन यात्रा के पश्चात् ही द्वारिका गई थी। अतः मीराँ का द्वारिका जाने का समय वि.सं. 1595 से वि.सं. 1597 के बीच हो सकता है। मीराँ के पदों से भी इसकी पुष्टि होती है।[94]

कुछ लोगों का विचार है कि मीराँ काशी भी गई थी, किन्तु यह असत्य है। मीराँ कभी काशी नहीं गई। इसी प्रकार मीराँ के पदों से संकेत मिलते हैं कि सम्भवतः वे बद्रीनारायण गई थी, किन्तु अन्य किसी स्रोत से इस बात की पुष्टि नहीं होती।

मीराँ को वापस लाने हेतु प्रयत्न :

मीराँबाई को द्वारिका से मेड़ता बुलाने हेतु मेड़ता से द्वारिका आदमी भेजे गए

थे क्योंकि यह नहीं हो सकता कि राव वीरमदे दूदावत और राव जैमल वीरमदेवोत उन्हें भूल जाते और उनकी सुध भी नहीं लेते।

वि.सं. 1600 में राव वीरमदे दूदावत को मेड़ता पुनः मिलते ही यह प्रयत्न प्रारम्भ किया गया था, किन्तु वि.सं. 1600 में ही राव वीरमदे दूदावत की अचानक मृत्यु हो जाने पर यह कार्य उनके ज्येष्ठ पुत्र राव जैमल को करना पड़ा। राव जैमल वीरमदेवोत ने अपनी बहन को लाने हेतु मेड़ता से आदमी भेजे थे। यह कार्य वि.सं. 1602 से 1604 के बीच किया गया था।

उधर चित्तौड़ के राजसिंहासन पर भी महाराणा उदयसिंह साँगावत विराजमान हो गए थे। इन महाराणा से मेड़तिया वीर राव जैमल वीरमदेवोत के बहुत अच्छे सम्बन्ध थे। साथ ही महाराणा उदयसिंह साँगावत भी मीराँ के प्रति श्रद्धा रखते थे। अतः वि.सं. 1597 में मेवाड़ के महाराणा बनने के कुछ समय पश्चात् आपने अपनी भाभी को चित्तौड़ लौटा लाने हेतु चित्तौड़ से आदमी भेजे थे।[95] महाराणा के द्वारा वे आदमी चित्तौड़ से ही भेजे गए थे क्योंकि तब तक उदयपुर बसा ही नहीं था,[96] अतः यह कहना कि आदमी उदयपुर से भेजे गए थे असत्य है। किन्तु मीराँ न तो चित्तौड़ लौटी और न ही मेड़ता।

मीराँ की मृत्यु :

मीराँ की मृत्यु अद्यावधि इतिहास और साहित्य के लिए रहस्य बनी हुई है। धार्मिक श्रद्धालु तो बड़ी आस्था से कहते हैं मीराँबाई भक्ति-आवेश में अपने साँवरिया राव रणछोड़ जी की (द्वारिका स्थित) मूर्ति में समा गई।[97] इसके प्रमाण के रूप में मीराँ की साड़ी का पल्ला आज भी भक्तों को दिखाया जाता है, जो राव रणछोड़ जी की मूर्ति में अटका हुआ है। इस बात की पुष्टि हेतु लेखक भी द्वारिका गया और वहाँ छह दिन तक रहा। अनेक वृद्ध पुजारियों, पण्डों, विद्वानों, साहित्यकारों एवं धर्माचार्यों से सम्पर्क स्थापित किया। द्वारिकापीठ के शंकराचार्य जी से भी मिला। राव रणछोड़ जी की मूर्ति को अनेक बार बड़े ध्यान से देखा। इस मूर्ति के कुछ चित्र भी लिए। द्वारिका में भी मीराँ के पल्ले की बात सुनी थी किन्तु कोई प्रमाण नहीं मिला। इस पर लेखक 'बेट द्वारिका' गया। वहाँ भी सारे दिन रहा। वहाँ स्थित राव रणछोड़ जी की मूर्ति देखी। वहाँ मीराँ का मन्दिर भी देखा, जो 'मीराँ मन्दिर' के नाम से प्रसिद्ध है और जिसे मारवाड़ के किसी ठाकुर ने बनवाया था। अनेक बातें तो सुनीं किन्तु कोई प्रमाण वहाँ उपलब्ध न हो सका। द्वारिका के राव रणछोड़ जी की मन्दिर की प्राचीन 'पोथी' में मीरा का द्वारिका आने और रहने का उल्लेख अवश्य प्रामाणिक कहा जा सकता है।

लेखक ने गुजराती के अनेक विद्वान साहित्यकारों से सम्पर्क स्थापित किया।[98] अहमदाबाद, बड़ौदा, हिम्मतनगर आदि स्थानों की भी यात्राएँ कीं किन्तु

कोई प्रमाणपुष्ट तथ्य सामने नहीं आए।

राठौड़ों की मेड़तिया शाखा के कुल-गुरुओं की बहियों[99] में यह स्पष्ट लिखा है कि मीराँबाई का स्वर्गवास वि.सं. 1604 में माह सुदी 5 को हुआ था। उनका दाह संस्कार 'गोमती' के किनारे 'गोमती घाट'[100] पर किया गया था। मीराँ की मृत्यु के पश्चात् मेड़ता और मेवाड़ से लोग वहाँ गए थे और उन्होंने वहाँ बहुत दानपुण्य किया था। मीराँ की बैंकुटी निकाली गई थी। उपरोक्त बहियाँ अत्यन्त विश्वसनीय कही जा सकती हैं क्योंकि इन्हीं के आधार पर मारवाड़ के कुछ इतिहासों की रचना हुई है।

इस प्रकार 59 वर्ष की अवस्था में मीराँ स्वर्ग सिधार गई।

पाद-टिप्पणियाँ :

1. ''Koombho married a daughter of the Rathore of Merta, the first of the clams of Marwar, Mira Bai was the most celebrated princes of her time for beauty and romantic piety. Her compositions were numerous, though better known to the worshippers of the Hindu Appollo than to the ribald bards. Some of her odes and hymus to the deity are preserved and admired. Whether she imbibed her poetic piety from her husband or whether from her he caught the sympathy which produced the "Sequel to the songs of Govinda", we cannot determine. Her history is a romance, and her excess of devotion at every shrine of the favourite deity with the fair of Hindi from the Yamuna to the world's end, gave rise to many tales of scandal. Koombho mixed gallantry with his warlike pursuits.''

   —Annals and Antiquite of Rajasthan,
   by Lieut. Col. James Tod, p.232

2 (क) 'इन महाराणा के सबसे बड़े राजकुमार भोजराज थे, जिनकी शादी मेड़ता के राजा वीरमदेव के छोटे भाई रत्नसिंह की बेटी व जयमल के काका की बेटी मीराँबाई के साथ हुई थी, लेकिन उक्त राजकुमार का देहान्त महाराणा साँगा के सामने ही हो गया था। कर्नल टॉड वगैरह कितने ही मुबर्रिबों ने मीराँबाई को महाराणा कुम्भा की राणी लिखा है, लेकिन यह गलत है, क्योंकि मीराँबाई का भाई जयमल्ल तो विक्रमी 1624 (हि. 975 ई. 1567) में अकबर की लड़ाई में चित्तौड़ पर मारा गया और महाराणा कुम्भा का देहान्त विक्रमी 1525 (हि. 873 ई. 1468) में हो गया था, फिर न मालूम कर्नल टॉड ने यह बात अपनी किताब में कहाँ से दर्ज की।' —वीर विनोद, पृ. 371

(ख) Col. Tod has stated Mira Bai to be the queen of Kumbha. This is an error. Kumbha was killed in S.1524 (A.D. 461) while Mira's grand father, Duda, became Raja of Merta after that year. Mira's father, Ratan Singh, was killed in the battle of Khanva 59 year after Kumbha's death and her cousin Jaimal at Chittor during Akbar's attack, 91 years after Kumbha's death. Mira Bai was married to prince Bhojraj in S.1573 (A.D. 156). Mira Bai was born about S. 1555 (A.D. 1468) and died in S. 1603 (A.D. 1546) at Dwarka (Kathiawar), at which holy place she had been residing for several year's vide Chaturkula Charitra (History of the Rathor family of Merta) and Virvinod.

—Maharana Sanga, p.95

(ग) 'मीराँबाई 'मेड़तणी' कहलाती है, जिसका आशय मेड़तिया राजवंश की कन्या है। जोधपुर के राव जोधा का पुत्र दूदा, जिसका जन्म वि.सं. 1497 (ना. प्र.प. भाग 1, पृ.114) में हुआ था, वि.सं. 1518 (ई. 1461) या उससे पीछे मेड़ते का स्वामी बना। उसी से राठौड़ों की मेड़तिया शाखा चली। दूदा का ज्येष्ठ पुत्र वीरमदेव जिसका जन्म वि.सं. 1534 (ई.सं. 1477) में हुआ था (वही पृ.114) उस (दूदा) के पीछे मेड़ते का स्वामी बना। उसके छोटे भाई रतनसिंह की पुत्री मीराँबाई थी। महाराणा कुम्भा वि.सं. 1525 (ई.सं. 1468) में मारा गया जिसके 9 वर्ष बाद मीराँबाई के पिता के बड़े भाई वीरमदेव का जन्म हुआ था। ऐसी दशा में मीराँबाई का महाराणा कुम्भा की रानी होना सर्वथा असम्भव है।'

—हरविलास सारदा, महाराणा साँगा, पृ.96

3. महाराणा साँगा के पाटवी याने सबसे बड़े पुत्र भोजराज थे, जिनको मेड़ता के मेड़तिया राजा वीरमदेव की बेटी और जयमल की बहन ब्याही गई थी। इन राजकुमार का देहान्त महाराणा की मौजूदगी में हो चुका था।

—वीर विनोद, पृ.362

4. दोहा—सर बसु तिथि 1585 मित तदनु सक, जेठ 2 असित 2 दल1/2 जात।
तजिय रान संग्राम तनु, मिच्छन अभय मनात ॥ 1
मीराँ पति पुब्बहि मरयो, कहयो भोज कुमरेस।
रहयो जनक गद्धिए रतन 2, यातैं तदनुज एस ॥ 2

—वंश भास्कर पृ. 23-24

(क) '7 भोजराज साँगावत इणनुं कहै छै मीराँबाई राठौड़ परणाई हुती'

—मुहता नैणसी री ख्यात, भाग 1, पृ.21
सम्पादक—बदरीप्रसाद साकरिया

(ख) 'भोजराज साँगावत इणनू कहै छै मीराँबाई राठौड़ परणाई हुती' ॥ 2

—मारवाड़ रा परगना री विगत
सम्पादक—डॉ. नारायण सिंह भाटी

5. भोजराज जेठो अभंग, कुँवर पदे म्रत कीध।
मेड़तणी मीराँ महल, प्रेमी भगत प्रसीध ॥

—भीम प्रकाश, रामदान लालस कृत ह.लि. प्रति, पृ.3
सेठ सूरजमल नागरमल पुस्तकालय, कलकत्ता

6. "The eldest son, Bhojraj, who has married the celebrated Mira Bai daugther of Ratan Singh, younger brother of Viramdava, Rao of Merta, died during his father's life time.'

—Maharana Sanga, p.95

7. 'रतनसिंह जी की इकलौती लड़की यही मीराँबाई थी जो गाँव कुड़की में पैदा हुई थीं मगर यह अभी बच्ची ही थीं कि माँ मर गई। —रतनसिंह जी ने इनका विवाह सं. 1573 (1516 ई.) में राणा साँगा जी के बड़े बेटे भोजराज से कर दिया और यह अपने दूल्हे के साथ चित्तौड़ को गई।'

—मीराबाई का जीवन चरित्र, मुंशी देवी प्रसाद, पृ.9

8. चतुरकुल चरित्र, पृ. 25,26

9. 'टॉड साहिब ने लिखा है कि दूदा की बेटी मीराँबाई महाराणा कुम्भा को ब्याही थी। परन्तु मीराँबाई न तो दूदा की बेटी थी और न महाराणा कुम्भा को ब्याही थी। मीराँबाई दूदा के पुत्र रतनसिंह की कन्या थी और कुम्भा के पौत्र साँगा के पुत्र भोजराज को ब्याही थी।'

—मारवाड़ का मूल इतिहास, पृ.113

10. मीराँबाई दूदा के पुत्र रतनसिंह की पुत्री थी। रतनसिंह के बड़े भाई और राव दूदाजी के ज्येष्ठ पुत्र वीरमदेव का जन्म संवत् 1534 वि. मगसिर सुदि 14 को हुआ था।

—मारवाड़ का इतिहास—रेऊ, पृ.118, पाद टिप्पणी 3

11. (क) राजपूताने का इतिहास (चतुर्थ खण्ड), गौ.ही. ओझा, पृ.1223

(ख) उदयपुर राज्य का इतिहास, ओझा, पृ.310

12. 'रतनसिंह जी—इनके कोई पुत्र नहीं हुआ। केवल एक पुत्री हुई जो मीराँबाई के नाम से विख्यात है। मीराँबाई का विवाह चित्तौड़ के प्रसिद्ध महाराणा संग्रामसिंह जी के युवराज भोजराज जी से हुआ। रतनसिंह जी के निर्वाह के लिए मेड़ता राज्य से कुड़की, बाजोली आदि 12 गाँव दिए गए।'

—जयमल वंश प्रकाश, पृ.71

13. 'दूदाजी की एक पौत्री (रतनसिंह की एकलौती पुत्री) भारत प्रसिद्ध भक्तशिरोमणि सत्याग्रही देवी मीराँबाई थी जिसका विवाह मेवाड़ के राणा साँगा के ज्येष्ठ राजकुमार भोज के साथ हुआ।'

—मारवाड़ का इतिहास

14. मेवाड़ का इतिहास।

15. मेवाड़ का संक्षिप्त इतिहास, पृ.57

16. 'महाराणा साँगा का ज्येष्ठ पुत्र भोजराज, जिसके साथ जगत्प्रसिद्ध भक्तशिरोमणि मीराँ का विवाह हुआ था, अपने पिता के जीवनकाल में ही मर गया था, एवं तब भोजराज का छोटा भाई रतनसिंह मेवाड़ की राजगद्दी पर बैठा।'

—पूर्व आधुनिक राजस्थान, ले. डॉ. रघुवीर सिंह सीतामऊ, पृ.23

17. हमारा राजस्थान, पृ.86

18. (a) "Of devout and honourable woman there were not a five Mira Bai, the queen Poet of Udaipur, who gave up her throne rather than join in the bloody worship of Siva."

"Another side of the Neovaisnavism is shown in the teaching of Mira Bai, a prophetess who was born about A.D. 1504 and preached the doctrine of fervent faith in Krsna in the most ecstatic from (Grierson, 12, Macansiffe vi, 342 ff. H.H. Wilson, i, 136 ff)"

—Encyclopaedia of Religion, and Ethics (vi) 705 —a

(b) "Mira Bai, the one great poetess of Northern India (Grierson), was the daughter of Raja Ratiya Rana a Rathor of Merta in Rajasthan, and was married in 1413 to Raja Kumbhkaran of Mewar. She was devoted to Krishan and her songs have a wide corrency in India."

—Encyclopaedia Britanica—Volume II (1959)

(c) "Mira Bai was the daughter of a petty Raja the sovereign of place called Merta, she was married to the Rana of Udaipur, but soon after being taken home by him quarelled with her mother-in-law, a worshipper of Devi, respecting compliance with the family adoration of that goddess and was in consequence of her perserveiing refusal to desert the worship of Krishan, expelled from the Rana's bed and palace."

(d) "Mira Bai, the Mrawari F.I. 1420 A.D. leaving Bidya Pati and his successors, we may now turn to great poetess of Northern India, was pouring forth her passionate hymns to Krishan Ranchhor. This remarkable woman, who flourished in the year 1420 A.D. was the daughter of Raja Ratiya Rana the Rathor of Merta and was married Sambat 1470 (A.D. 14I3) to Raja Kumbhkaran son of Mokal Deb, of Chitaur. Her husband was killed in sambat 1534 (A.D. 1469) by his son Uda Rana. Her great work is the Rog Govinda and she also wrote a much admired commentry on the Gita Govinda of Jayadeva. She was devoted to that from of the God Krishna known as Ranchhor.''

—The Modern Vernacular Literature of Hindustan G. George A Grierson, B.A.B.C.S., p. I2

(e) Kumbhkaran, king of Chitaur (Mewar) husband of Mira Bai F.I. 14I9 A.D.

He came to the throne about 1400 A.D. and was killed by his son Uda in the year 1469 A.D. according to Tod (289 caled. i, 308) he was a skilled poet, and wrote a commentry to the Gita Govinda. He is said to have been originally instructed in poetry by his wife, the famous Mira Bai.

Nanak the Bedikhatri of Tilwari (see Wilson, Essays, ii, 128) in the Panjab B. 1469 A.D., d. 1539 A.D.

(f) The sikh Religion, Its Gurus secred writtings and Authors Born about A.D. 1504 (569 vikram)—by Max Arthur Maculiffe

—परन्तु जो देवालय मेरे लिए सबसे अधिक आकर्षण की वस्तु सिद्ध हुआ वह था मेरी भूमि, मेवाड़ की रानी लाखा राना की स्त्री[1] सुप्रसिद्ध मीराँबाई का बनवाया हुआ सौरसेन के गोपाल देवता का मन्दिर, जिसमें वह नौ[2] का प्रेमी अपने मूल स्वरूप में विराजमान था, और निःसन्देह यह राजपूत रानी उसकी सबसे बड़ी भक्त थी। कहते हैं कि उसके कवित्वमय उद्‌गारों से किसी भी समकालीन भाट (कवि) की कविता बराबरी नहीं कर सकती थी। यह भी कल्पना की जाती है कि यदि गीत गोविन्द या कन्हैया के विषय में लिखे गए गीतों की टीका की जाए तो ये भजन जयदेव की मूल कृति की टक्कर के सिद्ध होंगे। उसके और अन्य लोगों के बनाए भजन, जो उसके उत्कट भगवत्-प्रेम के विषय में अब तक प्रचलित हैं, इतने भावपूर्ण एवं वासनात्मक (Sapphi)[3] हैं कि सम्भवतः अपर गीत उसकी प्रसिद्धि के प्रतिस्पर्द्धी वंशानुगत गीत-पुत्रों के ईर्ष्यापूर्ण आविष्कार हों, जो किसी महान् कलंक का विषय बनने के लिए रचे गए हों। परन्तु, यह तथ्य प्रमाणित हैं कि उसने सब पद-प्रतिष्ठा

छोड़कर उन सभी तीर्थ-स्थानों की यात्रा में जीवन बिताया, जहाँ मन्दिरों में विष्णु (Apollo) के विग्रह विराजमान थे और वह अपने देवता की मूर्ति के सामने रहस्यमय 'रासमण्डल' की एक स्वर्गीय अप्सरा के रूप में नृत्य किया करती थी इसलिए लोगों को बदनामी करने का कुछ कारण मिल जाता था। उसके पति और राजा ने भी उसके प्रति कभी कोई ईर्ष्या अथवा सन्देह व्यक्त नहीं किया यद्यपि एक बार ऐसे ही भक्त के भावावेश में मुरलीधर ने सिंहासन से उतरकर अपनी भक्ति का आलिंगन भी किया था–इन सब बातों से यह अनुमान किया जा सकता है कि (मीराँ के प्रति सन्देह करने का) कोई उचित कारण नहीं था। यही नहीं उसके पुत्र 'विक्रमाजीत[4]' ने भी, जिसने बादशाह हुमायूँ का सामना किया था, अपनी माता के पवित्र भक्तिभाव को ग्रहण किया और 'नित्य-प्रति गो-हत्या से अपावन हुए ब्रजमण्डल से देव-प्रतिमा को लाने के लिए अपना और अपने साथी एक सौ राजपूतों का सिर देने की प्रतिज्ञा की थी।' इस प्रतिज्ञा को उसके वीर वंशज राणा राजसिंह ने धर्मान्ध औरंगजेब के समय में पूरी की थी।

– पश्चिमी भारत की यात्रा, ले. जेम्स टॉड, अनुवादक–गोपालनारायण बहुरा, पृ.442

– 'उस शताब्दी में राजपूताना में मीराँबाई हुई, जो कामलिप्सा तथा शक्ति की वैष्णव उपासिका थी, संसार के आनन्दमय प्रेमी गोपीनाथ कृष्ण की कीर्ति की उत्साहपूर्वक गायिका थी तथा लिंग योनि के रहस्य की उपदेशिका थी। वे वेश्याओं की गुणग्राहिका समझी जाती थी, जो प्रायः यही नाम धारण करती हैं। इस नाम को गांधीगृह में प्रवेश करने पर, मिस स्लेड् को धारण करने की आज्ञा नहीं दी जानी चाहिए थी।'

– सर जार्ज मैकमन, द अण्डर वर्ल्ड ऑफ इण्डिया

Mirabai, a Princess of the house of Merta in Jodhpur, became the wife of heir apparent to the Mewar throne, but he died before the assassination of his father. —the great Kumbha Rana in 1469.

–जे.एन. फर्रकुहर, एन आउटलाइन ऑव द रिलीजस ऑव इण्डिया, पृ.306

1. *मीराँबाई के पति का नाम भोजराज था, जो महाराणा संग्रामसिंह (साँगा) का द्वितीय पुत्र था और पिता के जीवन-काल में ही काल-वश हो गया था। महाराणा संग्रामसिंह का देहावसान वि.सं. 1584 में हुआ था। महाराणा लाखा का समय वि.सं. 1439 से 1451 वि.सं. तक का है। तब यह कैसे सम्भव हो सकता है कि मीराँबाई राना लाखा की स्त्री हो? क. टॉड ने इस विषय में प्रायः सभी जगह भूल की है। अन्यत्र उन्होंने मीराँबाई को महाराणा कुम्भा की रानी लिख दिया जो सरासर अशुद्ध है। पता नहीं, उनके इस भ्रम का क्या कारण है और ऐसे परम खोजी होकर भी उन्होंने तथ्य को न ढूँढ़कर परस्पर विरोधी बातें कैसे लिख मारी हैं?*

2. *आठ पटरानियाँ और नवीं मीराँबाई?*
3. *सैप्फो (Sapho) एक ग्रीक कवयित्री थी जो बहुत ही वीरतात्मक कविता लिखती थी उसी के नाम पर ऐसी कविताओं के लिए यह विशेषण बना है।*
4. *विक्रमादित्य मीराँबाई का देवर था जो महाराणा रत्नसिंह के बाद गद्दी पर बैठा था। उसका राज्यकाल 1531 ई. से 1535 ई. था।*

19. (क) महिला मृदुवाणी
(ख) मीराँबाई जीवन चरित्र

20. 'वि. सं. 1518 (ई.सं. 1461) में राव जोधा जी के चतुर्थ पुत्र दूदा जी ने माँडू के बादशाह से मेड़ते का इलाका छीन कर वहाँ अपना स्वतन्त्र राज्य स्थापित किया।'

—जयमल वंश प्रकाश, पृ. 57

21. (क) Maharana Sanga advanced with a large army from Chitor reinfored by the Rathores of Merta under Rao Viramdeva, and met Sultan Mahmud Khilji, accompanied by the Gujrat auxiliaries under Asaf Khan.

—Chapter, p. 71

The Maharana started with 40000 horse and infantry and soon arrived at Vagadh, where Rawat Udai Singh of Dungarpur joined him with his forces. Rao Ganga of Jodhpur with 7000 men and Rao Vikramdeva of Merta with 5000, Rajputs also joined the Maharana here.

—Maharana Sanga, the Hindupat, by Harbilas Sarda, p. 79

(ख) '—महाराणा ने इस समय के अनुकूल राठौड़ों की सहायता लेना उचित समझ कर राव गांगाजी के पास डूँगरपुर के रावल सीसोदिया डूँगरजी को भेजा। उसने आकर राव गांगाजी से कहा कि महाराणा साँगाजी इस समय ईडर की सहायता करने में आपकी मदद चाहते हैं। उन्होंने कहा कि रायमल्ल तो मेरा दामाद है और आपका भाई है और ईडर का हकदार भी वही है इसलिए आपको भी उसकी सहायता करनी चाहिए। और इसी तरह राव दूदाजी के पुत्र मेड़तिया वीरमदेवजी दोनों सेना लेकर महाराणा साँगाजी के साथ शामिल हुए। भारमल की मदद से गुजराती बादशाह मुजफ्फरशाह द्वितीय सेना लेकर आया। दोनों में घमासान युद्ध हुआ जिसमें मुजफ्फरशाह परास्त होकर भाग निकला और राजपूतों की विजय हुई। रायमल्ल ईडर का राजा हुआ। इस सहायता के करने से महाराणा साँगाजी ने गांगाजी और वीरमदेवजी का बड़ा अहसान माना और परस्पर प्रीति का व्यवहार सदा के लिए स्थिर हुआ।'

—मारवाड़ का संक्षिप्त इतिहास, पं. रामकरण आसोपा, पृ. 236

22. (क) 'सं. 1584 में राणा साँगा का बाबर के साथ संग्राम हुआ। उस समय भी गांगाजी ने उनकी सहायता की थी। राव गांगाजी ने उनकी सहायता के लिए

3000 सेना भेजी थी। और मेड़ते का राठौड़ राव वीरमदेव खुद 4000 सेना लेकर गया था। वीरमदेव की सेना में उसके भाई रायमल्ल और रतनसिंह बयाना की लड़ाई में बड़ी वीरता से लड़कर वीरगति को प्राप्त हुए थे। इन दोनों भाइयों ने बाबर की तोपों का सामना किया था और उसी लड़ाई में मारे गए थे।'

फुटनोट–"यह भूल है। क्योंकि राणा साँगा की सहायता के लिए स्वयं वीरमदेवजी 4000 सेना लेकर गए थे। और दोनों वीरमजी के सहोदर भाई थे। उनका गांगाजी की तरफ से लड़ना संभवतः वीरमजी की तरफ से लड़ना हो सकता है। स्वयं पण्डितजी सहायक सेना की गणना में वीरमदेव मेड़तिया 4000 और गांगा 3000 लिखते हैं। वीरमदेव खुद गया था। गांगाजी की सेना गई थी। पण्डित विश्वेश्वरनाथ रेऊ जी गांगाजी की 4000 सेना लिखते हैं। और रायमल्ल रतनसिंह का गांगाजी की तरफ से लड़ना लिखते हैं, वह वैसी ही भूल है। और वीरमजी को मेड़तिया सरदार लिखते हैं, परन्तु वे सरदार नहीं, मेड़ते के राव थे।

–मारवाड़ का मूल इतिहास, पं. रामकरण आसोपा, पृ. 125-126

(ख) Maharana Sanga, by Harbilas Sarda, p. 144

(ग) वि.सं. 1583 फाल्गुन शुक्ला 10 (ई. सं. 1527 ता. 11 फरवरी) को साँगा का मुकाबला करने के लिए बाबर रवाना हुआ, पृ.78

...इस युद्ध में हसनखाँ मेवाती और इब्राहिम लोदी का पुत्र महमूद लोदी भी अपनी-अपनी सेनाओं सहित महाराणा से आ मिले। मारवाड़ के राव गांगाजी, आम्बेर के राजा पृथ्वीराजजी, ईडर का राजा भारमलजी, मेड़तिया वीरमदेवजी... राव रतनसिंह काँधलोत (चूड़ावत)... रायमलजी राठौड़ (जोधपुर की सेना का मुखिया)... भी ससैन्य महाराणाजी के साथ थे।

–जयमल वंशप्रकाश, गोपालसिंह मेड़तिया, पृ. 81

(घ) उदयपुर राज्य का इतिहास (प्रथम खण्ड), गौ.ही. ओझा, पृ. 373-374

(ङ) मारवाड़ का इतिहास–विश्वेश्वरनाथ रेऊ, पृ. 85

23\. (क) 'मीराँबाई बचपन से ही भगवद्भक्ति में रुचि रखती थी इसलिए वह शोकप्रद समय में भी भक्ति में ही लगी रही। यह भक्ति उसके पितृकुल में पीढ़ियों से चली आती थी। दूदा, वीरमदेव और जयमल सभी परम वैष्णव थे।'

–उदयपुर राज्य का इतिहास, पं. गौ.ही. ओझा, पृ. 358

(ख) Duda, Viram and Jaimal were wellknown Vaishnavas and a temple of Chaturbhuj built by Duda is still an object of worship in Merta. —Selections from Hindi Literature, Book IV Compiled by Lala Sita Ram, p. 141

24\. (क) 'शनिवार, मार्च 16, 1527 ई. को फतेहपुर सीकरी से कोई 10 मील दक्षिण पश्चिम में खानवा नामक गाँव के पास बाबर और राणा साँगा के बीच यह निर्णायक युद्ध हुआ था। युद्ध प्रारम्भ होने के कुछ समय बाद सिर में तीर

लगने से साँगा मूर्छित हो गया, जिससे उसे पालकी में डालकर मेवाड़ की ओर ले गए परन्तु झाला अज्जा के नेतृत्व में यद्ध बराबर होता रहा।'

—डॉ. रघुवीर सिंह सीतामऊ, पूर्व आधुनिक राजस्थान, पृ. 20

(ख) 'इस समय राव गांगाजी ने महाराणा साँगा की सहायता के लिए तीन हजार राठौड़ सेना भेजी थी। और मेड़ते के राव वीरमदेवजी स्वयं चार हजार सेना लेकर गए थे। उनकी सेना में राव दूदाजी के पुत्र रायमल और रतनसी सेनानायक थे। ...इस युद्ध में राठौड़ बड़ी बहादुरी से लड़े थे। महाराणा साँगा के अगाड़ी राव दूदाजी के पुत्र और रतनसी लड़कर काम आए थे। और राव वीरमदेवजी की सहायता से महाराणा साँगा जी बचे थे।

—मारवाड़ का संक्षिप्त इतिहास, पं. रामकरण आसोपा, पृ. 237-238

(ग) बाबरनामा, अनु. मुंशी देवीप्रसाद, पृ. 281

(घ) 'तुजके बाबरी में बाबर के पत्र 24-25 का हवाला देते हुए लिखा है कि वीरमदेव (मेड़ता का) 4000 सवारों का मालिक।' —वीर विनोद, श्यामलदास, पृ. 268

(ड़) इस सम्बन्ध का एक दोहा चारणों की बहियों में लिखा मिलता है—
राण संग्राम जी ना जीता बाबर मुगल
साका कीना सीकरी रहिया रायमल

25. Raimal Rathor, heir apparent of Marwar, the brave Mertia leaders Ratan Singh (the father of the celebrated Mirabai) and Raimal, and others were killed after performing deeds valour.

—Maharana Sanga—by Harbilas Sarda, p. 148

26. 'मारवाड़ का संक्षिप्त इतिहास', पं. रामकरण आसोपा, पृ. 238

27. (क) 'उधर मेड़ता का वीरमदेव बीकानेर के जैतसिंह का पुत्र कल्याणमल आदि मालदेव के शत्रु भी मालदेव पर आक्रमण करने के लिए शेरशाह को निरन्तर प्रेरित कर रहे थे। अतएव सन् 1543 ई. की वर्षा की समाप्ति पर युद्ध की पूरी तैयारी करके शेरशाह ने मालदेव पर चढ़ाई कर दी।
...वीरमदेव साथ था ही, कल्याणमल भी सिरसा से चल कर राह में ससैन्य शेरशाह के साथ जा मिला।'

—पूर्व आधुनिक राजस्थान, डॉ. रघुवीर सिंह सीतामऊ, पृ.29

(ख) "Most Dangerous of all was the presence of the dispossessed lords of Bikaner and Merta in the camp of the invader."

—SHER SHAH AND HIS TIMES
by Kalikaranajan Qanungo, p.393

28. (क) इसी बीच मेवाड़ के स्वामी वीरमदेव का देहान्त हो गया जिसका उत्तराधिकारी जयमल हुआ। —जोधपुर राज्य का इतिहास, ओझा, पृ. 314

(ख) जयमल वंश प्रकाश, गोपालसिंह मेड़तिया, पृ. 125-126

(ग) मारवाड़ रा परगना री विगत, नैणसी, पृ. 56

(घ) मारवाड़ का मूल इतिहास, पं. रामकरण आसोपा, पृ. 133

29. (क) "Jaimal was also a Vaishnava and a companion of Mira in devotion."—Selections from Hindi Literature, Book IV compiled by Lala Sita Ram, B.A. Sahityaratana, p. I48

(ख) जैमल के जुधि माँहि अश्व चढ़ि आपुन धाय– भक्तमाल-छप्पय 52

30. मुँहता नैणसी री ख्यात, भाग, 1, पृ. 121

31. (क) "The entrance of the Fortress presents nothing remarkable except two large elephants of stone, place at either side of one of the principal gates. On one of the elephants is seated the status of Jaimal, the renowned Raja of Chitor, on the other is the status of Potta, his brother, These are the brave heroes who, with their still bravery nothing, immortalised their names by the extraordinary resistance which they opposed to the celebrated Ekbar."

—TRAVELS IN THE MUGAL EMPIRE. BY Francois Bernier.

(ख) '... जयमल और पत्ता की वीरता पर मुग्ध होकर अकबर ने आगरे जाने पर हाथियों पर चढ़ी हुई उनकी पाषाण की मूर्तियाँ बनवाकर किले के द्वार पर खड़ी करवाई।'

फुटनोट–ये मूर्तियाँ वि.सं. 1720 (ई सन् 1663) तक विद्यमान थीं और फ्रांसीसी यात्री बर्नियर ने भी इन्हें देखा था। (बर्नियर्स ट्रैवल्स, पृ. 256 स्मिथ द्वारा सम्पादित) पीछे से सम्भवतः औरंगजेब ने इन्हें धर्म द्वेष के कारण तुड़वा दिया हो।

–उदयपुर राज्य का इतिहास, पं. गौ.ही. ओझा, पृ. 417

32. 'मारवाड़ का मूल इतिहास, रामकर्ण आसोपा, पृ. 113

33. (क) जयमल वंश प्रकाश, गोपालसिंह मेड़तिया, पृ. 68

(ख) Chaturkula Charitra, p. 25, Rao Viram Deva had married Rana Raimal's Daughter Sanga's sister. Maharana Sanga by Harbilas Sarda, p. 79

34. (क) 'मीराँबाई का जीवन चरित्र', मुंशी देवी प्रसाद, पृ. 8

(ख) 'जोधपुर राज्य का इतिहास', गौ. ही. ओझा, पृ. 1223

(ग) जयमल वंश प्रकाश, गोपालसिंह मेड़तिया, पृ. 68

(घ) Maharana Sanga by Harbilas Sarda, p. 95

(ङ) वीर विनोद, श्यामलदास, पृ. 371

(च) वंश भास्कर, सूर्यमल्ल मिश्रण, पृ. 2121

35. (क) 'राणी 7 थी 7 मेड़तणी जी रायमल की बेटी रहण कों'

शेखावटी-प्रकाश–रामचन्द्र भगवतीदत्त शास्त्री, पृ. 14

(ख) 'ताहराँ वीरमदेव जी कहयौ–रायमल जी, थे म्हारा बड़ा सगा थां माँहरा बड़ा हीड़ा किया।' –मुहता नैणसी री ख्यात, भाग-4, पृ. 98

36. (क) जयमल वंश प्रकाश, ठा. गोपालसिंह मेंड़तिया, पृ. 77
(ख) मारवाड़ का संक्षिप्त इतिहास, पं. रामकरण आसोपा, पृ. 250
(ग) शेखावतों की ख्यात, मुहणोत नैणसीरी ख्यात[1], द्वितीय खण्ड, पृ. 33
(घ) मालवा का इतिहास, प्रथम भाग, पं. विश्वेश्वरनाथ रेऊ, पृ. 119
(ङ) मारवाड़ रा परगना री विगत, नैणसी, सं. डॉ. नारायणसिंह भाटी, पृ. 54
(च) अमरसर के कछवाहे, देवीसिंह मँडावा, शोध पत्रिका, भाग-4, अंक-2, पृ. 26

37. जयमल वंश प्रकाश, गोपालसिंह मेड़तिया, पृ. 77

38. कुछ इतिहासकार मीराँबाई के पिता रतनसी को राव दूदा का द्वितीय पुत्र मानते हैं। और कुछ उन्हें चतुर्थ पुत्र[2]।
1. (क) बाँकीदास री ख्यात, सं. नरोत्तमदास स्वामी, पृ. 59
(ख) डॉ. रघुवीर सिंह सीतामऊ द्वारा लेखक को प्रेषित पत्र
2. (क) जयमल वंश प्रकाश, गोपालसिंह मेड़तिया, पृ. 70
(ख) उदयपुर राज्य का इतिहास, पहला भाग, गौ.ही. ओझा, पृ. 358

39. मेड़तियों के कुलगुरुओं की बहियों से

40. मीराँ बृहत्पदावली (प्रथम भाग) भूमिका—स्व. पु. हरिनारायण जी

41. वही उपर्युक्त

42. वही उपर्युक्त

43. मेड़तियों (राठौड़ों) के कुलगुरुओं की बहियों से

44. (क) वीरमदे तगद बड़ो, रायमल न रायसल्ल।
रतन पंचायण, पाँच ये दूद तणा सुत भुल्ल—मेड़तियों के कुलगुरुओं से प्राप्त।
(ख) 'दूदा जोधावत रे बेटा पाँच हुआ वीरमदेव 1, रतनसी 2, रायमल 3, रायसल 4, पंचायण 5, रतनसी रायसल दोनों रे वंस रहयो नहीं, पंचायणोत पचास जणा है। —बाँकीदास री ख्यात, सं. नरोत्तमदास जी स्वामी, पृ. 59

45. 'दूदा जी का जन्म वि.सं. 1497 आषाढ़ शुक्ला 15 (ई. सन् 1440 ता. 15 जून) बुधवार को मारवाड़ प्रान्त की तत्कालीन राजधानी मंडोर में हुआ था
—जयमल वंश प्रकाश, गोपालसिंह मेड़तिया, पृ. 58

46. (क) 'वरसंघ दूदो जोधावत सगा भाई सोनगरी चांपां सोनगरी खीबां सतावतरी बेटी जिणरै बेटा दोए हुआ दूदो 1, वरसिंघ 2। रावजी जोधाजी आंनूं भेलो मेड़ता रो परगनो दियो। आगै सहर मेड़तो नहीं हुतो। आं मेड़तो बसायो।'
—बाँकीदास री ख्यात, सं. नरोत्तमदास स्वामी, पृ. 57
(ख) संवत् 1518 में राव जोधाजी ने अपने पुत्र वरसिंह और दूदा को मेड़ता की तरफ भेजा। इन्होंने मेड़ता को आबाद किया और अजमेर के 360 गाँव मेड़ता के नीचे डाल दिए।—मारवाड़ का मूल इतिहास, पं. रामकरण आसोपा, पृ. 109
(ग) जयमल वंश प्रकाश, गोपालसिंह मेड़तिया, पृ. 57

47. (क) जयमल वंश प्रकाश, गोपालसिंह मेड़तिया, पृ.47
(ख) मारवाड़ का परगना री विगत (नैणसी) —सं. नारायण सिंह भाटी, पृ. 39

48. 'राव दूदो काल कीयो। राव वीरमदे टीके बैठौ'

—मारवाड़ रा परगना री विगत (नैणसी), पृ. 47

49. (क) 'जयमल वंश प्रकाश', गोपालसिंह मेड़तिया, पृ. 62

(ख) अनूप संस्कृत लाइब्रेरी बीकानेर से प्राप्त जन्म पत्री के आधार पर

50. 'वि.सं. 1553 (ई.सं. 1496) में युवराज वीरमदेव का विवाह चित्तौड़ के महाराणा रायमल जी की पुत्री गोरज्या कुमारी से हुआ। महाराणा रायमल जी की पुत्री से राजकुमार प्रताप सिंह जी उत्पन्न हुए, जिनको मेवाड़ से घाणेराव का ठिकाना प्रदान किया गया। यह ठिकाना आज तक इन्हीं के वंशजों के अधिकार में चला आता है।' —जयमल वंश प्रकाश, गोपालसिंह मेड़तिया, पृ. 68

51. 'प्रतापसिंह वीरमदेवोत मेड़तिया नूं राणौ जी पचास हजार रा पटा सूं गाँव जनोद मेवाड़ रो दियो। किसनदास मेड़तियो आए रहियो जद सूं घाणेराव कहाणौ' ॥

—बाँकीदास री ख्यात, सं. नरोत्तमदास स्वामी, पृ. 63

52. (क) 'माँडव रै पातसाह राजा पदवी वीरमदे दूदावत नूं दीवी'

—बाँकीदास री ख्यात, सं. नरोत्तमदास स्वामी, पृ. 62

(ख) जयमल वंश प्रकाश, गोपालसिंह मेड़तिया, पृ. 73

—गद्दी पर बैठने के दूसरे ही वर्ष वि.सं. 1573 (ई. सन् 1516) में राव वीरमदेवजी ने अपने कनिष्ठ भ्राता रत्नसिंहजी की पुत्री मीराँबाई का विवाह मेदपाटेश्वर महाराणा संग्रामसिंह के ज्येष्ठ पुत्र महाराजकुमार भोजराजजी के साथ बड़े समारोह से किया, परन्तु दुर्भाग्य से विवाह के कुछ वर्ष पीछे ही युवराज भोजराजजी का देहान्त हो गया।

—जयमल वंश प्रकाश, गोपालसिंह मेड़तिया, पृ. 73

53. There was no fixed age marriage. It varied from 8 to 21 years Malti, the bride was 18 and Madhu, the bridgroom, was about 20 of 22 when they were married.

—Social life in Mediaeval Rajasthan, Dr. G.N. Sharma, p. 113

54. 'मीराँबाई का जन्म सं. 1555 की बैसाख सुदी 3, कुड़की राजधानी करी जरा जल्मीया।'

—लाड़पुरा स्थित मेड़तियों के कुलगुरुओं की बहियों से

55. (क) गाँव रतनावास; रेख 650)

रा. रतनसी दूदावत दीयौ, दत्त चारण मीसण रतनौ डाहावत नु दीयौ थौ। पछै रा. सुरतांण जेमलौत गाँव ले नै आधौ बाहारेट चतुरा जैमलोत नुं दीयौ, आधौ मीसण नुं राखीयो। हिमै मीसण ऊदौ अणदोत छे ने बारैट महेसदास चतुरावत छै। —मारवाड़ रा परगनां री विगत, नैणसी, पृ. 109

(ख) रा. रतनसी दूदावत रो दत्त, चारण रतना डाहावत मीसण नुं पछै रा. सुरतांण जेमलोत मीसण कनां उरो ले नै बाहारेट चतुरा जमलोत नु दीयौ। पछे चुतरौ आधौ गाँव आपरी वेहन मीसण दांनां गांगावत नु परणाई थी, तिण नु दीयौ नै आधौ आप राखीयौ

—मारवाड़ रा प. वि., नारायण सिंह भाटी, पृ. 185

(ग) राव रतनसिंहजी कनै पीण चारण रतनाजी रहे। जद ईणा नै गाँव रतनास ईनायत कीयो जीण भाव रो कवत—

मास आसोज ओकादसी तीण दीन मीसण राण दयो
द्रब हजर धारण समय कड़ा सीरपाव
इळा मज बात उबारण, रतनसींग गाँव दीधो रतन
वळे रतनपुर वस गयो रतनसींग कमध दूदम रो
कर उदक सासण कीयो ॥

—राजकीय बीकानेर पोथीखाना ह.लि.ग.बन्धक 78/20

56. श्रीमान माजी साहेब नरुकी जी बड़ा ने इस मन्दिर का जीर्णोद्धार करवाया। संवत् 1997 का भादवा बदि 8 सोमवार मु. बाजोली

57. बाजोली ग्राम एवं उसके आसपास यह दृढ़ धारणा है कि मीराँ का जन्म बाजोली के पास स्थित पीपोळाई नाडी के पास हुआ था।

58. मीराँबाई का जन्म सं. 1555 को बैसाख सुद 3 कुड़की राजधानी करी जरा जल्मीया।

—(लाड़पुरा स्थित) मेड़तियों के कुलगुरु जी की बहियों से

59. (क) वीर विनोद, श्यामलदास, पृ. 362
(ख) उदयपुर राज्य का इतिहास (पहली जिल्द), ओझा, पृ. 358
(ग) जयमल वंश प्रकाश, गोपालसिंह मेड़तिया, पृ. 73
(घ) Maharana Sanga, Harbilas Sarda, p. 95
(ड़) वंश भास्कर, सूर्यमल मिश्रण, पृ. 2124

60. 'राणों साँगौ रायमलौत चीत्तौड़ राज करै छै। टीकायत बेटो रतनसी राठौड़ धनाई पेट रौ छै।'

—मुँहता नैणसी री ख्यात (भाग 1), सं. बदरी प्रसाद साकरिया, पृ. 102

61. उपर्युक्त, पृ. 102

62. (क) गौरीशंकर हीराचन्द ओझा (ख) गोपालसिंह मेड़तिया (ग) श्यामलदास (घ) सूर्यमल मिश्रण आदि।

63. 'जेठ बहू को नातो नहीं राणा जी, म्हे सेवग तुम स्वामी'

—मीराँ बृहत् पदावली, भाग 2, सं. डॉ. कल्याणसिंह शेखावत

64. तुजुक बाबरी, ए.एस. वैवरिज कृत अंग्रेजी अनुवाद, पृ. 57

65. राजकुमार रतनसिंह जो राठौड़ बाघा की बेटी महाराणी धनबाई के पेट से पैदा हुए थे, भोजराज के मरने के बाद राज्य के वारिस ठहरे। —वीरविनोद, पृ. 362

66. महाराणा साँगा, हरविलास शारदा, पृ.96

67. (क) 'पूर्व आधुनिक राजस्थान', डॉ. रघुवीर सिंह सीतामऊ, पृ. 23
(ख) महाराणा साँगा की मृत्यु के समाचार पहुँचने पर उसका कुँवर रत्नसिंह वि. सं. 1584 माघ सुदि 15 (सन् 1528 ता. 5 फरवरी) के आसपास चित्तौड़ के राज्य का स्वामी हुआ।

—उदयपुर राज्य का इतिहास (पहली जिल्द), गौ.ही. ओझा, पृ. 388

(ग) वीरभूमि चित्तौड़, रामवल्लभ सोमानी, पृ. 63

(घ) सिसोदियां की ख्यात, नैणसी, सम्पा. रामकरण आसोपा, पृ. 45

68. 'रतनसिंह द्वारा आमन्त्रित किए जाने पर हाडा सूरजमल भी आकर शिकार में सम्मिलित हुआ। दोनों का बैर बढ़ते-बढ़ते अब चरम सीमा को पहुँच गया था अतएव शिकार के समय जंगल में ही मार्च-अप्रैल 1531 के लगभग दोनों आपस में लड़ मरे।'

—पूर्व आधुनिक राजस्थान, डॉ. रघुवीर सिंह, सीतामऊ, पृ. 24

69. वही, उपर्युक्त

70. (क) महाराणा रत्नसिंह के निःसन्तान होने से उसका छोटा भाई विक्रमादित्य रणथम्भौर से आकर वि.सं. 1588 (ई. सन् 1531) में मेवाड़ की गद्दी पर बैठा।

—उदयपुर राज्य का इतिहास (पहली जिल्द), गौ.ही. ओझा, पृ. 394

(ख) सिसोदियां की ख्यात, नैणसी, सम्पा. रामकरण आसोपा, पृ. 45

(ग) विमात बन्धू उत रान वारो, नरेस श्री विक्रम नीति न्यारो ॥
बनैं न जासों महिपत्व बत्तैं, घनों नसा देह प्रमाद घत्तैं ॥61॥
भानेज जो अर्जुन 188।1 को अश्रागी, रहै सदा मत्त अफीम रागी ॥
सु रान व्है ऊँघन को सराहै, चित्तोर को राज्य न जाहि चाहैं ॥62॥

—वंश भास्कर, सूर्यमल मिश्रण, पृ. 2190

71. गोपालसिंह मेड़तिया, सुधा (लखनऊ) फाल्गुन वर्ष, खण्ड 2

72. (क) मैं सन्तन की सेवा जी कीनी राणौं उठ मारन् कुं दौड्यौ।
जैहैर देण को मतो उपायौ। मांहिनै तुळछी दल घौरयौ ॥

(ख) महाराणा रतनसिंह के कोई पुत्र न होने से मेवाड़ की गद्दी पर उनके छोटे भाई विक्रमादित्य सं. 1588 (ई. सन् 1531) में बैठे। इनके मिजाज में लड़कपन था और इससे सरदारों से इनकी नहीं बनती थी। उन्होंने सात हजार पहलवान रक्खे जिनके भरोसे वे सरदारों की कुछ परवाह नहीं करते थे इसलिए सरदार लोग अप्रसन्न होकर इनसे असहयोग करते थे।

—राजपूताने का इतिहास पहला भाग, जगदीश सिंह गहलोत, पृ. 224-225

73. उदयपुर राज्य का इतिहास, ओझा, पृ. 388

74. (क) 'इतना सब भुगतकर भी विक्रमजीत में कोई सुधार नहीं हुआ। अतएव सन् 1536 ई. के पिछले महीनों में जब राणा रायमल के सुप्रसिद्ध कुँवर पृथ्वीराज का अनोरस पुत्र बणवीर विक्रमाजीत को मारकर स्वयं मेवाड़ का अधिपति बन गया, तब किसी को विक्रमाजीत के न रहने का कुछ भी खेद नहीं हुआ।'

—डॉ. रघुवीर सिंह सीतामऊ, पूर्व आधुनिक राजस्थान, पृ. 26-27

(ख) उदयपुर राज्य का इतिहास, गौ.ही ओझा, पृ. 388

(ग) गुन नवनिधि 1593 सक पुब्बगत, नढ़ि इत वह बलपीर ॥
हृव अधीस हनि विक्रमहिं, स्वयं रान अथसीर ॥

—वंश भास्कर, सूर्यमल मिश्रण, पृ. 2300

75. (क) पछै विक्रमादित चीत्तौड़ थकां समत् 1592 जेठ सुद 12 पातसाह बहादुर

चीत्तोड़ ऊपर आयो, गढ़ लीयो, हाड़ी करमैती जुहर कीयो। राजपूत काम आया। –नैणसी की ख्यात, पं. रामकरण आसोपा, पृ. 45

(ख) जयमल वंश प्रकाश, गोपालसिंह मेड़तिया, पृ. 87-88

76. मीराँबाई की तकलीफों का हाल सुनकर मेड़ताधीश राव वीरमदेव को अत्यन्त दुख हुआ। इन्होंने मीराँबाई को मेड़ते बुला लिया।
–ले. गोपालसिंह मेड़तिया, सुधा (लखनऊ) फाल्गुन वर्ष-2, खण्ड-2

77. उदयपुर राज्य का इतिहास, गौ.ही. ओझा, पृ. 401

78 वही, उपर्युक्त

79. महाराणा उदयसिंह साँगावत का वि.सं. 1596 पोह सुदि 1 का शिलालेख मिल जाने के कारण इनका (उदयसिंह) समय वि.सं. 1596 के अन्त से ही मानना उपयुक्त होगा।

80. 'तरै आप (उदयसिंह) द्वारका जी जात पधारिया तरै सुरजन साथै हुतौ। तद रिणछोड़ जी द्वारौ इसड़ौ न हुतौ। पछै सुरजन दीवांण कना हुकम माँगियो, कहयौ-कहौ तौ हूँ रिणछोड़ जी रो देहुरौ फेर कराऊँ? दीवाँण कहयौ–भली बात। तरे सुरजण रिणछोड़ जी रौ देहुरौ हमार विराजे छे सु करायो।'
–मुहता नैणसी री ख्यात, सं. बदरी प्रसाद साकरिया, पृ. 111

81. जयमल के वंशज बदनौर के ठाकुर गोपालसिंह द्वारा

82. (क) जयमल वंश प्रकाश, गोपालसिंह मेड़तिया, पृ.71-72

(ख) संवत् 1589 फागण सुदे 1 चीतोड़गढ़ गली। लाखूढानी पोलौ थी। चीतोड़ भंग हुवौ। तठै रांणै रांणी करमेती नुं जुहर कियौ। आदमी हजार 4000 जुहर हुवौ। सरोवर, कुवा, बाव, एतलां माहैसुं बालक 3000 जाल नखानै काढ़िया। अस्त्री 7000 पोताना लघु तीत साथै अफीम घोल पीधौ। अवर लोकां नै बाँद पड़ी नीं संख्या नी। इसौ उपद्रव रोमी खाँन करायौ। पछै बहादर साह गुजरात गयौ
–मुहता नैणसी री खयत (प्र. भा.), पृ.55

83. 'मारवाड़ रा परगना री विगत' (नैणसी), भाग 2, सं. नारायण सिंह भाटी, पृ.52

84. 'पूर्व आधुनिक राजस्थान', डॉ. रघुवीर सिंह सीतामऊ, पृ.27

85. वही, उपर्युक्त

86. 'ताहरां रायमल कछवाहो सेखावत, तिण आगै गया। ताहरां रायमल इणारा घणां हीड़ा किया। बरस 1 तांई रायमल रै रहया।'
–मुहता नैणसी री ख्यात, भाग-3, पृ. 98

87. नैणसी री ख्यात, भाग-2, पृ. 98

88. (क) विक्रम संवत् 1594 की षट्पाहुड़ ग्रन्थ की प्रशस्ति आमेर शास्त्र भण्डार में संगृहीत है। इसमें चाटसू में बीरम को शासक के रूप में वर्णित किया है।
–डॉ. कासलीवाल, प्रशस्ति संग्रह, पृ. 175

(ख) आसोप का इतिहास, पं. रामकर्ण आसोपा, पृ. 25-26

89. (क) पूर्व आधुनिक राजस्थान, डॉ. रघुवीर सिंह सीतामऊ, पृ. 29

(ख) आसोप का इतिहास, पं. रामकर्ण आसोपा, पृ. 36

90. नाथ हर ना बोलौ खरी, हरी हरदा के माहे दल खोलौ खरी
जाण न दीया जीय्यारे कारणे र मीरा टोडा रे देस मोटी हुई ॥
—मीराँ बृहत्पदावली (भाग-2), सं. कल्याण सिंह शेखावत, पृ. 97

91. राजपूत परम्परानुसार यदि किसी स्त्री के पति का देहान्त हो जाता है तब वह अपने पति के 3, 6 या 9 महीने बाद अपने पीहर जाती है और पीहर जाने से पहले तीर्थ स्नान कर पीहर में प्रवेश करती है। मीराँ भी मेड़ता जाने से पहले पुष्कर गई थी।

92. हीरालाल माहेश्वरी, राजस्थानी भाषा और साहित्य, पृ. 394

93. डॉ. सत्येन्द्र, आदि।

94. मैं तो छाडी छाडी कुल की आंनि रानो मेरो कहा करसी।
सादां रै संग जाय दवारका मैं तो भज्या श्रीरणछोड़ ॥
दोडिर जास्यो देउरै। लेस्यो महाप्रसाद।
पंगा वजावां घुंघरा। हाथ में लेस्यौ ताल ॥
गास्यों गुन गोपाल ॥
—मीरा बृहत्पदावली (भाग-2)

95. मेवाड़ राजमहल से प्राप्त सूचना।

96. (क) '...सन् 1559 ई. की ग्रीष्म ऋतु में मेवाड़ के राणा उदयसिंह ने उदयपुर नगर में स्थित वर्तमान राजमहलों की नींव डाली और अपने नाम से नगर को बसाना प्रारम्भ किया।'
—डॉ. रघुवीर सिंह सीतामऊ, पृ. 47

(ख) मेवाड़ का संक्षिप्त इतिहास, देवनाथ पुरोहित, पृ. 65

97. 'सिलेक्सनुस फ्राम क्लासिकल गुजराती लिटरेचर' वोल्यूम-1, एडिटेड बाय इराच जहाँगीर सोरवजी तारापोरवाला, पेज 372

98. (क) के. का. शास्त्री, अहमदाबाद, (ख) डॉ. गोवर्धन शर्मा, (ग) कल्याणरायजी तथा जयन्ति भाई, द्वारका।

99. राजस्थान की मुख्य जातियों के वंश विशेष के गुरु होते हैं, जिन्हें कुलगुरु कहा जाता है। राजपूत जाति के सदस्यों का पूरा विवरण अपने पास रखते हैं। ये कुलगुरु रियासतों के अनुसार, पुनः जाति के अनुसार, फिर वंश के अनुसार बँटे होते हैं। एक कुलगुरु का परिवार उसी जाति विशेष का पूर्ण विवरण और परिचय (उद्‌भव और विकास से लेकर वर्तमान स्थिति तक का) अपने पास लिखित रूप में रखता है। उनका यह कार्य पीढ़ी दर पीढ़ी चलता रहता है। जब परिवार में सन्तान का जन्म होता है तब ये कुलगुरु वहीं जाते हैं और उस वंश अथवा जाति के मुखिया की अपने पास लिखित (उस परिवार जाति या वंश विशेष का) पूर्ण विवरण सुनाते हैं। इस विवरण में सभी सन्तानों के नाम, जन्म संवत, विवाह, पत्नी आदि का विवरण, विवाह और जन्म के समय (इन कुलगुरुओं को) दिए गए दान आदि का पूर्ण विवरण पढ़कर सुनाता है। इसे सुन कर वह मुखिया यदि वह शुद्ध है तो उसे स्वीकार कर नए सदस्य का नाम, जन्म, दिन, संवत् आदि लिखाकर कुलगुरु को

अपनी स्थिति और श्रद्धा के अनुसार दान आदि देकर विदा करता है और यदि कहीं कुछ अशुद्ध लगता है तो वह उसे ठीक करवाता है। इस तरह यह एक प्रामाणिक रेकार्ड बन जाता है। इनकी बहियाँ अब तक न्यायालय द्वारा भी प्रामाणिक मानी जाती रही हैं। इन कुलगुरुओं द्वारा लिखित कुछ विवरण नीचे दिया जाता है–

> 'दूदाजी रे पाटवी वीरमदेवजी छा और छोटा रायमलजी। रायमलजी रा रायमलोत बाजें छै। रायसलजी रा रायसलोत। रतनसींगजी रा मीराँबाई हुवा। पंचाणजी रा जैतसींगजी हुवा। जैतगढ़ बसाय न गत गया। दूदाजी मेड़ते तालाब बँधायौ। दूदासर नाम दीनौं। सं. 1525 में दूदाजी री मौत सं. 1572 में। सं. 1515 रा बैसाख सुदी 5 शनिवार ने मेड़तो बसायौ। राव दूदाजी कुलगुरांरी वंसावली पूजी सं. 1517 का गुराँसा खेम किरतजी ने हाथी 1, मोती गजबन्द दुसालो मोहरा 11 मेड़ता में दीवी।'

100. 'यह गोमती उत्तर प्रदेश में बहने वाली 'गोमती नदी' नहीं है। यह द्वारिका स्थित रणछोड़राय के मन्दिर के सामने होते हुए उसके पार्श्वभाग तक स्थित वह 3-4 फीट गहरा सा एक नाला है जिसमें समुद्र का पानी आता है और वह पानी से भरा रहता है। इसे ही यहाँ के पण्डे आदि गोमती नदी और उसके किनारे स्थित छोटे घाट को गोमती घाट कहते हैं। इसी गोमती घाट पर मीराँबाई का मन्दिर भी बना हुआ है। इसी गोमती में द्वारिका के पण्डे श्रद्धालु भक्तों को स्नानादि करा कर दानादि ग्रहण करते हैं।' इसी गोमती और उसके किनारे बने रणछोड़राय के मन्दिर के सम्बन्ध में कर्नल टॉड ने भी लिखा है कि–

> '...यह मन्दिर सदैव यात्रियों से भरा रहता है। इसके सामने ही अथवा मुख्य मन्दिर के दक्षिण-पश्चिमी कोने में श्रीकृष्ण के दूसरे रूप मधुराय का छोटा मन्दिर है और इन दोनों के बीच में एक मार्ग है, जो सोपान-सरणि द्वारा गोमती तक जाता है। यह एक छोटी सी नदी है जिसका मुहाना समुद्र के समान ही विशेष पवित्र माना जाता है यद्यपि इसके पार करते समय पैर का ऊपरी भाग भी गीला नहीं होता। बड़े मन्दिर से 'संगम' पर बने हुए संगम नारायण के मन्दिर तक गोमती के किनारे-किनारे उन यात्रियों की समाधियाँ बनी हुई हैं जिन्हें इस 'देव-द्वार' में जीवन विसर्जन करने का सौभाग्य प्राप्त हुआ। इनमें पाँच पाण्डवों में से चार भाइयों की समाधियाँ भी हैं, जो इस क्रमागत कथा का समर्थन करती हैं कि पाँचवाँ भाई हिमालय में जाकर अदृश्य हो गया था, कहते हैं कि वह वहाँ पर बर्फ में गल गया और उसके साथ भारतीय हरक्यूलिज बलदेव भी थे।'
>
> –पश्चिमी भारत की यात्रा–जेम्स टॉड–अनु. गोपालनारायण बहुरा, पृ.सं. 433 (द्वारका मन्दिर के वर्णन सन्दर्भ में)

मीराँ शब्द की व्युत्पत्ति

राजस्थान की मरुस्थली में भागीरथी के समान, भक्ति का अक्षय स्रोत प्रवाहित करने वाली मीराँ, भारतीय संस्कृति के एक उज्ज्वल पक्ष की उद्‌घाटक है। तलवारों की खनखनाहट, युद्धघोषों के तुमुल नाद तथा सुरा और सुन्दरी से भरपूर वातावरण में मीराँ का भक्ति-रस से ओतप्रोत, जगतेश्वर के प्रति प्रणय निवेदन और सर्वस्व समर्पण की तीव्र अभिलाषा, राजस्थान के लिए गौरव और गर्व की वस्तु बन गई है।

मीराँबाई एक ओर अत्यन्त प्रसिद्धि प्राप्त भक्तिमती नारी है तो दूसरी ओर हिन्दी जगत्, भक्ति साहित्य और भारतीय इतिहास में उनके विषय में अनेक विवाद-प्रवाद प्रचलित हैं। यह वास्तव में अत्यन्त आश्चर्य की बात ही है कि मेड़ता, मेवाड़ और मारवाड़ जैसे प्रसिद्धि प्राप्त राजकुलों से सम्बन्धित इस विख्यात भक्तिमती नारी का कहीं प्रामाणिक उल्लेख तक नहीं है। इसी कारण मीराँ का जीवनवृत्त और काव्य दोनों के विषय में प्रामाणिक विवरणों का अभाव है।

कुछ विद्वानों की मान्यता है कि 'मीराँ' नाम नहीं, उपनाम अथवा उपाधि है।[1] कुछेक विद्वानों का विचार है कि 'मीराँ' नाम तो माना जा सकता है, किन्तु यह शब्द शुद्ध रूप में भारतीय शब्द नहीं है। यह अरबी-फारसी का शब्द है।[2] कुछ विद्वानों ने इस शब्द को भारतीय सिद्ध करने के लिए भी तर्कसम्मत तथ्य प्रस्तुत किए हैं।[3]

मीराँ शब्द को विदेशी सिद्ध करने के लिए, मीराँ की जन्म सम्बन्धी किंवदन्तियों का जन्म हुआ, जो कालान्तर में लोक-धारणा में परिवर्तित हो गईं। कुछ विद्वानों ने मीराँ का सम्बन्ध अजमेर के मीर साहब से जोड़ा है।[4] इसी प्रकार हिन्दू धर्म में आस्था रखने वालों ने भी मीराँ के नाम सम्बन्धी कुछ ऐसी ही कल्पनाएँ की हैं।[5] इस तरह अपने-अपने मतानुसार विद्वानों ने अपनी धारणा की पुष्टि हेतु अनेक प्रमाण भी जुटाए। विचार-शृंखला 'मीराँ' शब्द की शुद्धि-अशुद्धि तक भी पहुँची। अल्प मत इस बात के पक्ष में था कि 'मीराँ' शब्द शुद्ध है।[6] अनेक विद्वान 'मीराँ' शब्द को शुद्ध भारतीय मानते हैं[7] और अनेक विद्वान इस सम्बन्ध में अनेक प्रमाण प्रस्तुत करते हैं।[8] उपर्युक्त विभिन्न मान्यताओं के कारण मीराँ शब्द का प्रयोग

भी तीन प्रकार (मीरां, मीरा, मीराँ) से होने लगा। इस तरह केवल 'मीराँ' शब्द को लेकर ही बहुत विचार-विमर्श हुआ और नाम को लेकर विद्वानों में कई श्रेणियाँ बन गईं। इनमें से दो श्रेणियाँ मुख्य कही जा सकती हैं–

1. वे विद्वान जो मीराँ शब्द को विदेशी मानते हैं।
2. वे विद्वान जो मीराँ शब्द को भारतीय मानते हैं।

इसी तरह–

1. वे विद्वान जो मीराँ शब्द को नाम मानते हैं।
2. वे विद्वान जो मीराँ शब्द को उपाधि मानते हैं।

सर्वप्रथम स्व. डॉ. पीताम्बरदत्त बड़थ्वाल ने मीराँ नाम के इस प्रश्न को उठाया। उनके अनुसार यह फारसी के मीर शब्द से बना है, तथा किसी सन्त (विशेषकर मुसलमान सन्त) द्वारा दिया गया उपनाम है। आपने कबीरदासजी के चार दोहों[9] में आए हुए मीराँ शब्द का अर्थ परमात्मा अथवा ईश्वर से तथा बाई का अर्थ पत्नी से लगाकर, मीराँबाई का अर्थ निकाला–'ईश्वर की पत्नी'।

इसी आधार पर डॉ. बड़थ्वाल ने मीराँ को निराकारवाद की पोषिका सिद्ध करने का प्रयास किया है। शब्द का अर्थ है ईश्वर और यह उपनाम मीराँ को सन्तों द्वारा दिया गया था। इसी धारणा के आधार पर मीराँ का अर्थ, ईश्वर की पत्नी, सिद्ध किया गया और उन्हें कबीर, रैदास से प्रभावित माना गया।

श्री विश्वेश्वर नाथ रेऊ ने भी डॉ. बड़थ्वाल के स्वर में स्वर मिलाकर कहा कि मीराँ शब्द संस्कृत का नहीं है।[10]

गुजराती साहित्य के प्रसिद्ध विद्वान श्री काशीराम शास्त्री ने भी इस (मीराँ) शब्द पर विचार किया और इसके मूल रूप की संस्कृत के 'मिहिर' शब्द से सम्भावना व्यक्त की।[11]

राजस्थानी साहित्य के विद्वान श्री नरोत्तमदास स्वामी का मत है कि प्राकृत तथा अपभ्रंश के व्याकरण के आधार पर, मीराँ का मूल रूप 'बीराँ' है।

स्व. हरिनारायण पुरोहित इस निष्कर्ष पर पहुँचे कि अजमेर शरीफ के सिद्ध मीराशाह की मनौती के कारण, मीराँबाई का जन्म हुआ था, अतएव उनका नाम मीराँ रखा गया।[12]

ललितप्रसाद सुकुल ने 'मीराँ' की उत्पत्ति के लिए मेड़ता (शहर) शब्द की व्याख्या को महत्त्व देते हुए मीर जलाशय का अर्थ ग्रहण किया और इसी जलाशय के प्रतीक के रूप में, (मीराँ के दादा) राव दूदाजी द्वारा अपनी पौत्री का मीराँ नाम रखना सिद्ध किया है।[13]

ब्रजरत्नदास मीर या मीराँ शब्द को संस्कृत का मानते हैं और इसकी व्युत्पत्ति–मीरा मि + हरा = मीरा बतलाते हैं।[14]

परशुराम चतुर्वेदी के अनुसार 'मीराँ' शब्द का मूल रूप 'मीर' ही है।

शम्भुप्रसाद बहुगुणा की सूचना के अनुसार मीर शब्द अरबी-फारसी का भी है।[15]

डॉ. गोकुल भाई पटेल ने गाथा सप्तमी का आधार लेकर मदिरा से महरा और महरा से मीरा शब्द की उत्पत्ति मानी है।[16]

डॉ. भगवानदास तिवारी के अनुसार 'जहाँ तक मीराँ शब्द की उत्पत्ति का सम्बन्ध है, मीराँ शब्द संस्कृत के मीर शब्द से उद्धृत माना जा सकता है और उसमें मीराँ + अ – मीराँ बन सकता है किन्तु राजस्थान के क्षत्रिय कुल में प्रयुक्त मीराँ शब्द फारसी के मीर शब्द से व्युत्पन्न नहीं माना जा सकता।[17]

दलाल जेठालाल बाड़ीलाल के अनुसार, मीराँ-जन्म के समय अलौकिक प्रकाश बिम्ब दिखाई पड़ा था, इसी कारण पुत्री का नाम मही–हरा अर्थात् मीरा रखा गया।[18]

कुछ विद्वानों ने मीराँ शब्द को अंग्रेजी कोषों में ढूँढ़ने का प्रयास भी किया है।[19]

इस तरह मीराँ नाम को लेकर पर्याप्त विचार किया गया है किन्तु कुछेक दृष्टिकोणों को छोड़, अधिकांश में भारतीय दृष्टि का अभाव ही है। 'मीर' शब्द के कारण अधिकांश विद्वानों की दृष्टि अरबी और फारसी भाषाओं पर लगी रही। कुछ विद्वानों ने अवश्य ही भारतीय दृष्टिकोण से इस शब्द पर विचार किया। कुछ ऐसे भी हैं जो इस दृष्टि को अन्त तक निभा नहीं सके। कुछ विद्वानों ने इस नाम को लेकर नवीन कल्पनाएँ भी कीं। इस तरह वाद-प्रतिवाद से यह शब्द विवादास्पद बनता चला गया।

मीराँबाई द्वारा अपने प्रति अथवा किसी समसामयिक भक्त अथवा साहित्यकार द्वारा मीराँ के प्रति पूर्ण और प्रामाणिक उल्लेख न करने के कारण भी यह नाम (मीराँ) एक समस्या बन गया।

लेखक की मान्यता :

वस्तुतः मीराँ शब्द पूर्ण भारतीय शब्द है, जिसकी व्युत्पत्ति संस्कृत भाषा से हुई है। यह शब्द भारतीय संस्कृति और वाङ्मय में इतना प्रसिद्ध और घुलामिला है कि आज हम इसे चाह कर भी भारतीय संस्कृति और वाङ्मय से अलग नहीं कर सकते। मीराँ शब्द संस्कृत का है जिसका तात्पर्य है–लक्ष्मी। लक्ष्मी के रूप में यह शब्द भारत में अत्यन्त प्रचलित रहा हैं तथा आज भी है किन्तु मीराँ के रूप में नया लग रहा है।

प्रस्तुत है मीराँ शब्द की व्युत्पत्ति प्रक्रिया–

मीर–पु. (मिन्वति प्रक्षिगन्ति नद्या जलान्पतेति)
मिञ् + 'श्रुसि चिमित्र। दीर्घश्च।' उणा. 2।
25। इति क्रन् दीर्घत्वश्च। ससुन्द्रः। इत्युणादि कोषः।

पब्वतैक देशः। सीमा। पानीम्। इति सक्षिप्रसारोणादिवृतिः ॥

मिव् धातु, उणादि प्रत्यय 'र' मिय के इकार को दीर्घ मीर कर देता है। 'शब्द कल्पद्रुम्' में इसके समुद्र, पर्वत का एक भाग, सीमा, जल आदि अर्थ दिए हैं।

मीर शब्द मियू धातु से बना है। इसमें उणादि प्रत्यय 'र' लगा है। 'र' प्रत्यय के जुड़ने से (लगने से) 'मि' धातु दीर्घ हो गई जिसका अर्थ हुआ–जहाँ नदियाँ अपना जल डालती हैं, वह मीर है। इसके दूसरे अर्थ पर्वत का एक भाग, सीमा और जल भी दिए गए हैं।

मीर से उत्पन्न होने वाले को 'मीरज' कहेंगे। इसमें मीर + जन् धातु में 'ड' प्रत्यय है और यह 'ड' प्रत्यय सप्तमी उप-पद रहने पर लगता है। अर्थात् मीरे जायते इति 'मीरजे' (समुद्र में उत्पन्न होने वाला)। इसका स्त्रीलिंग शब्द 'मीरजा' होगा और इसके 'जकार' का लोप हो जाने पर 'मीरा' शब्द बनेगा। इस प्रकार मीरा का अर्थ होगा समुद्र से उत्पन्न होने वाली अर्थात् लक्ष्मी।

इस 'जकार' के लोप होने का संस्कृत में एक सूत्र दिया गया है–'क ग च ज त द पयवाम प्रार्योलोपाः।' इस सूत्र के आधार पर 'मीरज' से जकार का लोप होते ही 'मीरज' 'मीर' बन गया तथा 'मीरज' के स्त्रीलिंग 'मीरजा' के जकार का लोप होते ही मीरा बन गया।

इस तरह मीराँ शब्द शुद्ध संस्कृत का है। संस्कृत का वही शब्द 'मीरा', 'मीरां' अथवा 'मीराँ' बन गया। संस्कृत के अनुसार 'मीरा' (अनुस्वार रहित) शब्द ही शुद्ध कहा जाएगा किन्तु हिन्दी तथा राजस्थानी भाषाओं में 'मीरां' अथवा 'मीराँ' ही शुद्ध माना जाएगा। राजस्थानी भाषा के अधिकांश विद्वान 'मीराँ' को ही शुद्ध मानते हैं।[20]

यह कहना सत्य नहीं है कि मीराँ शब्द भारतीय न होकर विदेशी है और यह फारसी अथवा अरबी से आया है। न ही 'मीर साहब' की मनौती वाली किंवदन्ती ही अधिक सत्य है। यह कहना भी उचित नहीं है कि मीराँ उपनाम या उपाधि था। मेड़ता के जलाशय की कल्पना भी सत्य नहीं है।

यह कहना भी भ्रमपूर्ण ही है कि उस युग में ऐसे नाम (मीराँ) प्रचलित नहीं थे क्योंकि प्रसिद्ध इतिहासवेत्ता श्री गौरीशंकर हीराचन्द ओझा[21] ने जोधपुर (राज्य) के शासक राव मालदे गांगावत की एक पुत्री का नाम मीराँबाई दिया है। राव मालदे गांगावत मीराँ के समकालीन ही थे। इसके साथ ही राजस्थान में मीराँ के जन्म से एक शताब्दि पूर्व भी, मीराँ शब्द के प्रचलित होने का प्रमाण मिलता है। बारहठ बीठू के दोहों में मीराँ शब्द का उल्लेख मिलता है।[22] इसी प्रकार प्रसिद्ध सन्तदादू[23] (क) प्रसिद्ध प्राप्त चारण महात्मा ईसरदास, (ख) तथा नैणसी की ख्यात (ग) में यह शब्द (मीराँ) अथवा इससे साम्यता रखने वाला शब्द (मेरा) मिलता है। गुजरात में मीराँ नाम की दो कवयित्रियों की सूचना मिली है।[24]

इस तरह नाम शब्द पर इतना तूल देना अथवा उसकी चीर-फाड़ करना,

अनावश्यक ही कहा जाएगा क्योंकि नाम रखने के अनेक कारण हो सकते हैं। क्षत्रिय समाज में, जन्म नक्षत्र के अनुसार भी पण्डित के कहने पर पाँच नाम रखने की प्रथा आज भी प्रचलित है। इन पाँचों नामों में से एक प्रचलित हो जाता है। कभी-कभी प्यार से भी प्रचलित नाम रख लिया जाता है। यही कारण है कि जन्म नाम और प्रचलित नाम में, (कभी-कभी) पर्याप्त अन्तर दृष्टिगोचर होता है। जन्मपत्री सदा नाम से ही बनाई जाती है।

मीराँबाई पर कोई भी निर्णय करने से पूर्व हमें यह नहीं भूल जाना चाहिए कि मीराँ एक राजकुमारी थी।[25] इसलिए यदि एक राजकन्या के नामकरण में संस्कृत पाण्डित्य झलकता है तो इसमें आश्चर्य क्या है? मेड़ता के स्वामी राव दूदा जोधावत के पाँच पुत्रों की सन्तानों में मीराँबाई ही, उस समय (वि.सं. 1562 से पूर्व) इकलौती कन्या थी। अतः अत्यन्त लाड़-प्यार से उसका स्वागत हुआ होगा तथा उतने ही दुलार से उसे रखा गया होगा।

अतः मुझे मीराँ की संस्कृत व्युत्पत्ति ही सर्वथा संगत लगती है।

पाद टिप्पणियाँ :

1. स्व. डॉ. पीताम्बरदत्त बड़थ्वाल, सरस्वती, भाग-40, अंक-3, मीराँबाई नाम।
2. (क) स्व. पुरोहित हरिनारायणजी, सन्तवाणी पत्रिका, वर्ष-1, अंक-11, पृ. 24 तथा मीराँ वृहत्पदावली प्रथम भाग, पृ. 2
   (ख) स्व. पीताम्बरदत्त बड़थ्वाल, सरस्वती, भाग 40, अंक-3, मीराँबाई नाम।
   (ग) श्री शम्भुप्रसाद बहुगुणा, मीराँ स्मृति ग्रन्थ, पृ. 52-53
   (घ) श्री परशुराम चतुर्वेदी, मीराँबाई की पदावली, पृ. 242-243
   (ड़) श्री विश्वेश्वरनाथ रेऊ, सन्तवाणी पत्रिका, अंक-11, वर्ष-1, पृ. 24
3. (क) पं. के.का. शास्त्री, कवि चरित भाग-1 तथा मीराँबाई नाम, बुद्धि प्रकाश अक्टू-दिस. 1939, पृ. 420
   (ख) श्री ललिता प्रसाद सुकुल, मीराँ स्मृति ग्रन्थ
   (ग) श्री नरोत्तमदास स्वामी, राजस्थानी साहित्य, उदयपुर, वर्ष-1, अंक-2
   (घ) श्री ब्रजरत्नदास, मीराँ माधुरी, पृ. 114-15
   (ड़) श्री महावीरसिंह गहलोत, मीराँ, जीवनी और काव्य, पृ. 17
   (च) दलाल जेठालाल बाडीवाल, मीराँ स्मृति ग्रन्थ, पृ. 115
   (छ) डॉ. मंजुलाल मजुमदार, संस्कृत भविष्य महापुराण, प्रतिसंग, अध्याय 22, श्लोक 41-42
   (ज) डॉ. गोकुलभाई पटेल, स्वर, भार अने व्यापार, पृ. 216
   (झ) डॉ. भगवानदास तिवारी, मीराँ नाम : एक समस्या? सम्मेलन पत्रिका, भाग 50, सं. 2-3, चैत्र भाद्रपद, शक 1886

4. स्व. पुरोहित हरिनारायणजी।
5. स्व. पुरोहित हरिनारायणजी, मीराँ वृहत्पदावली, प्रथम भाग, पृ. 2 (भूमिका)।
6. (क) डॉ. सत्येन्द्र।
(ख) डॉ. पीताम्बरदत्त बड़थ्वाल (स्व.)
(ग) नरोत्तमदास स्वामी, मीराँ मन्दाकिनी।
(घ) डॉ. सावित्री सिन्हा, मध्यकालीन हिन्दी कवयित्रियाँ, पृ. 105-158
(ड़) भुवनेश्वर मिश्र माधव, मीराँ की प्रेम साधना।
(च) मीराँ स्मृति ग्रन्थ, बंगीय हिन्दी परिषद्।
7. (क) हरिसिद्ध भाई दिवेटिया, मीराँबाई नो भजनो।
(ख) मुंशी देवी प्रसाद, मीराँबाई का जीवन चरित्र।
(ग) तनसुखराम मनसुखराम त्रिपाठी, वृहत् काव्य दोहन, पृ. 7
(घ) प्रो. मुरलीधर श्रीवास्तव, मीराँ की प्रेम साधना।
(ड़) इच्छाराम सूर्यराम देसाई, वृहत काव्य दोहन, पृ. 7
(च) डॉ. भगवानदास तिवारी, मीराँ नाम : एक समस्या?, सम्मेलन पत्रिका, भाग 50, संख्या 2-3, चैत्र भाद्रपद, शक 1886
8. (क) डॉ. मोतीलाल मेनारिया, राजस्थानी भाषा और साहित्य।
(ख) डॉ. श्रीकृष्णलाल, मीराँबाई।
(ग) श्री परशुराम चतुर्वेदी, मीराँबाई की पदावली, पृ. 242
(घ) डॉ. हीरालाल माहेश्वरी, राजस्थानी भाषा और साहित्य, पृ. 295
(ड़) श्री ब्रजरत्नदास, मीराँ माधुरी।
(च) श्री स्वामी आनन्दस्वरूपजी, मीराँ-सुधा-सिंधु।
(छ) श्री महावीरसिंह गहलोत, मीराँ, जीवनी और काव्य।
(ज) श्रीमती पद्मावती शबनम, मीराँ वृहत पद संग्रह तथा मीराँ : एक अध्ययन।
(झ) श्री रामचन्द्र नारायण ठाकुर, मीराँ प्रेम दिवानी।
(ट) पं. रामलोचन शर्मा कण्टक, मीराँ प्रेमवाणी।
(ठ) श्रीमती विष्णु कुमारी मजु, मीराँ पदावली।
(ड) श्री ज्ञानचन्द्र जैन, मीराँ और उनकी प्रेमवाणी।
(ढ) श्री कार्तिक प्रसाद खत्री, मीराँबाई का जीवन चरित्र।
9. (अ) कबीर चाल्या जाइ था, आगे मिल्या खुदाइ।
मीराँ मुझसौं यों कह्या, किति फुरमाई गाइ ॥
(आ) हज काबै है है गया, केती बार कबीर।
मीराँ मुझ में क्या खता, मुखाँ न बोलै पीर ॥
(इ) सुर नर मुनिजन, पीर, अवलिया, मीराँ पैदा कीन्हा रे।
कोटिक भये कहाँ लूं वरनूं, सबनि बयाना दीन्हा रे ॥

(ई) कहुँ कबीर न दर करेजे मीरा, राम नाम लगि उतरे तीरा।
डॉ. भगवानदास तिवारी की मान्यता है—हिन्दी साहित्य के इतिहास में सबसे पहले कबीर की तीन साखियों में मीराँ शब्द का उल्लेख पाया जाता है।—

चीहरे च्यंतामणि चढ़ी, हाड़ी भारत हाथि।
मीराँ मुझमूं मिहिर करी, इव मिलों न काहू साथि ॥ 1

कबीर चाल्या जाइ था, आगें मिल्या खुदाइ।
मीराँ मुझसो यों कह्या, किनि फुरमाई गाइ ॥ 2

हज काबै ह्वै ह्वै गया, केती बार कबीर।
मीराँ मुझमें क्या खता, मुखाँ न बोले पीर ॥ 3

— मीराँ नाम : एक समस्या?, सम्मेलन पत्रिका, पृ. 187, भाग 50, सं. 2-3, चैत्र भाद्रपद, शक 1886

10. प्रसिद्ध इतिहासवेत्ता श्री विश्वेश्वरनाथ रेऊ का लिखना है कि मालूम होता है कि नागौर में मुसलमानों का अड्डा होने व मेड़ते के, उसके निकट रहने से, अथवा अन्य कारणों से उनका प्रभाव राजपूतों पर पड़ा होगा। मीराँ शब्द फारसी में मीर का बहुवचन है और शहजादों के अर्थ में प्रयुक्त होता है।
—सन्तवाणी पत्रिका, अंक-11, पृ. 24, वर्ष-1
11. के.का. शास्त्री के अनुसार—मिहिर—सूर्य से मिहिरा, मिइरा और फिर मीरा बना। मीराँ शब्द का स्त्रीवाची 'आं' नामों के साथ गुजरात में अत्यधिक प्रचलित है। रूपां, धनाँ, तेजां, शोभां, लीतां, जीपां आदि ऐसे ही शब्द हैं। इसी प्रसंग में वे आगे लिखते हैं 'देशी मिरिया झोंपड़ी नाम के लिए प्रयुक्त हुआ होगा। देशी मइहर गाँव का अगुआ मइहर, मीअर, मीरा, मीराँ—गाँव के अगुआ राजा की पुत्री मीराँ हुई...'
—मीराँबाई नाम, बुद्धिप्रकाश, अक्टू.-दिस. 1939, पृ.420
12. 'अरबी भाषा के अदारी केवल रूप के अनुसार अम्र बना। अम्र से फईल के वजन पर अमीर बना। अमीर का संकुचित रूप मीर हुआ। मीर का बहुवचन और प्रतिष्ठा द्योतक मीराँ शब्द बना।' —पु.ह.ना. (स्व.)
13. 'फारसी के कोषों में मीर शब्द अमीर का मुखफ्फफ अर्थात् छोटा रूप लिया गया है और अमीर का अर्थ सदोर है। मीर का बहुवचन मीरान् या मीराँ होता है। इससे अनेक शब्द बनते हैं, जैसे मीरक—छोटा मीर, मीरजाद या मीरजा—मीर का वंशज, मीर मजलिस—सभापति आरवोर—अस्तबल का दरोगा आदि। मुसलमानों में यह प्रमुख सम्पदों का अल्ल भी होता है। मुगल दरबार में भी मीर मीरान् मीरों या सरदार पदवी दी जाती थी और सम्मान के लिए एक मनुष्य को 'मीरान् जी' कह कर सम्बोधित किया जाता था।' —मीराँ माधुरी (भूमिका), पृ. 112
14. मीर + ता = मीरता। मीर शब्द का अर्थ संस्कृत कोष के अनुसार जलराशि, समुद्र,

किसी पर्वत का कोई भाग, सीमा और पेय विशेष और एकाक्षर कोश के अनुसार ता शब्द लक्ष्मी शब्द का वाचक है। —ललिता प्रसाद शुक्ल

15. मइहर शब्द का अर्थ मिहिर, मेहर, दयावाला, दयालु भी यद्यपि है किन्तु वह जन्म भूमि, पीहर, पितृगृह का द्योतक है। उदाहरणार्थ बाबुल मोरा मइहर छूटो जाए। और इस दशा में स्वयं मइहर शब्द मातृगृहम् से उत्पन्न है। मातृगृह, माइहर, महियर। महिअर फ्रांसीसी भाषा में मिलने वाला समुद्रवाची मेरला मेरमेडिट्रेरान्ने भूमध्य सागर शब्द इसी अर्थ में संस्कृत शब्द महापर्व विद्यमान है, जिसका रूप गुजराती भाषा के कवि भालण (संवत् 1490-1570) की कादम्बरी में मिलता है—मिहिरायण मथिउ अति कोडी। ...मुझे दिखाई देता है कि मीराँ शब्द के नामार्थ में मिहिर सूर्य से अधिक ठीक है। सूर्योदय के पर्वत को बाइबिल में मेरासे कहा गया है। यही हमारा सुमेरु है। मिहिर कुल नाम भी है और सूर्य वंश का द्योतक भी सूर्य कुल से मीराँ का सम्बन्ध था ही। —मीराँ स्मृति ग्रन्थ, पृ. 53-54

16. स्वर भार अने व्यापार, पृ. 216

17. सम्मेलन पत्रिका, पृ. 192-193 (भाग 50, सं. 2-3, चैत्र भाद्रपद, शक 1886)।

18. 'प्रेम लक्षणा भक्ति थी वश कीधा करतार।
धनधन मीराँबाई ने गिरधारी सूं प्यार ॥
...मीराँ के जन्म के समय अलौकिक प्रकाश का बिम्ब दिखलाई पड़ा था, जिससे कुमारी का नाम मही + इरा अर्थात् मीरा रखा गया। मही का अर्थ पृथ्वी और इरा का अर्थ तेज या प्रकाश हुआ। मीराँ ने पृथ्वी पर निर्दोष प्रेम-भक्ति का प्रकाश फैलाया और अपने पिता रत्नसिंह से प्रगट होने के कारण रत्न के प्रकाश के समान उज्ज्वल तथा निर्मल थी।' —मीराँ माधुरी, पृ. 116 (भूमिका)

19. 'अंग्रेजी के कोषों को देखने से ज्ञात होता है कि एंग्लो-सैक्सन शब्द मेअर (एम, ई, आई, ई) का अर्थ झील या ताल है। जर्मन तथा डच भाषाओं के 'मीर' (एम. ई.ई.आर), लेटिन के मेअर तथा फ्रेन्च के 'मेर' (एम.ई.आर) या मेअर समानार्थी है। इन सबका अर्थ समुद्र है। इन कोषों में यह टिप्पणी भी है कि यह शब्द संस्कृत के मरु (रेगिस्तान) या म्रि (मरना) शब्दों में से व्युत्पन्न है और इसी से मैराइन (समुद्री) तथा माशे (दलदल) शब्द बने हैं।' —श्री ब्रजरत्नदास, मीराँ माधुरी, पृ. 113

20. 'राजस्थान में 'मीराँ' ही बोला जाता है। डॉ. मोतीलाल मेनारिया, श्री ब्रजरत्नदास, डॉ. श्रीकृष्णलाल, महावीरसिंह गहलोत, प्रभृति विद्वानों ने मीराँ शब्द ही लिखा है। इसके अतिरिक्त राजस्थानी व्याकरण के अनुसार बहुवचनान्त 'मीराँ' शब्द आदर बोधक है।'
—हीरालाल माहेश्वरी, राजस्थानी भाषा और साहित्य, पृ. 300

21. जोधपुर राज्य का इतिहास (प्रथम खण्ड), पृ. 389

22. मुहता नैणसी री ख्यात, भाग-2, पृ. 227। बारहठ बीठू का दोहा—
खाण्डे किया खड़ाक सी लागा सुरताण मूं।

मीराँ मीलक नूं मार छोइयां उतरी छाक ॥

23\. (क) 1. दादू कारण कन्त के, खरा दुखी बैहाल।
मीरा मेरा मिहर करि, दे दरसन पर हाल ॥

2\. बदा वरदा चेरा तेरा, हुक्मी मैं बेचारा।
मीराँ मिहरबान गोसाँई, तू सिरताज हमारा ॥

(ख) 1. मीराँ मौड बन्धावो माथे, हथ प्राखडि मेथि रिखि हाथे।

2\. मीराँ मीर मिलिकि मिलिकां, तुं षांद्रल मसिहा षलका।

(ग) 'राजा मोकल मंडोर के राव चूंडा की बेटी हंसाबाई के पेट का, जिसे राणा खेता के पासवानिए खातण के पुत्र चाचा व मेरा ने मारा।'

—ख्यात, प्रथम भाग, पृ. 25

'जब पुरुषों का नाम 'मेरा' हो सकता है, तब यह असम्भव नहीं कि लड़कियों का नाम 'मीराँ' न हो।'

—डॉ. हीरालाल माहेश्वरी, राजस्थानी भाषा और साहित्य, पृ. 298-299

24\. मीराँ जीवनी और काव्य : महावीर सिंह गहलोत (भूमिका), पृ.16

25\. आज मेड़ते का कोई महत्त्व न हो किन्तु मीराँ के युग का मेड़ता—बीकानेर, जोधपुर (मारवाड़) और चित्तौड़ (मेवाड़) के समान ही एक पूर्ण प्रभुतासम्पन्न स्वतन्त्र राज्य था। मेड़ते के शासक को भी वही 'राव' की पदवी प्राप्त थी (यहाँ तक कि राव वीरमदे दूदावत को 'राजा' की पदवी प्राप्त थी) जो जोधपुर और बीकानेर, या यों कहिए राजस्थान (राजपूताने) के शासकों के लिए प्रयुक्त होती थी। मेड़ता अपनी भौगोलिक स्थिति और बाँके वीरों के कारण (मीराँ युग में), अत्यन्त महत्त्व रखता था।

वह युग युद्धों का युग था। अतः प्रत्येक स्थान का महत्त्व सामरिक होता था। मेड़ता के अनोखे वीरों का पक्ष युद्ध का निर्णायक पक्ष हुआ करता था। इतिहास साक्षी है कि महाराणा रायमल कुम्भावत से लेकर महाराणा उदयसिंह सांगावत तक मेड़ता ने मेवाड़ की रक्षा की अथवा अपने सहयोग से मेवाड़ को मजबूत बनाया, उसे हारों और विपत्तियों से बचाया। मेवाड़ ने इस युग में (मीराँ युग) जितने भी निर्णायक युद्ध किए, मेड़ता की तलवारें और वीर सदा मेवाड़ के साथ रहे। इसी कारण मेवाड़ ने भी सदा (जोधपुर से अधिक) मेड़ता को महत्त्व दिया। यह भी एक कारण था कि महाराणा साँगा रायमलोत ने मीराँबाई को अपनी पुत्रवधू बनाकर, मेड़ता राज परिवार से घरेलू सम्बन्ध दृढ़ किए। महाराणा साँगा के पिताश्री महाराणा रायमल कुम्भावत ने भी मेड़ता के रान वीरमदे दूदावत को अपनी पुत्री इन्हीं कुछ कारणों से दी थी।[1]

1. जयमल वंश प्रकाश, ले. गोपालसिंह मेड़तिया, पृ.68

मीराँ के गुरु

मीराँ पर कार्य करने वाले विद्वानों ने मीराँ के गुरुओं के नाम भिन्न-भिन्न बताए हैं। अधिकांश प्रसिद्ध भक्त रैदासजी[1] चमार को मीराँ का गुरु मानते हैं, कुछ अध्ययनकर्त्ता जीव गोस्वामीजी[2] को तो कोई रामानन्दजी[3], हरिदासजी[4] माधवपुरीजी[5], चैतन्य महाप्रभु[6], दासगुप्त[7], रूप गोस्वामी[8], देवाजी[9], और यहाँ तक कि एक विद्वान ने विश्नोई सम्प्रदाय के प्रवर्तक जांभोजी[10] को मीराँ का गुरु माना है। एक विचारक पुरोहित गजाधर[11] को भी मीराँ का गुरु बताते हैं। सभी के अपने-अपने विचार और धारणाएँ हैं जिन्हें पुष्ट करने हेतु प्रमाण भी जुटा लिए गए हैं। मेरी शोध का यह निष्कर्ष है कि मीराँ का कोई धार्मिक गुरु नहीं था अथवा मीराँ ने किसी भी सन्त को अपने गुरु के रूप में स्वीकार नहीं किया। अस्तु 'सधुकड़ी' भाषा में कहा जा सकता है कि 'मीराँ निगुरी' थी।

तत्कालीन धार्मिक परिस्थितियों के सन्दर्भ में देखने से यह बात बहुत आश्चर्यजनक लगेगी क्योंकि मीराँ के युग का धार्मिक जगत् इतना रूढ़िग्रस्त, परम्परावादी और बन्धनों में बँधा था कि उस युग में किसी स्वतन्त्र, स्वछन्द अथवा 'निगुरे' भक्त का कहीं कोई स्थान भी मानने को तैयार न था। 'निगुरे' भक्त का कोई सम्मान नहीं था। मध्य युग में किसी भक्त या सन्त को निगुरा कहना, उसे अपमानित करना अथवा गाली देने के समान था। मीराँ युग की धार्मिक मान्यता थी कि गुरु से दीक्षित भक्त ही आदरणीय है शेष नहीं। इसलिए मीराँ के श्रद्धालुओं ने भी मीराँ के लिए भी किसी गुरु का होना अनिवार्य समझा और इस हेतु लगे प्रयत्न करने। इस तरह के प्रयत्न उस युग के प्रचलित सम्प्रदायों एवं धार्मिक मत-मतान्तरों में आस्था रखने वालों के द्वारा भी किए जाने लगे क्योंकि वे लोग 'येन केन प्रकारेण' मीराँ को अपने सम्प्रदाय, पथ अथवा गुरु की शिष्य परम्परा में लाना चाहते थे और इसके लिए बहुत प्रयत्नों की आवश्यकता समझी गई।[12]

मीराँबाई प्रसिद्धि प्राप्त स्त्री-भक्त होने के साथ-साथ तत्कालीन युग के तीन प्रसिद्धि प्राप्त रियासतों के राज-परिवारों में सम्बन्धित थी। अतः उस युग के जन-मानस में वह श्रद्धा, भक्ति, कौतूहल और आश्चर्य की जननी के रूप में विख्यात थी। वह युग राजतन्त्र का युग था जब राजा और राज-परिवार के लिए असीम

श्रद्धा, मान और आदर-भाव जनता में था। मीराँ एक ओर राठौड़ों-मेड़तियों की राजकन्या थी तो दूसरी ओर 'हिन्दू-वाँणा' सूरज महाराणा परिवार की कुलवधू थी। इस कारण मीराँ को एक ओर राजपरिवार के प्रति लोक-मानस में व्याप्त श्रद्धा, आदर-सम्मान और लोकप्रियता मिली तो दूसरी ओर भक्त समाज के प्रति उस युग में व्याप्त स्नेह एवं स्वत्व भी मीराँ को सहज ही प्राप्त हो गया।

उस युग का प्रत्येक सम्प्रदाय, पन्थ और प्रसिद्धि प्राप्त भक्त अथवा उसके शिष्य, मीराँ को अपनाने को आतुर थे। इससे उन्हें जनता में प्रसिद्धि तो प्राप्त होती ही साथ ही राजसम्मान, राज-सुविधा आदि भी प्राप्त होते। अतः सभी ने प्रयत्न किए किन्तु मीराँ ने किसी को भी धर्मुगरु बनाने से स्पष्ट मना कर दिया। जिससे उन्हें अनेक सम्प्रदायों से विभिन्न अपशब्द भी सुनने पड़े।[13]

अस्तु हम कह सकते हैं कि तत्कालीन दो मुख्य राजपरिवारों से सम्बन्धित यह राजरानी और राजकन्या तत्कालीन धार्मिक जगत् में भी अपना अद्वितीय स्थान बना चुकी थी। एक ओर चित्तौड़ का राजघराना यदि मीराँ से छुटकारे के लिए जी-तोड़ कोशिश कर रहा था तो दूसरी ओर सभी धार्मिक सम्प्रदाय मीराँ को अपनाने को उत्सुक थे। एक ओर यदि 'सिसोदिया', मेवाड़ी राज-परिवार मीराँ को पारिवारिक तथा सामाजिक बन्धनों में बाँध कर रखना चाहते थे तो दूसरी ओर धार्मिक सम्प्रदाय भी किसी भी मूल्य पर मीराँ को अपनी शिष्या बना कर यश-वृद्धि एवं लोक-प्रसिद्धि प्राप्त करने हेतु, भरसक प्रयत्न कर रहे थे। किन्तु मीराँ ने न तो 'बप्पारावल' की दुहाई देने वाले राणा परिवार के बन्धनों को स्वीकार किया तथा न ही किसी सम्प्रदाय विशेष को अपना कर, धार्मिक बन्धन ही स्वीकार किया। मीराँ को स्वच्छन्दता और स्वतन्त्रता प्रिय थी और इसीलिए वह जीवन-पर्यन्त संघर्षशील रही। मीराँ जन्मजात क्रान्तिकारी नारी थी। उसने कभी किसी से समझौता नहीं किया। वह अपने स्वाभिमान और भक्ति के लिए अन्त तक लड़ती रही किन्तु कभी हार स्वीकार नहीं की। वह आध्यात्मिक क्षेत्र में इतनी ऊपर उठ गई थी कि उसे संसार का माया-मोह, लोक-लाज, घृणा व स्नेह प्रभावित न कर सके।

मीराँ एक विद्रोहिणी नारी के रूप में देखी जा सकती है। मीराँ ने जीवन के प्रत्येक क्षेत्र में विद्रोह किया। अपने कुटुम्ब और समाज की रूढ़िग्रस्त मान्यताओं के विरुद्ध उसने अपना विद्रोही व्यक्तित्व रखा और लोक लाज तज 'सन्तन संग बैठ-बैठ' भजन भाव किया, 'पग घुँघरू बाँध मीराँ नाची।' मीराँ ने मेवाड़ राज-परिवार की पुत्रवधू होकर, 'सिसोदिया'[14] राणाओं की परम्परागत लोक-लाज को तोड़ा और इस तरह चित्तौड़ के राणा को चुनौती दी। यह भी एक खुला विद्रोह था जिसका दण्ड मौत से कम हो ही नहीं सकता था। किन्तु मीराँ ने जैसे इसकी कभी कोई चिन्ता नहीं की। वह तो अपने साँवरिया के रंग में रँगी, भक्त परिवार में बैठी, भजन करती रही। इसी तरह धार्मिक गुरु को अपना गुरु न मान कर धार्मिक व्यवस्था

को भी चुनौती दी। यद्यपि मीराँ ने सभी का सम्मान-सत्कार किया किन्तु किसी को अपना गुरु नहीं बनाया। निम्बार्क सम्प्रदाय से मीराँ की भक्ति-भावना, भक्ति-साधना, भक्ति-पद्धति, उपास्यदेव आदि सभी कुछ मिलता था किन्तु मीराँ ने इसके गुरु को भी स्वीकार नहीं किया। मीराँ धार्मिक रूप से भी अन्त तक स्वछन्द ही रहीं। यही कारण है कि मीराँ के गुरु का कहीं स्पष्ट उल्लेख नहीं है।

लेखक की मान्यता :

मीराँ के साँवरिया गिरधर ही मीराँ के गुरु थे।[15] वैष्णव सम्प्रदाय में इस स्थिति को स्वीकार भी किया गया है जबकि ईश्वर ही गुरु और आराध्य दोनों होते हैं।[16]

मीराँ की अपने आराध्यदेव से सीधी पहुँच थी, सीधा जन्म-जन्मान्तर का परिचय था। 'साँवरिया गिरधर' से मिलने की राह और प्रक्रिया वह स्वयं जानती थी अतः उसे किसी 'बिचौलिए' की आवश्यकता कभी नहीं पड़ी। गुरु भी एक धार्मिक बिचौलिए (सम्पर्क सेतु) का ही काम करता है और मीराँ को इस धार्मिक 'बिचौलिए' की कभी आवश्यकता नहीं रही।

मीराँ के पद भी इस बात की पुष्टि करते हैं कि मीराँ के आराध्य देव और गुरु दोनों एक हैं।[17]

पाद टिप्पणियाँ :

1. '...किंवदन्तियों में प्रचलित है कि मीराँ ने रैदास भक्त को अपना गुरु बनाया। मीराँ की छाप से मिलने वाले कितने ही ऐसे पद भी मिलते हैं जिनमें रैदास के गुरु होने का उल्लेख है।'

   —'कला, कल्पना और जीवन', डॉ. सत्येन्द्र, पृ. 194
2. वियोगी हरि तथा गुजराती कवि दयाराम
3. 'गुरु रामानन्द अर माधवाचार नीमानन्द बिसन हरी
   'मीरा के प्रभु हरि, अविनासी, पकड़ि पावो प्याला प्रेम हरी'

   —मीराँ-वृहद-पद-संग्रह, सं. पद्मावती शबनम, पृ. 222
4. मीराँ एक अध्ययन : श्रीमती पद्मावती शबनम, पृ. 132-133
5. उदयपुर के जगदीश जी के मन्दिर के पुजारी।

   —डॉ. प्रभात, मीराँबाई, पृ. 185
6. मीराँ को चैतन्य मत अनुयायिनी मानने की बात भी सुनने में आती है, किन्तु यह भी निराधार है।

   —डॉ. माहेश्वरी, राजस्थानी भाषा और साहित्य, पृ. 320

7. 'दास गुप्त की दासी मीराँ'

8. 'भागवत सम्प्रदाय'

—डॉ. बलदेव उपाध्याय, पृ. 507

9. आमेर के जगत् शिरोमणि जी के मन्दिर के पुजारियों के रेकार्ड से।

10. डॉ. हीरालाल माहेश्वरी, विश्नोई सम्प्रदाय

11. 'मीराँ वृहत्पदावली' भाग-1, स्व. पुरोहित हरिनारायण, पृ. 5

12. 'परन्तु मीराँ ने कभी किसी मत की दीक्षा नहीं ली। वल्लभाचार्य तथा उनके शिष्यों के नाना प्रयत्नों के उपरान्त भी उन्होंने यह मत नहीं ग्रहण किया। ...किसी सम्प्रदाय में उनका दीक्षित होना उसके विजय की सबसे महान् घोषणा होती, पर मीराँ की साधना किसी सम्प्रदाय के बन्धन में नहीं बँधी। उनकी विशालता ने सबका आदर किया, पर अपने को खोकर नहीं। वल्लभ मत, चैतन्य तथा राधा वल्लभ मत के मानने वाले अनेक साधु उनके मन्दिर में वास करते, उनके साथ भगवद्वार्ता करते थे। सबके प्रति समभाव था। हाँ, चैतन्य देव की विरहाकुल अनुभूतियों, तन्मय भावनाओं तथा माधुर्य कल्पनाओं में उन्हें अपने मन की छाया का आभास होता होगा, इसमें कोई संशय नहीं है।'

—डॉ. सावित्री सिन्हा, मध्यकालीन हिन्दी कवयित्रियाँ, पृ. 125

13. '252 और 284 वैष्णवन की वार्ता'

14. 'मेवाड़ के महाराणा'

15. कर जोड़्या राम जी अरज करूँ छूँ म्हारो जन्म सुधारो सतगुरु स्वामी जी।
मीराँ कहै 'प्रभु हरि अविनासी' जनम जनम की मैं दासी जी ॥

16. याः सम्पर्यचरन् प्रेम्णा पाद सम्वाहनादिभिः
जगद्गुरुं भर्तबुद्धया तासां किं वर्णयते तपः ॥27॥ पृ. 698
तन्मcraयातो बुद्ध आभजेत्तं
भक्त्यैकयेशं गुरु देवतात्मा ॥37॥

17. सतगुर सांमी अन्तरजामी बो पुरब पुग मिलायो।
जनम मरण का साँसा मेटयो वो निरभै सबद सुणायो ॥

मीराँ सम्प्रदाय

जिस प्रकार मीराँ जीवनवृत्त, काव्य एवं भक्ति पर विभिन्न विद्वानों में मत वैभिन्न्य है ठीक उसी प्रकार 'मीराँ सम्प्रदाय' के सम्बन्ध में मत-मतान्तर साहित्य जगत् में प्रचलित हैं। कुछ विचारकों का कहना है कि मीराँ के नेतृत्व को स्वीकार करता हुआ मीराँ जैसे वस्त्र धारण करते हुए तथा कृष्ण के प्रति वैसा ही (माधुर्य) सम्बन्ध रखने वाला एक छोटा सम्प्रदाय मेवाड़ में आज भी विद्यमान है।[1] किन्तु अनेक विद्वानों की धारणा या मान्यता है कि मीराँ जैसी एकान्तिक साधना में संलग्न, संसार से पूर्ण विरक्त भक्त को किसी सम्प्रदाय स्थापना का समय कहाँ मिला होगा?[2] ऐसी स्थिति में यह परम आवश्यक ही प्रतीत होता है कि 'मीराँ-सम्प्रदाय' पर तटस्थ बुद्धि, पूर्ण विवेक एवं पुष्ट प्रमाणों के आधार पर विचार किया जाए।

वस्तुतः स्थिति यह है कि लोक धारणा इस पक्ष में है कि मीराँ ने अपने नाम से कभी कोई सम्प्रदाय नहीं चलाया और न इस संकीर्णता में उसने कभी विश्वास ही किया। वह तो गुरु-शिष्य परम्परा में भी विश्वास नहीं करती थी। यही कारण है कि उसने न तो किसी को अपना शिष्य बनाया और न ही स्वयं किसी धार्मिक सम्प्रदाय में दीक्षित हुई। इसकी पुष्टि हेतु, मीराँ के सम्बन्ध में लोक मान्य यह दोहा भी प्रस्तुत किया जाता रहा है–

नाम रहेगो काम से सुनो सयाने लोग।
मीराँ सुत जायौ नहीं शिष्य न मूढ्यो कोय ॥

साहित्य जगत् के गण्यमान्य विद्वान भी अपने-अपने अध्ययनों के आधार पर इसी निष्कर्ष के समीप पहुँचे दृष्टिगत होते हैं।[3] परन्तु कुछेक विदेशी व स्वदेशी, साहित्य और इतिहास के ज्ञाताओं के प्रमाण-पूर्ण संकेत इस बात की सत्यता पर ध्यान आकृष्ट करते हैं कि 'मीराँ-सम्प्रदाय' अपने किसी न किसी स्वरूप में आज भी भारत में विद्यमान है।

मीराँ सम्प्रदाय के सम्बन्ध में सर्वप्रथम उल्लेख 'एनसाइक्लोपीडिया ऑव रिलीजन ऐण्ड एथिक्स' में हुआ था।[4] तदोपरान्त एच.एच. विल्सन ने अपने ग्रन्थ 'दी रिलीजस सेक्ट्स ऑव हिन्दूज' में इस सम्प्रदाय का कुछ और ब्यौरा दिया।[5]

इन्हीं संकेतों के आधार पर, कुछ भारतीय विद्वानों ने इस सम्प्रदाय की वस्तु-स्थिति सम्बन्धी खोज की। उनमें से कुछ के उत्तर नकारात्मक थे और कुछेक के सकारात्मक।[6]

उत्तर भारत में मीराँ सम्प्रदाय :

स्थिति विचार—बंगाल में जिस तरह मीराँ नाम 'भजन' का पर्याय बन गया है उसी तरह राजस्थान में यह शब्द एक आदर्श भक्त स्त्री का पर्यायवाची बन गया है। अपने परमेश्वर में एकाकार होने वाली स्त्री भक्त को, (जिसे 'घर-बार', 'कुटुम्ब-परिवार', जात-पाँत आदि का कोई मोह नहीं रहा) जन मानस 'मीराँ' शब्द से सम्बोधित करने लगता है। इसके विपरीत कुछ ऐसी स्त्रियाँ भी हैं जो स्वयं अपने आपको 'मीराँ' कहती हैं और दूसरों से आशा भी रखती हैं कि वे उन्हें 'मीराँ' ही कहें। ऐसी ही एक 'भक्त मीराँ' का वृत्तान्त मैंने द्वारिका में सुना था। मुझे बताया गया था कि उनका नाम श्यामादेवी है। वे वैश्य जाति (आर्थिक रूप से) के सम्पन्न परिवार से हैं और अब विधवा हैं। वे अपने को मीराँ कहती हैं और श्रीकृष्ण की माधुर्यभक्ति करती हैं। वे कृष्ण के लीलाधामों यथा ब्रज, गोकुल, द्वारिका आदि स्थानों पर भ्रमण किया करती हैं। उन्होंने द्वारिका स्थित प्राचीन 'राधाकृष्ण' के मन्दिर का जीर्णोद्धार करवाया था। अब वह 'मीराँ-मन्दिर' कहलाने लगा है। इसी मन्दिर में इन (मीराँ) श्यामादेवी का चित्र भी लगा हुआ है, ...मीराँ की तरह ही ये भी संसार विरक्ति का भाव लिए, कृष्ण भक्ति में लीन होकर तीर्थयात्राएँ करती रहती हैं।

इसी प्रकार की कुछ अन्य 'मीराँओं' के सम्बन्ध में मध्ययुगीन इतिहास के अधिकारी विद्वान डॉ. गोपीनाथ शर्मा ने मुझे सूचना देते हुए बताया था कि चित्तौड़ और मावली के आस-पास मन्दिरों अथवा आश्रमों में, ये मीराँ(एँ) रहती हैं। ये सभी भक्त स्त्रियाँ हैं जो स्वयं को मीराँ कहती हैं और लोग भी उन्हें 'मीराँबाई राम राम' कह कर अभिवादन करते हैं। इस पर प्रत्युत्तर स्वरूप वे कहती हैं—'राम राम भाई राम'। ऐसी स्त्री भक्त मीराँ(एँ) अधिकतर विधवाएँ ही होती हैं किन्तु ऐसी कुछ सधवाएँ भी देखने में आई हैं। ये मीराँ(एँ) माँग कर खाती हैं और भक्तिभाव में लीन रहती हैं। भूतपूर्व उदयपुर रियासत से इन्हें खाद्य सामग्री मिला करती थी। ...... डॉ. शर्मा ने लिखा है :

"A small sect called Miràbàis composed of Brahmans and other caste widows acknowledging the leadership of the Rajput princess, wearing dress in the manner of Mira and Projessing the same attachment to Krisna is still inexistence in Mewar. These Miràbàis maintain themselves on Public Charity and daily ration provided for them from charitable funds of Mewar State which may be traced from the 17th century onward.[7*]

ऐसी ही कुछ 'मीराँ(एँ)' मारवाड (जोधपुर) में भी देखी जा सकती हैं। यद्यपि यह ज्ञात नहीं हो सका है कि उनकी साधना पद्धति के कोई विशिष्ट साधन हैं अथवा नहीं और यदि हैं तो वे कैसे हैं। यह भी नहीं कहा जा सकता कि इनमें विधिवत गुरु-शिष्य परम्परा है या नहीं। किन्तु इतना निर्विवाद कहा जा सकता है कि वे मीराँ की तरह ही कृष्ण के माधुर्य भाव की उपासिकाएँ हैं। अतः इसे ही किसी अंश तक मीराँ सम्प्रदाय कहा जा सकता है।

वैसे साधारणतया विधवा (सधवाएँ भी) स्त्रियाँ जो भक्ति की ओर उन्मुख होती हैं, मीराँ कहलाती ही हैं। अस्तु मीराँ शब्द व्यक्ति वाचक न रह कर जाति वाचक बन गया है।

मीराँबाई की भक्ति एवं सम्प्रदाय की दक्षिण भारत में स्थिति :

इस सम्बन्ध में 'मतवाली मीराँ' के लेखक स्वामी प्रभुदत्तजी का कहना है कि–

'जहाँ तक मुझे पता है, मीराँ के भावों का प्रचार करने के लिए न कोई सभा है और न मीराँ के नाम का कोई सम्प्रदाय ही चलता है, किन्तु इन सबके न होते हुए भी उसने सम्पूर्ण भारत और विदेशों में अपना घर कर लिया है। मीराँ हमारे घर की बन गई है। उसके पदों ने आज से नहीं सैकड़ों वर्षों से देश के कोने-कोने में अपना साम्राज्य जमा लिया है।'

इस मान्यता के पश्चात् भी उनका यह लिखना, 'कि...मदरास में एक बहुत बड़े सरकारी नौकर मीराँ भक्त हो गए हैं। उनका नाम मीराँ दासी था। वह मीराँ देवी को ही अपना इष्ट मानते थे।' हिन्दी जगत् के लिए अत्यन्त महत्त्व रखता है। इन्हीं 'मीराँदासी' के सम्बन्ध में विस्तृत ब्यौरा देने से पूर्व वे लिखते हैं–'मद्रास के श्रीरामेश्वर, श्रीरंगम् आदि सभी जगह मीराँ के भजन बड़े चाव से गाए जाते हैं।' तत्पश्चात वे लिखते हैं–'तब नटेश जी ने बताया'–हमारे यहाँ मद्रास में एक बहुत बड़े सरकारी नौकर मीराँ-भक्त हो गए हैं। उनका नाम मीराँ दासी था। वह मीराँ देवी को ही अपना इष्ट मानते थे। मद्रास प्रान्त में मीराँबाई को इष्ट मानने वाले भक्त सुन कर मेरा हृदय भर आया। जब हम मदरास श्री नटेशजी के घर आकर सदल-बल ठहरे तो वहाँ तो बच्चे-बच्चे के मुख पर मीराँ के पद थे। गुर्वापुर के भक्त आए, उनकी छोटी बच्ची मीराँ के पद गाती। नटेशजी की छोटी बच्ची मीराँ के पद गाती तो ऐसा लगता मानो साक्षात् मीराँ ही गा रही हो।

नटेशजी के घर में, गुरु नियम में और जगह-जगह उन भक्त शिरोमणि

*. Sadavart Talka Bahis Chitor 17th to 20th Century's Parmarth Kacheri Bahis, Udaipur, 18th Century to 20th Century.

—'Social life in Mediaeval Rajasthan', By Dr. G.N. Sharma, p. 235

महाभाग मीराँ दासीजी के बड़े-बड़े चित्रों के दर्शन किए। अब उनका शरीर नहीं है। मद्रास में उनके बहुत से योग्य शिष्य हैं, वे सम्भवतया कलकत्ते में रहते हैं और वहाँ दक्षिण भारत संकीर्तन मण्डली भी उन्होंने स्थापित कर रखी है।

यहाँ आकर मैंने नटेशजी को लिखा कि श्री मीराँदासीजी का संक्षिप्त चरित्र मुझे लिख भेंजे। उन्होंने अंग्रेजी में उनके सम्बन्ध में जो कुछ लिखा है उसका भावानुवाद हम नीचे देते हैं। इससे पाठकों को पता चलेगा कि इस मदरासी भक्त ने मीराँ को अपना इष्ट क्यों माना?

JAI SRI RADHAKRISHNA

Premis Lives can not be shetched. They are and Their lives should be felt and this can be achieved only by a premi. Neverthelees an attempt will be made to draw one or two pen pictures of this MiraDass or Mira because,

न तथा ह्यधवान् राजन् पूयेत तप आदिमिः
यथाकृष्णार्पित प्राणः तत्पूरुषनिषेवभा

As this blassed devotee lay on his back one strrlit night on the toop floor of his residence in Madras, a voice beckoned to him and bade him look at (a meteor) in the sky. There was a meteor then actually in the sky and this premi saw a blue-figure desiend there from and reach his side. As it approached him, he recognised it to be Mira encloped in a dazzling cool blue light . From that time onwards Mira Possessed him and he felt he was a tool in the hands of Mira who was hereself living in the blue boy of flessed Brindavan.

निष्कर्ष उपर्युक्त सामग्री से यह धारणा पुष्ट होती है कि मीराँ सम्प्रदाय किसी न किसी स्वरूप में भारत में रहा है और उसका विकृत, अस्पष्ट किंवा धुँधला चित्र भारत में देखा जा सकता है।

पाद टिप्पणियाँ :

1. 'सोरियल लाइफ इन मिडाइवल राजस्थान', डॉ. जी.एन. शर्मा, पृ.235
2. तारकनाथ अग्रवाल 'मीराँ स्मृति ग्रन्थ', पृ. 54-55
3. (क) 'मीराँबाई ने न कोई सम्प्रदाय चलाया और न किसी सम्प्रदाय से आबद्ध थीं

अतः इनकी रचनाओं को सुरक्षित करने का न इन्हीं ने कुछ प्रयास किया और न किसी अन्य ने।'

—ब्रजरत्नदास, 'मीराँ माधुरी', पृ.174

(ख) 'मीराँ को किसी सम्प्रदाय के अन्तर्गत नहीं बाँधा जा सकता। न उनका कोई सम्प्रदाय ही चला। यह एक अनोखा उदाहरण है।'

—डॉ. सत्येन्द्र, ब्रज साहित्य का इतिहास, पृ. 245

(ग) '...परन्तु मीराँ का किसी सम्प्रदाय विशेष से सम्बन्ध नहीं था, उनकी शिष्य परम्परा थी ही नहीं और सन्तान तथा कुटुम्बी भी उनके नहीं थे, इसी कारण उनकी रचनाएँ बहुत दिनों तक लिपिबद्ध नहीं हो सकीं, केवल मौखिक परम्परा से ही उनका प्रचलन होता रहा।'

—डॉ. श्रीकृष्णलाल, 'मीराँ बृहत् पद संग्रह', भूमिका 'ख'

(घ) 'एच.एच. विल्सन के मतानुसार दक्षिण भारत में मीराँदासजी सम्प्रदाय की स्थापना हुई थी। श्री नटवर नडियाल भी अपनी पुस्तक में इस सम्प्रदाय की कुछ चर्चा करते हैं। अन्यत्र कहीं ऐसा स्पष्ट उल्लेख नहीं मिलता जिसके आधार पर इस सम्प्रदाय का इतिहास जाना जा सके।'

—पद्मावती शबनम, मीराँ बृहत् पद संग्रह

(ङ) महात्मा, सन्तों और भक्तों को नया धर्म खड़ा करने या सम्प्रदाय चलाने की चिन्ता नहीं होती वे तो इन सबसे बहुत ऊँचे उठे हुए होते हैं। पर उनके श्रद्धालुओं द्वारा उनके नाम से नए मत-मतान्तर अथवा सम्प्रदाय चलाने की प्रथा हमारे यहाँ नई नहीं है। श्रद्धालुओं की यह लालसा प्रायः चिर नवीन बनी ही रहती है। जीवन भर सम्प्रदायों के विरुद्ध जूझने वाले कबीर का भी संम्प्रदाय उनके श्रद्धालु भक्तों द्वारा बन कर ही रहा। पर यह सदैव आवश्यक नियम नहीं है कि सम्प्रदाय बनें ही। अपवाद भी इसके हो सकते हैं, जिनमें मीराँ भी एक है। विल्सन ने 'रिलिजियन सेक्ट्स ऑफ हिन्दूज' में मीराँ सम्प्रदाय की चर्चा की है पर यह बात निराधार है।

—मीराँ स्मृति ग्रन्थ, 'मीराँ सम्प्रदाय' नामक लेख, डॉ. तारकनाथ अग्रवाल

4. एच.एच. विल्सन तथा डॉ. गोपीनाथ शर्मा।
5. ......amongst woman is that of that or the Bala Gopala of infant Krsna. The cult is widely extended over Northen India and the Bombay presidency. A sub-sect is that founded in the 16th century by Miràbài, a famous princess and poetess of Ràjputànà. Here the special object of worship is KûŸça Raæchhor.

—Encylopaedia of Religion and Ethics.
Edited by James Hastings (ii, 546b)

6. These may be considered as forming a sub-division of the preceding rather than a distinct sect, although, in the adoption of a new leader, and the worship of Krishna under a peculiar from, they differ essentially from the followers of Vallabha at the same time it is chiefly amongst those sectarians, that Mirabai and the deity, Ranachhor, are held in high venaration and exept in the west of India, it does not appear that she has many immediate and exclusive adherents.

—Religious sects of the Hindus. by H.H. Wilson
(Edited by Erust R. Rost 958)

7. कम से कम महाराष्ट्र, गुजरात और उत्तर भारत में अभी तक 'मीराँ सम्प्रदाय' नाम का कोई सम्प्रदाय नहीं बना। अन्य कोई ऐसा सम्प्रदाय या उपसम्प्रदाय भी प्रचलित नहीं है, जिसके अनुयायी मीराँबाई को उसकी प्रवर्तिका के रूप में मानते हों अथवा उन्हें अपनी गुरु परम्परा में स्थान देते हों। अतः विल्सन का यह कथन स्वीकार नहीं हो सकता।

–मीराँबाई (शोध-प्रबन्ध), डॉ. प्रभात, पृ. 383

मीराँबाई की भाषा

मीराँ की भाषा के सम्बन्ध में भी विद्वान एक मत नहीं हैं। अनेक विद्वान इस मान्यता को महत्त्व देते हैं कि मीराँबाई के पद भिन्न-भिन्न मात्राओं में देखने को मिलते हैं। उनका पीहर मेड़ता और ससुराल चित्तौड़ होने से मारवाड़ी, मेवाड़ी अथवा राजस्थानी भाषा में सबसे अधिक पद होना तो स्वाभाविक ही है। इसके अतिरिक्त श्री द्वारकापुरी जाते समय गुजरात में होते हुए स्थान-स्थान पर ठहरने व रहने से तत्प्रादेशिक प्रभाव के कारण बहुत से गुजराती भाषा के पद भी पाए जाते हैं। कई पद ब्रजभाषा व हिन्दी के भी हैं। कहीं किसी पद पर पूर्वी व पंजाबी भाषा की छाया भी देखी जाती है। जो कि गाते-गाते शब्दों के घिसते जाने से गाने वाले की मातृ-भाषा में आप ही ढल कर आई हुई प्रतीत होती है।[1] डॉ. कृष्णलाल ने मीराँ की भाषा के तीन रूपों पर विचार करते हुए लिखा है–मीराँबाई के पद वर्तमान रूप में तीन भिन्न भाषाओं में मिलते हैं। कुछ पदों की भाषा पूर्ण रूप से गुजराती है और कुछ की शुद्ध ब्रजभाषा है, शेष पद राजस्थानी भाषा में पाए जाते हैं, जिनमें ब्रजभाषा का भी पुट मिला हुआ है। पता नहीं मीराँ के मूल पद किस एक अथवा किन-किन भिन्न भाषाओं में लिखे गए थे, परन्तु इस समय उनमें स्पष्ट तीन भाषाएँ हैं। ऐसा भी सम्भव है कि सचमुच ही तीन भाषाओं में लिखी गई हो क्योंकि मीराँ गुजरात में काफी दिनों तक रही थी, बज्र में भी उन्होंने लगभग पाँच-छः वर्ष बिताए थे और राजस्थान में तो पैदा हुई थी, वहीं ब्याही गई थी और जीवन का अधिकांश भाग वहीं बिताया था।[2] डॉ. सत्येन्द्र के विचार भी इस निष्कर्ष के अत्यन्त समीप हैं।[3] आचार्य रामचन्द्र शुक्ल की अपनी मान्यता थी कि 'इनके पद कुछ तो राजस्थानी मिश्रित भाषा में हैं और कुछ विशुद्ध साहित्यिक ब्रजभाषा में।'[4] जबकि डॉ. दयानन्द श्रीवास्तव का कहना है–'मीराँ के मूल पद राजस्थानी और गुजराती में लिखे गए थे। परन्तु अपने वर्तमान रूप में गुजराती और राजस्थानी के समस्त पद मीराँबाई के नहीं हैं।'[5] इस सम्बन्ध में गुजराती विद्वानों के निष्कर्ष भी कुछ कम महत्त्वपूर्ण नहीं हैं। हरिसिद्ध भाई दिवेटिया इस धारणा के हैं कि 'मीराँ नाँ पदों नी भाषा तेना काल नी डा. टेसीटरी जेने पश्चिमी राजस्थानी कहे छे ते हती। मेवाड़ नी ए विधवा युवराज्ञी ए ते काल नी पश्चिम राजस्थानी माँ ज पोतानु पद गायाँ छे। मीराँ नाँ

प्रसिद्ध थई उपलब्ध थयेला पदों हाल हिन्दी माँ, हिन्दी गुजराती माँ, या तो गुजराती हिन्दी माँ छे। एक मत एवो छे के मीराँ ए मात्र हिन्दी माँ ज लख्युँ होए पण उत्तर वय माँ अवसान पर्यन्त द्वारिका निवास स्वीकारी एणे हिन्दी गुजराती या गुजराती माँ पण लख्युँ होए एवो बीजो एक मत पण प्रचलित छे। आ बे मत नु समाधान ए थई सके के एक तो मीराँ ने तेनाँ पदों राजस्थान अने गुजरात बन्ने माँ लोकप्रिय साथ साथ ज थयाँ, अणे बीजु गुजरात नी सीमाओं ते काले राजस्थान नो समावेश करे एटली विस्तृत हती। पश्चिम राजस्थानी के जूनी गुजराती माँ लखायली मीराँ नी लोकप्रिय कविता नु हिन्दी ओ उत्तरोत्तर हिन्दीकरण अणे गुजराती ओ गुजरातीकरण करताँ गयाँ। मीराँबाई नी कविता नी भाषा आम् भाषान्तर अणे रूपान्तर थनुं आव्युं लागे छे।'[6]

श्रीमती पद्मावती शबनम मीराँबाई के पदों के अध्ययन के पश्चात् इस निष्कर्ष पर पहुँची हैं कि–'राजस्थान में ही मीराँ ने जन्म लिया और राजस्थान में ही उनका अधिकांश जीवन व्यतीत हुआ अतः अधिकांश पदों का शुद्ध राजस्थानी भाषा में पाया जाना ही युक्तिसंगत है। फिर भी पुरानी राजस्थानी और आधुनिक राजस्थानी में गहरा भेद है। अतः राजस्थानी में प्राप्त पदों की भाषा की शुद्धता पुरानी राजस्थानी के माप पर ही निर्धारित की जा सकती है।'[7]

'इसके बाद वे पद आते हैं जो मिश्रित भाषाओं के अन्तर्गत रखे गए हैं। इनमें से कुछ की भाषा प्रधानतः राजस्थानी होते हुए भी ब्रजभाषा से प्रभावित है तो अन्य कुछ की भाषा प्रधानतः ब्रजभाषा होते हुए भी राजस्थानी से प्रभावित है।' ...'गुजराती में भी मीराँ के नाम पर प्रचलित पद पर्याप्त संख्या में प्राप्त होते हैं–भोजपुरी, अवधी, बिहारी आदि विभिन्न बोलियों में भी कुछ पद प्राप्त होते हैं। खड़ी बोली में प्राप्त कुछ पद भी भाषा की आधुनिकता के आधार पर निश्चितरूपेण प्रक्षिप्त ही कहे जा सकते हैं।'[8]

इस प्रकार हमें ज्ञात होता है कि कुछ विद्वान राजस्थानी प्रधान ब्रज और गुजराती मिश्रित भाषा को ही मीराँ की भाषा मानते हैं[9] तो कुछ ब्रज प्रधान राजस्थानी और गुजराती को।[10] अनेक इस मत के भी हैं कि प्राचीन गुजराती और राजस्थानी ही मीराँ की भाषा कही जा सकती है।[11] सभी भाषाओं का सम्मिलित स्वरूप ही मीराँ की भाषा हो सकती है, इस मान्यता वाले अध्येताओं की संख्या भी कम नहीं है।[12]

लेखक इस निष्कर्ष पर पहुँचा है कि मीराँबाई की भाषा तत्कालीन राजस्थानी, (लोक प्रचलित भाषा) ही थी। प्राचीन राजस्थानी में मारवाड़ी बोली जो कि मेड़ता के आसपारा बोली जाती थी, मीराँ की प्रमुख भाषा थी,[13] जिसका एक प्रचलित रूप आज भी मेड़ता के आसपास प्रचलित है। मीराँ की तत्कालीन भाषा और मेड़ता के आसपास प्रचलित आज की भाषा में कोई ज्यादा अन्तर नहीं था, हाँ, कुछ शब्द

भेद और उच्चारण भेद हो सकता है। मीराँ की भाषा शुद्ध साहित्यिक भाषा नहीं थी यद्यपि तत्कालीन राजस्थानी भाषा का साहित्यिक रूप भी प्रचलित था, जिसमें ब्रज का प्रभाव सर्वविदित है और आज भी विद्यमान है। मीराँ की भाषा लोक प्रचलित साधारण भाषा थी, जिसे साधारण से साधारण व्यक्ति भी बोल और समझ सके। उनकी भाषा के शब्द, उपमाएँ, मुहावरे, लोकोक्तियाँ और भाव जन-साधारण के ही थे और उनमें कवित्व शक्ति का प्रदर्शन और छन्द शास्त्र के विधान की धर-पकड़ नहीं थी, न ही उनमें व्याकरण के दाँव-पेंच ही थे। अतः हमें तात्कालिक साहित्यिक भाषा के छन्द शास्त्र, व्याकरण और कवित्व की परिधियों में मीराँ के पदों की प्रामाणिकता अप्रामाणिक घोषित करने की भूल नहीं करनी चाहिए। इसी भाषा के कारण मीराँ के पद जनता में इतने प्रचलित हो सके। जनता उन्हें आसानी से समझ सकी, भाव-विभोर हो सकी। मीराँ के पदों की इतनी प्रसिद्धि में मारवाड़ी बोली का भी प्रमुख हाथ है। मारवाड़ी बोली राजस्थानी भाषा की बोलियों में सबसे कर्णप्रिय, सभ्य और आदर्श बोली मानी जाती है और यही मीराँ की मातृ-भाषा थी। इसी में मीराँ ने अपने भावोद्‌गारों को अभिव्यक्ति दी।[14] इस तरह उत्कृष्ट भावोद्‌गारों की अभिव्यक्ति के लिए एक उत्कृष्ट भाषा का माध्यम मिल गया। उदाहरण प्रस्तुत है :

मीराँ का भाषा पर प्रभाव :

यह सत्य है कि मीराँ की इस राजस्थानी भाषा में ब्रज, गुजराती आदि भाषाओं का मिश्रण भी हो गया है, पर प्रमुख तो राजस्थानी (मारवाड़ी) भाषा ही है।[15] मीराँ के पदों के जो अनेक हस्तलिखित ग्रन्थ मिलते हैं उनमें एक तो लिपिकार की अपनी भाषा का प्रभाव है, दूसरा मीराँ के मौखिक परम्परा में प्रचलित पदों में लौकिक भाषाओं अथवा बोलियों-उपबोलियों का मिश्रण हो गया है और उन्हीं मिश्रित पदों को लिपिबद्ध किया गया है, जिनमें उन लौकिक भाषाओं, बोलियों-उपबोलियों के शब्द, मुहावरे, लोकोक्तियाँ, व्याकरण (यहाँ तक कि पूरे वाक्य तक) आ गए हैं। इस तरह एक खिचड़ी सी बन गई है। गुजरात में प्रचलित मीराँ के पदों पर गुजराती भाषा तथा उसकी बोलियाँ-उपबोलियाँ हावी हो गईं तो दूसरी ओर उत्तर प्रदेश में प्रचलित पदों में ब्रज भाषा, अवधी, भोजपुरी यहाँ तक कि खड़ी बोली का पूर्ण प्रभाव भी आ गया।

भाषायी रूप परिवर्तन और उसके कारण :

इस स्वरूप परिवर्तन में प्रान्तीयता और भाषाई अपनत्व ने भी बड़ा महत्त्वपूर्ण योग दिया है। मीराँ चूँकि एक अत्यन्त प्रसिद्ध और आदर्श भक्त मानी जाती रही है अतः मध्ययुगीन विभिन्न धार्मिक सम्प्रदाय जिस तरह मीराँ को अपने-अपने सम्प्रदायों (मत-मतान्तरों) की ओर खींच रहे थे, ठीक वैसी ही प्रतिस्पर्द्धापूर्ण खींचतान

उसके पदों के लिए हुई। इस तरह मूल भाषा इतनी दूर होती गई कि आज जब मीराँ की मूल भाषा की बात करते हैं तो बहुत अड़चनें आती हैं। कुछ साहित्यकारों ने भी मीराँ के पदों को भ्रष्ट करने में अपना पूरा योग दिया है। अपने ही पदों को प्राचीनतम और प्रामाणिक घोषित करने के चक्कर में उन पदों में मनमाने परिवर्तन किए तथा आधारहीन तथ्यों की सूचना देकर नए-नए पद सामने रखे। कुछ विद्वानों ने मीराँ की भाषा को व्याकरणिक और छन्द शास्त्रीय सीमाओं में बाँध कर उन्हें अप्रामाणिक घोषित करना चाहा। कुछ ने कवित्व सीमाओं में मीराँ के पदों को बाँधना चाहा। पर वे यह भूल गए कि मीराँ मूल रूप में कवयित्री नहीं भक्त थी। उसने लोकप्रसिद्धि और मान सम्मान के लिए अपने पदों की रचना नहीं की तथा न ही स्लेट या पन्ने पर लिख-लिख कर तुकबन्दियाँ कीं, न उन्होंने छन्द शास्त्रीय सीमाओं में बँध, सोच-सोच कर उपमाओं तथा शब्दों का चयन ही किया, न उन्हें व्याकरणिक भूलों को सुधारने के साधन थे, न अवकाश और न आवश्यकता ही। मीराँ के पद तो मीराँ के भावविभोर अन्तःकरण से स्वतः मिश्रित अभिव्यक्ति थे जो मीराँ की अपनी ही भाषा में व्यक्त हुए। मीराँ के पद एक भक्त हृदय के निश्छल निर्भीक और प्रेमपूर्ण भावों की अभिव्यक्ति हैं जो अनायास उच्चारित हुए थे। अतः उन्हें किन्हीं सीमाओं में बाँध कर नहीं देखा जाना चाहिए।

पाद टिप्पणियाँ :

1. स्वामी आनन्द स्वरूप, 'मीराँ सुधा सिन्धु', पृ. 91-92
2. श्री कृष्णलाल, 'मीराँबाई', पृ. 168
3. 'मीराँ ने पद ही लिखे हैं कोई ग्रन्थ नहीं लिखा। मीराँ के पद गुजरात से लेकर बंगाल तक व्याप्त हैं। मीराँ का कृतित्व लोकभूमि के बहुत निकट था अतः प्रत्येक क्षेत्र में मीराँ के पदों की भाषा उस क्षेत्र की ही भाषा हो गई। फिर भी राजस्थानी... भाषा में उन्होंने अपने पद रचे हों, यह असम्भव नहीं।'
   —डॉ. सत्येन्द्र, 'ब्रज साहित्य का इतिहास', पृ. 248
4. आचार्य रामचन्द्र शुक्ल, हिन्दी साहित्य का इतिहास, पृ. 178-179
5. डॉ. दयानन्द श्रीवास्तव, 'हिन्दी साहित्य का इतिहास', पृ. 588
6. हरिसिद्ध भाई दिवेटिया, 'बृहत् काव्य दोहन', पृ. 5
7. पद्मावती शबनम, 'मीराँ बृहत् पद संग्रह', पृ. 22
8. पद्मावती शबनम, 'मीराँ एक अध्ययन', पृ. 195
9. डॉ. छोटेलाल प्रभात, 'मीराँबाई (शोध प्रबन्ध)', पृ. 453
10. चुन्नीलाल शेष, 'मीराँ पदावली', पृ. 30

11. नरोत्तमदास स्वामी, 'मीराँ मन्दाकिनी', पृ. 15
12. परशुराम चतुर्वेदी, 'मीराँबाई की पदावली', पृ. 60
13. डॉ. मंजुलाल मजूमदार, 'मीराँबाई : एक मनन', पृ. 166
14. 'मीराँ की मातृभाषा पश्चिमी राजस्थानी है। डॉ. टैसीटरी के अनुसार इसे आधुनिक गुजराती का पूर्व भी माना जाता है।' —मुरलीधर श्रीवास्तव, पृ. 111
15. 'मीराँबाई राजस्थान की थीं, इसलिए उनके पदों की प्रधान भाषा राजस्थानी ही होनी चाहिए। साथ ही उसमें उस युग की व्यापक काव्य भाषा ब्रज का भी समावेश सम्भव है। अपने अन्तिम समय में वह गुजरात (द्वारिकापुरी) में रही थीं। इसलिए यदि उन्होंने गुजराती में भी पद रचे हों तो उसे असम्भव नहीं माना जा सकता। वैसे भी पश्चिमी राजस्थानी और गुजराती परस्पर मिलती-जुलती हुई भाषाएँ हैं। पंजाबी का भी थोड़ा सा प्रभाव मीराँ की भाषा में स्वीकार किया जा सकता है क्योंकि दक्षिण पंजाब और राजस्थान की सीमाएँ भी परस्पर मिलती हैं। परन्तु मीराँ ने भोजपुरी में पद रचे होंगे, इस पर विश्वास करना असम्भव है क्योंकि भोजपुरी इन सबसे भिन्न भाषा है। हमारा अनुमान है कि मीराँ के पदों की मूल भाषा राजस्थानी और गुजराती ही रही होगी।' —हिन्दी साहित्य का इतिहास, श्री राजनाथ शर्मा, पृ. 393

मीराँ के आराध्यदेव की मूर्तियाँ और मीराँ मन्दिर

जिस प्रकार मीराँ की जीवनी, उसके पद, उसका नाम विवादास्पद है उसी तरह यह भी एक विवादास्पद विषय है कि मीराँ द्वारा सेवित-पूजित उसके इष्टदेव की मूर्ति कौन सी है। कुछ विचारक निम्नलिखित मूर्तियों को इस सन्दर्भ में अधिक महत्त्व देते हैं–

1. शिवराजपुर की गिरिधरलालजी की मूर्ति,
2. नूरपुर के किले की ब्रजराज स्वामी की मूर्ति,
3. आम्बेरे के जगत्शिरोमणि के मन्दिर की गिरधर गोपाल की मूर्ति,
4. उदयपुर के जगदीशजी के मन्दिर की दो मूर्तियाँ,
5. चित्तौड़गढ़ के कुम्भ श्याम और मीराँबाई के मन्दिर की मूर्तियाँ,
6. उदयपुर के राजमहल में स्थित मूर्ति– (जनानी ड्योढ़ी के महल के भीतर पीताम्बररायजी के मन्दिर में)।

इस सम्बन्ध में डॉ. छोटेलाल प्रभात अपनी शोध के आधार पर लिखते हैं कि–'अतः आम्बेरस्थित जगत्शिरोमणिजी के मन्दिर की गिरिधरजी की मूर्ति चित्तौड़गढ़ की मूर्ति ही सिद्ध होती है और इस नाते उसके मीराँ द्वारा सेवित होने की सम्भावना बहुत अधिक है।'

'डाकोर के रणछोड़रायजी के मन्दिर की, आम्बेर के जगत्शिरोमणि जी के मन्दिर की, उदयपुर के जगदीशजी के मन्दिर की मूर्तियों के मीराँ द्वारा सेवित होने की सम्भावना लगभग वास्तविकता के समीप है। मेड़ता के चतुर्भुजजी के मन्दिर की मूर्तियों का मीराँ द्वारा सेवित होना निश्चित है।'

'इनमें से मीराँ के पास गिरिधर की मूर्ति कौनसी थी, यह निर्णय करना कठिन है। प्रायः यह श्रेय उदयपुर के जगदीशजी के मन्दिर की मूर्ति को दिया जाता है।'[1]

इसी प्रकार मीराँ के अनन्य श्रद्धालु भक्त ठाकुर लालसिंह शक्तावत (भूतपूर्व उपाध्यक्ष, राजस्थान विधान सभा) का मत है कि–

'पुरोहित और सरदार मीराँबाई के गिरधर गोपाल की मूर्ति को लेकर उदयपुर लौट आए। ...गिरधर गोपाल की मूर्ति को महाराणा ने जनानी ड्योढ़ी में महल के भीतर पीताम्बररायजी के मन्दिर में पधरा दी, जहाँ कि आज तक उनकी सेवा-पूजा

व बाल-भोग का प्रबन्ध चला आ रहा है। पीताम्बरजी के मन्दिर में महाराणियों के निजी सेवा के ठाकुरजी उनके स्वर्गवास के पश्चात् पधराए जाते हैं। इस प्रकार यहाँ पर पहले ही अनेक मूर्तियाँ हैं। इन सबका विस्तृत वर्णन महाराणा के दफ्तर में नियमित रूप से रहता है।'[2]

इस प्रसंग में टिहरी (गढ़वाल) के (कैप्टिन) शूरवीरसिंहजी द्वारा मुझे पत्र द्वारा प्रेषित सूचनाएँ भी कम महत्त्वपूर्ण नहीं हैं। इस पत्र का कुछ अंश यहाँ प्रस्तुत है :

मीराँबाई के साहित्य एवं 'गिरधर नागर' की मूर्ति के विषय में जो आपने जानकारी चाही है, उसका विवरण संक्षेप में निम्न प्रकार से है :

सन् 1954 ई. में जब मैं फतेहपुर जनपद, उत्तर प्रदेश में नियोजन अधिकारी नियुक्त था, उस समय अपने सरकारी कार्य के साथ-साथ सांस्कृतिक, साहित्यिक एवं ऐतिहासिक खोज सम्बन्धी विषयों में भी जगदम्बा की अनुकम्पा से मुझे कुछ सामग्री मिलती रही। ......यह मन्दिर सोलहवीं शताब्दी में निर्मित हुआ था, यद्यपि अब उसमें मरम्मत कुछ काल पूर्व हुई है। कार्तिक पूर्णिमा के दिन श्री गिरधरलाल की मूर्ति का स्थापित दिवस माना जाकर यहाँ हर साल एक विशाल मेला होता है, जिसमें दूर-दूर से हजारों की संख्या में आकर लोग बड़ी श्रद्धा एवं भक्ति से गिरधरलालजी की पूजा, मन्दिर के समीप बहती हुई पतित-पावनी गंगा में स्नान करने के पश्चात् करते हैं। यह मूर्ति स्वयं साक्षात् प्रमाण है कि उत्तर-मध्यम काल (संवत् 900 से 1300 तक) की गुजरात, राजस्थान मण्डल की मूर्तिकला का यह सर्वोत्कृष्ट नमूना है। मूर्ति का चेहरा भव्य एवं प्रशस्त तथा आकृति प्रभावशाली है। इस मूर्ति के चमत्कार से दर्शक पर बड़ा प्रभाव पड़ता है। श्री गिरधरलालजी गिरि गोवर्द्धन को सहज में 'कन्दुकहव' धारण किए हुए हैं, और नीचे दो गौवें मय बछड़ों के तथा गोप-गोपी खड़े हैं। कसौटी अथवा उससे मिलते हुए गहरे काले पत्थर से बनी हुई यह मूर्ति है, जिस पत्थर की राजस्थान की उस काम की कुछ अन्य महत्त्वपूर्ण मूर्तियाँ भी बनी हुई मिलती हैं। इस मूर्ति के महीन व घने खों तथा गहरे रंग के कारण यह ढाल कर बनाई गई प्रतीत होती है। मूर्ति की बल खाती हुई देह तथा अष्ट भुजा इस बात की और भी पुष्टि करती है कि यह उत्तर-मध्यम कालीन मूर्ति ही है। किंवदन्ती यह है कि मीराँबाई के श्री रणछोरजी में लीन हो जाने पर श्री गिरधर नागरजी की यह मूर्ति जो मीराँबाई की द्वारिका में छूट गई थी, उसको उनके ससुराल वाले वापस चित्तौड़ ले गए। पुनः कुछ काल बाद एक समय उसी महाराणा वंश के अधिष्ठाता गंगादिक तीर्थ यात्रा के लिए गए और उन स्थानों में विशेषतः गए जहाँ मीराँबाई अपने जीवन में यात्रा के लिए गई थी। इस मूर्ति को वे अपने साथ ले गए, यात्रा में शिवराजपुर में गंगा तट पर रुके और रात्रि में वहीं 'विश्राम' किया। प्रातःकाल जब चलने लगे तो श्री गिरधरलालजी का डोला जो साथ में था किसी प्रकार नहीं उठा। अनेक यत्न करते

हार गए तो उस दिन वहीं रहे। रात्रि को महाराणा को स्वप्न में श्री गिरधरलालजी ने कहा कि हम यहीं रहना चाहते हैं। इस पर महाराणा ने मूर्ति को वहीं स्थापित किया तथा अपने साथ के पुजारियों को उस मूर्ति की सेवा के निमित्त नियुक्त किया। प्राचीन पुजारियों के वंशज अब तक इसकी पूजा कर रहे हैं। कुछ काल पहले तक इनके पूर्वजों को उदयपुर दरबार से जीविका भी मिलती थी। कुछ समय हुआ इस मन्दिर की सोने की मोहरें तथा जेवरों की चोरी हो गई। अभी भी महाराणा प्रताप एवं उनके वंशजों के कुछ प्राचीन चित्र यहाँ उपलब्ध हैं। '...मैंने सन् 54-55 में भारत के प्रमुख पत्रों में श्रीगिरधरलाल की इस मूर्ति का ब्यौरा देकर चर्चा की थी तथा मीराँबाई की प्रसिद्ध मूर्ति ही यह होनी मानी थी। इसका अब तक खण्डन कहीं से नहीं मिला। उदयपुर के वर्तमान महाराणा से भी मैंने पिछले वर्ष दिल्ली में स्वयं इसकी चर्चा की थी और उन्होंने विशेष दिलचस्पी इस विषय में प्रकट की थी। आशा है कि उन्होंने भी इस सम्बन्ध में आगे कुछ पता लगाने का प्रयास किया हो।'

इस प्रकार प्रसिद्ध ऐतिहासिक विद्वान पं. झाबरमल्लजी शर्मा को उनके एक मित्र डॉ. एम.एस. रन्धावा (आई.सी.एस.) ने पत्र द्वारा काँगड़ा (पंजाब) के नूरपुर स्थित राजा वसु के मन्दिर की मूर्ति का ब्यौरा देते हुए लिखा है–

राजा वसु के मन्दिर में यह एक कृष्ण की मूर्ति है। यह मूर्ति काले पत्थर की है और मन्दिर के पुरोहित का दावा है कि यह राजस्थान से आई हुई है और मीराँबाई द्वारा आराधित है। यह नूरपुर पंजाब के काँगड़ा के पहाड़ी अंचल में है।[3]

जगत्शिरोमणिजी का मन्दिर, आम्बेर :

इस मन्दिर के सम्बन्ध में 'आरक्योलोजीकल, सर्वे रिपोर्ट ऑफ इण्डिया' में लिखा है– 'जगत्श्रवनजी का मन्दिर तो एक अत्यन्त भव्य भवन है और अच्छी स्थिति में है तथा दर्शनीय मुख्य द्वार के लिए प्रसिद्ध है। साथ ही बढ़िया खुदाई के काम से अलंकृत गरुड़ मण्डप इसके सामने है। कहा जाता है कि इसे महाराजा मानसिंह ने एक करोड़ अस्सी लाख रुपए व्यय करके बनवाया था। मन्दिर में गिरधरजी की वह प्रतिमा है, जिसकी मीराँबाई आराधना किया करती थी। मानसिंह चित्तौड़ से इस मूर्ति को लाया था, जबकि उसने चित्तौड़ को विजय किया था। उसका पुत्र जगतसिंह इसी युद्ध में काम आया था। उसी के नाम पर मन्दिर का नाम जगत्शिरोमणि पड़ा, जो बिगड़कर अब जगत्सवनजी हो गया है। मूर्ति काले पत्थर की है और उसके दो हाथ हैं। गरुड़ मण्डप में समय के सूचक दो छोटे शिलालेख हैं।[4]

मीराँ के जन्म स्थान बाजोली के 'सालगराम' :

अपने शोध कार्यवश जब मैं मीराँ के जन्म स्थान, बाजोली, गया तब वहाँ स्थित श्री चारभुजा के मन्दिर में रखे हुए 'श्याम-पाषाण' के 'सालगराम' के दर्शन कराए गए थे और कहा गया था कि यही मीराँ के उपास्यदेव हैं।

निष्कर्ष :

उदयपुर राजमहल में स्थित 'गिरधर नागर' की मूर्ति ही इन सबमें अधिक विश्वसनीय कही जा सकती हैं। एक तो इतिहास इस बात का साक्षी है कि मीराँ को पुनः लाने हेतु मीराँ के देवर महाराणा उदयसिंह (सांगावत) ने, चित्तौड़ से द्वारिका आदमी भेजे थे और उन्हीं के रहते मीराँ ने स्वदेह का त्याग कर दिया था। अतः बहुत सम्भव है कि वे लोग मीराँ की स्मृतिस्वरूप, उसके उपास्यदेव को ससम्मान मेवाड़ ले आए हों और यदि किसी कारणवश वे उन्हें न ला सके हों तो मीराँ की मृत्यु के पश्चात् महाराणा उदयसिंह ने जब द्वारिका यात्रा की थी, तब वे इस मूर्ति को उदयपुर ले आए होंगे। इतिहास में इस बात के पर्याप्त प्रमाण हैं कि महाराणा उदयसिंह मीराँ के प्रति अत्यन्त आदर और श्रद्धा भाव रखते थे।

यद्यपि कुछ विद्वान इस मूर्ति को मीराँ के आराध्यदेव की मूर्ति स्वीकार करने के पक्ष में नहीं हैं। उनके अनुसार 'उदयपुर माँ रणछोड़जी नी मूर्ति सह मीराँबाई नी मूर्ति पूजाय छै अैम कहैवाए छै पण त्याँ कोई पण मन्दिर के मूर्ति गिरधर गौपाल नी न थी।' किन्तु तथ्य इसी मूर्ति का समर्थन करते हैं। अमरज्योति, जयपुर में प्रकाशित यह घोषणा भी इसी मत की पुष्टि करती है कि...आगामी वर्ष चित्तौड़गढ़ के ऐतिहासिक दुर्ग पर मीराँबाई के मन्दिर में उनके गिरधर गोपाल की प्रतिष्ठा की जाएगी...मेवाड़ के महाराणा उदयसिंह के आदेश पर राज्य के उच्चाधिकारी तथा सरदार द्वारिका से मीराँबाई को पुनः उदयपुर लाने के लिए भेजे गए थे लेकिन उनके लौटना अस्वीकार कर देने पर उनकी मृत्यु के बाद गिरधर गोपाल की वह प्रतिमा पूरे समारोह के साथ उदयपुर लाई गई तथा इसे महाराणा के महल में प्रतिष्ठापित किया गया। राजप्रासाद में प्रतिष्ठापित भगवान की इस प्रतिमा के प्राचीनतम होने को पुरातत्त्ववेत्ताओं ने प्रमाणित करार दिया है।[5]

मीराँ मन्दिर :

अपने शोध कार्यवश की गई यात्राओं में, मुझे अनेक मीराँ मन्दिर देखने का अवसर प्राप्त हुआ। यथार्थतः इन मन्दिरों में न तो मीराँ की मूर्तियाँ हैं और न ही उनकी उपासनादि होती है। चूँकि यह लोक-मान्यता है कि मीराँ यहाँ अपने प्रभु का आराधन स्मरण करती थी अतः उन्हें मीराँ मन्दिर कहा जाने लगा है। इसी लोक-धारणावश

कुछ ऐसे विख्यात मन्दिरों का नाम भी मीराँ मन्दिर हो गया जो वस्तुतः किसी अन्य देवता के थे अथवा हैं। जैसे—चित्तौड़ का आदि वाराह मन्दिर आदि।

1. राजस्थान के—
   (क) उदयपुर स्थित
   (ख) नाथद्वारा स्थित
   (ग) चित्तौड़ स्थित
   (घ) गढ़बोर स्थित
   (ङ) कुड़की स्थित
2. गुजरात के—
   (क) द्वारिका में
   (ख) बेट द्वारिका में
3. उत्तर प्रदेश—
   (क) वृन्दावन में

राजस्थान में मीराँ के नाम से प्रसिद्ध मन्दिर :

उदयपुर में—आहड़ स्थित महाराणाओं की महासतियों के पश्चिम में एक शिखरबन्द मीराँबाई का मन्दिर है। इसे 'मीराँ मन्दिर' कहा जाता है किन्तु कोई प्रमाण नहीं है।

चित्तौड़ में—चित्तौड़ के किले में कुम्भश्याम के मन्दिर की बाईं ओर, कुम्भश्याम मन्दिर के उसी चबूतरे में मीराँबाई का मन्दिर है, जहाँ एक 'सूरदासजी' और दो औरतें भजन गाया करती हैं। (लेखक के फरवरी 24-25, 1967 को जाने तक) इस मीराँबाई के मन्दिर के सामने 'सन्त रैदासजी' की छतरी है जिसमें उनके चरण-चिह्न भी अंकित हैं। इसकी भी फोटो लेखक ने खींची है।

किन्तु इसके सम्बन्ध में प्रसिद्ध इतिहास-ज्ञाता हरविलास सारदा ने लिखा है—'यह मन्दिर बादल महल के दक्षिण में अवस्थित है और अबुलफजल ने स्व-रचित अकबरनामा में इसे गोविन्दश्याम का मन्दिर बतलाया है। इसे महाराणा कुम्भा ने विक्रम संवत् 1505 (सन् 1448 ई.) में निर्मित करवाया था। इसके पार्श्व में महाराणा कुम्भा ने आदिवराह का मन्दिर बनवाया था जो अब गलती से मीराँबाई का मन्दिर कहा जाता है।'[6]

गुजरात में मीराँबाई के नाम से प्रसिद्ध मन्दिर :

द्वारिका में—लेखक जब अपनी शोध यात्रा पर गुजरात गया था तब उसे द्वारिका में एक मीराँ मन्दिर देखने को मिला, जिसमें पूजा होती है। उस मन्दिर के लिए कहा जाता है कि यह मन्दिर किसी श्यामादेवी (जो अपने को मीराँ ही कहती है)

द्वारा, प्राचीन राधाकृष्ण के मन्दिर का जीर्णोद्धार कर बनवाया गया है। इसमें राधाकृष्ण की मूर्ति भी है तथा श्यामादेवी का चित्र भी लगा है।

द्वारिकाधीश के मन्दिर के सामने मीराँबाई का एक प्राचीन मन्दिर है जिसमें एक काली सी मूर्ति रखी है। उसी मूर्ति को कपड़े पहनाए हुए हैं। पुजारी उसी के ऊपर बने मकानों में रहता है। उसे पूछने पर ज्ञात हुआ कि मीराँबाई यहीं रहती थी और यहीं पूजा किया करती थी। वैसे यह मन्दिर, जिस पर कि गुजराती में 'मीराँबाई नो मन्दिर' लिखा है, एक प्राचीन मकान ही है, जिसके सामने घाट के ऊपर अनेक पूजा-स्थल बने हैं। इस मन्दिर का चित्र नत्थी है।

गुजराती साहित्य के वयोवृद्ध साहित्यकार श्री कल्याणरायजी ने लेखक को सूचना दी थी कि यह मन्दिर अभी-अभी बना है और पैसे कमाने का ढंग है।

बेट द्वारिका में—मुझे अपनी यात्रा के समय 'बेट द्वारिका' में मीराँबाई के नाम से प्रसिद्ध एक मन्दिर देखने को मिला जो एक जैन मन्दिर की तरह से बना है जिसमें दो मूर्तियाँ हैं, जिसे पुजारी मीराँ-कृष्ण की मूर्ति बताते हैं। यहाँ का पुजारी परिवार मारवाड़ी है जो बड़ी श्रद्धा से मीराँ की पूजा करता है। मुझे गुजराती के वयोवृद्ध विद्वान कल्याणरायजी ने बताया था कि इस मन्दिर की तीर्थ यात्रा पर आए किसी मारवाड़ी नरेश ने बनवाया था और वे ही उसका खर्चा अभी भी देते हैं। यह 18वीं, 19वीं सदी का मन्दिर है।

उत्तर प्रदेश में मीराँबाई के नाम से प्रसिद्ध मन्दिर :

वृन्दावन—मीराँबाई के नाम से प्रसिद्ध एक मन्दिर वृन्दावन में भी है।

निष्कर्ष—इस प्रकार अनेक मीराँ मन्दिरों की सूचनाएँ मिलती हैं। किन्तु प्रामाणिक रूप से कुछ नहीं कहा जा सकता। हाँ मीराँ के बाल्य-जीवन की स्थली कुड़की का मीराँ मन्दिर इन सबमें विशेष कहा जा सकता है।

कुड़की में मीराँ मन्दिर—मीराँ के बाल्यकाल की क्रीड़ाभूमि कुड़की में, कुड़की गढ़ के प्राचीन महलों में एक पुराना मन्दिर है जो कि मीराँ मन्दिर के रूप में प्रसिद्ध है। अपने कुड़की प्रवास के समय मैंने इस मन्दिर को देखा था जिसका चित्र संलग्न है। इसके चारों ओर परिक्रमा स्थल है जिसकी छत नहीं है। सम्भवतः वह गिर गई है। गुम्बजनुमा इस छोटे से मन्दिर के पास ही 'तुलसी' का पौधा और मीराँ का निवास स्थल है। इसके पीछे पुरानी बावड़ी भी बनी हुई है।

पाद टिप्पणियाँ :

1. मीराँबाई 'शोध-प्रबन्ध', पृ. 492-493
2. 'मीराँ दर्शन', पृ. 32

3. 'भक्तिमती मीराँ के आराध्यदेव की मूर्ति का प्रश्न', पं. झाबरमल्ल शर्मा, मरु भारती, जनवरी, 1968
4. 'The Jagatsravangi's temple is a very fine building in excellent condition, famous for a remarkable gateway and with a beautifully carved Garuda pavilion in front. It was built by Mansingh, it is said by expending one crore and eighty lacs of rupees. The image in the shrine is of Girdhariji the same that was worshipped by Mirabai. Mansingh brought the image from Chittor when conquered it. In the battle fell his son Jagatsingh after whom the temple was named Jagatsiromani, which has now been corrupted into Jagatsravanji. The temple Garuda Pavilion are two short inscription with dates.'

    —Progress report of the Archaeological survey of India (Western Circle) for the year ending 31st March, 1910
5. अमरज्योति, जयपुर, 15-8-1967, वर्ष-21, अंक-10
6. 'This temple stands in the south of Badal Mahal and is described as temple of Govind Shyama by Abul Fazal in his Akbarnama. It was built by Maharana Kumbha in Sambat 1605 (A.D. 1448). By its side Maharana Kumbha built the temple of Adi Varah, which is new wrongly calles 'Mira Bai's temple' Maharana Sanga, p. 146.

मध्ययुग और मीराँ

मीराँबाई की भक्ति पर विचार करते हुए अनेक विद्वानों ने अपने विचार व्यक्त किए हैं। कुछ विद्वानों ने मीराँ को निर्गुण सम्प्रदाय की साधिका माना है।[1] अनेक के अनुसार वह सन्त सम्प्रदाय की थी,[2] कुछ ने उन्हें मध्यकालीन वैभवप्रिय कृष्णधारा की माना है।[3] अल्प ऐसे भी विद्वान हैं जिन्होंने मीराँ की मनोवृत्ति पर दोनों ही धाराओं (निर्गुण तथा सन्त) का प्रभाव माना है[4] तथा अधिकांश विद्वानों ने मीराँ को माधुर्य भाव की सगुणोपासक वैष्णव भक्त माना है।[5]

उपर्युक्त सभी मान्यताएँ तब तक अधूरी हैं जब तक कि मीराँ युग के सन्दर्भ में उनका विवेचन प्रस्तुत नहीं किया जाता। मीराँ की भक्ति का निर्णय युगसापेक्ष होना चाहिए क्योंकि मीराँ अपने युग की देन है, यह दूसरी बात है कि उसने अपने युग को बहुत कुछ दिया भी है।

मीराँ का युग वि.सं. 1555 से वि.सं. 1604 तक अथवा अधिक से अधिक 1630 तक माना जा सकता है। यह युग हिन्दी साहित्य में 'भक्तिकाल' के नाम से विख्यात है। यही वह समय है जब भारत में एक से एक बढ़कर भक्त आत्माओं ने जन्म लिया।[6] मीराँ इसी भक्तिकाल की देन कही जा सकती है।

प्रत्येक सन्त और महात्मा, अपने युग और परिस्थितियों की देन होता है। भक्तिकाल से पूर्व की राजनीतिक, सामाजिक और सांस्कृतिक तथा आर्थिक परिस्थितियों ने भारत में भक्तिकाल को जन्म दिया। इनमें भी सर्वाधिक प्रभाव राजनीतिक परिस्थितियों का पड़ा। भारत की राजनीतिक अवस्था सन् 636-37 से ही विदेशी हाथों में चली गई थी जबकि खलीफा उमर ने बम्बई के पास भारतीय सीमा के अन्दर आक्रमण करके लूटमार की। इसके बाद सन् 712 में मोहम्मद बिनकासिम ने, सन् 986 में सबुक्तगीन ने, 1000 ई. से 1025 तक महमूद गजनवी ने, 1178 से 1194 तक मोहम्मद गौरी ने, 1220 ई. में चंगेज खाँ ने, 1296 से 1303 ई. तक अलाउद्दीन खिलजी ने, इसके बाद मुहम्मद तुगलक और तैमूर ने, फिर सिकन्दर लोदी ने तथा इब्राहिम लोदी ने, फिर 15वीं शताब्दी में बाबर और शेरशाह ने, तत्पश्चात हुमायूँ ने भारत पर आक्रमणों की बौछार कर दी। एक के बाद एक भीषण और भीषणतम आक्रमण भारत पर हुए, जिनमें अत्याचार, लम्पटता,

निर्दयता, अधार्मिकता, पाशविकता तथा अक्रूरता का खुल कर प्रयोग हुआ। इन आक्रमणों में धर्मान्ध विदेशियों ने अपनी धार्मिक आस्था को भी प्रमुख स्थान दिया था। उनका स्पष्ट कहना था–

'भारत पर आक्रमण करने का मेरा उद्देश्य काफिरों के विरुद्ध युद्ध करना है, पैगम्बर की आज्ञानुसार उन्हें सच्चा धर्म (इस्लाम) स्वीकार करने के लिए बाध्य करना है, बहुदेववाद तथा अन्धविश्वास से मुक्त करके पवित्र करना तथा मन्दिरों और मूर्तियों का उन्मूलन करना जिससे हम धर्म तथा ईश्वर के समर्थक और सैनिक गाजी तथा मुजाहिद का पद प्राप्त करेंगे।'[7]

इस अन्ध धार्मिकता से प्रभावित होकर, हिन्दू धर्म को तहस-नहस करने के प्रयास भी इन आक्रमणकारियों ने किए। धर्म परिवर्तन कराने हेतु लालच और भय का सहारा लिया गया[8] और जब इससे भी उनकी उद्देश्य पूर्ति नहीं हुई तब, एक ओर दिल्ली को शरणार्थियों से भर दिया[9] तो दूसरी ओर हजारों काफिरों को नरक की आग में झोंक दिया गया।[10] एक-एक दिन में 1500 हिन्दुओं की हत्या की गई।[11] हिन्दुओं को मार-मारकर उनके सिरों के ढेर के ढेर लगाए गए,[12] सन्तों पर हाथी चलाए गए,[13] नारियों की लज्जा लूटी गई।[14] इस तरह अत्याचार, पापाचार, अनाचार में कोई कमी नहीं रखी गई। दूसरे शब्दों में महमूद ने सत्रह आक्रमणों के द्वारा भारतीय जनता को निष्प्रभ बना दिया। महमूद प्रत्येक बार विनाश का सन्देश लेकर देश के क्षितिज पर छा गया और प्रत्येक बार भीषण गर्जना के साथ उसने विनाशकारी तत्त्वों को देश पर मनमाने रूप में बरसाने में कोई प्रयत्न अवशिष्ट न रखा।[15]

इस सम्पूर्ण स्थिति की अभिव्यक्ति हेतु यदि कुछ शब्द ढूँढ़े जाएँ तो वे कुछ इस प्रकार होंगे–सारांश में 1300 से 1800 की राजनीतिक परिस्थितियों को प्रतिहिंसा, प्रतिहार, प्रतिशोध, विश्वासघात, विनाश और अविश्वास आदि शब्दों के माध्यम से व्यक्त किया जाए तो असंगत न होगा।[16]

हिन्दुओं के पास इन क्रूर आततायियों से निपटने के लिए न तो शक्ति थी और न मार्ग-प्रदर्शक। जो शक्ति थी वह आपस के झगड़ों में छिन्न-भिन्न हो गई थी। दिल्ली और अजमेर के चौहान सम्राट महाराज पृथ्वीराज और कन्नौज के अधिपति महाराज जयचन्द के कालकवलित होने से भारतीय स्वाधीनता का सूर्य तो अस्ताचल को चला ही गया, किन्तु उनके बाद धर्म-परायण भारतीय हिन्दू जनता को गुलाम, खिलजी, तुगलक, सैयद और लोदी इन पाँच मुसलमान वंशों के घोर अन्याय और अत्याचार से 1206 से 1526 ई. तक पीड़ित होना पड़ा। इस घोर विपत्ति के बाद भी महाराणा साँगा रायमलोत पर दुखी जन की आँखें टिकी थीं किन्तु जब हिन्दूपति, मेवाड़ाधीश महाराणा साँगा भी मुगल बादशाह बाबर के हाथों पराजित हो गए तब सम्पूर्ण भारत में नैराश्य, उदासी, आत्मग्लानि और अस्थिरता

का बोलबाला हो गया। अब कोई ऐसा हिन्दूपति नहीं था जो इन शक्ति सम्पन्न मुगलों और मुसलमानों के अत्याचारों से हिन्दुओं की रक्षा करता। जब मनुष्य की शक्ति का पराभव हो गया तब ईश्वर की ओर मानव ने ध्यान लगाया।

उपर्युक्त सभी परिस्थितियों ने भक्ति युग को जन्म दिया, भक्ति आन्दोलनों को प्रसार और प्रचार दिया।[17] इस युग की धार्मिक स्थिति निम्न प्रकार समझी जा सकती है।

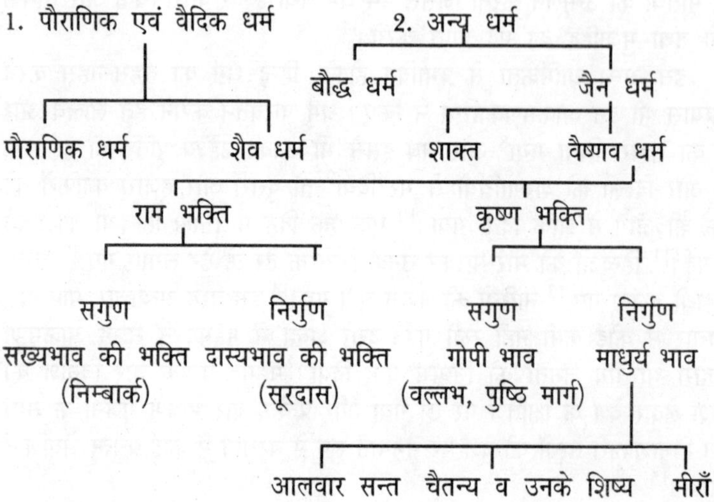

मीराँ की समसामयिक धार्मिक स्थिति को निम्न प्रकार स्पष्ट किया जा सकता है–

1. निर्गुण
2. सगुण पौराणिक एवं वैदिक धर्म
3. पन्थ– (क) कबीर पन्थ
   (ख) गोरख पन्थ
   (ग) सिख पन्थ
   (घ) दादू पन्थ
4. सम्प्रदाय– (क) वल्लभ सम्प्रदाय
   (ख) निम्बार्क सम्प्रदाय
   (ग) रामस्नेही सम्प्रदाय
   (घ) राधा-स्वामी सम्प्रदाय
   (ङ) हरिदासी सम्प्रदाय
   (च) चैतन्य सम्प्रदाय

मध्ययुगीन सभी धर्मों में वैष्णव धर्म की ही प्रधानता रही है।[18] उस युग

में वैष्णव धर्म ने सम्पूर्ण भारत में धूम मचा रखी थी। मध्य युग में भक्ति आन्दोलनों के विकास के तीन उत्थान देखे जा सकते हैं।[19] मध्ययुग में भक्ति साहित्य की सर्वाधिक रचनाएँ हुईं।[20]

वैष्णव भक्ति आन्दोलनों का प्रथम उत्थान—उत्तर भारत में (बौद्ध धर्म से पूर्व) हुआ। तत्पश्चात उत्तर में भारत में बौद्धों का प्राधान्य हो जाने के कारण भागवत धर्म दक्षिण में चला गया। वहीं इस धर्म के सम्बन्ध में विशेष रूप से अनुशीलन होने लगा। दक्षिण के प्रसिद्ध बारह आलवार भक्तों ने भक्तिमार्ग तथा श्रीकृष्ण की आराधना पर विशेष जोर दिया। यद्यपि ये नारायण भगवान को सर्वेश्वर परब्रह्म मानते थे पर उनके अवतारों में श्रीकृष्ण को ही अपनी भक्ति का मुख्य आधार समझते थे। ये हरिकीर्तन, श्रीरंगपतन् आदि में प्रतिष्ठित विष्णु की मूर्तियों की आराधना और उनके ध्यान ही को मुख्य समझते थे।

इन भक्ति आन्दोलनों का तृतीय उत्थान उत्तर भारत में हुआ। विक्रम की 15वीं और 16वीं शताब्दी तक भी मुसलमानों की क्रूरता से छुटकारा नहीं मिल सका था अतः मुसलमानों की क्रूरता से आक्रान्त, शान्ति एवं व्यवस्था के अभाव से विपन्न तथा न्याय और धर्म से वंचित धर्मप्रवण भारत के उत्तराखण्ड में उन दिनों जो धार्मिक आन्दोलन चले, उनमें स्वामी रामानन्द तथा आचार्य वल्लभ का विशेष हाथ था।[21]

इस युग की दुखितदशा[22] के अनुशीलन से प्रेरित होकर, आचार्य वल्लभ ने पुष्टिमार्ग की स्थापना की तथा इसी भक्ति मार्ग के द्वारा सम्पूर्ण आर्य जाति को जीवित रखने का पूर्ण प्रयत्न किया। सम्भव है इस पुष्टिमार्गीय हरि-लीला-प्रधान आमोदमयी चहल-पहल में, श्री कृष्ण-क्रीड़ाओं में मुगलों के वैभव का कुछ प्रभाव हो, पर इसमें सन्देह नहीं कि इस प्रकार की भक्ति पद्धति ने हिन्दुत्व को स्थिर रखने में अनुपम कार्य किया। इस आत्म-पोषक, लोक विधायक लीला वैभव के समक्ष हमने यमन वैभव को भी तुच्छ समझा और अपने स्वाभिमान को ठेस न लगने दी।[23]

इस युग का हिन्दी साहित्य भक्ति से पूर्ण था और इसकी अपनी विशेषताएँ थीं, जिसके कारण वह इतना प्रभावशाली, विशाल और व्यापक तथा देय साबित हो सका। डॉ. मुंशीराम शर्मा के शब्दों में इस युग के भक्ति साहित्य को समझा जा सकता है—'इस युग का भक्ति काव्य एक ऐसा मंजुल उद्यान है, जिसके एक पार्श्व को श्याम रंग-मग्ना कलिन्दजा सिंचित कर रही है और दूसरे पार्श्व को मर्यादा मार्ग की श्वेतिया से मण्डित राम गंगा निराकारी पासक कबीर के 'सबद', 'साखियाँ' तथा जायसी आदि सूफी कवियों के प्रेमाख्यानक काव्यों की भी छटा अतीव हृदयहारिणी है।'[24]

15वीं-16वीं शताब्दी के हिन्दी भक्ति साहित्य पर श्रीमद्भागवत का सर्वाधिक प्रभाव लक्षित होता है। विशेषकर इस युग के कृष्णभक्ति साहित्य पर तो

श्रीमद्भागवत के अतिरिक्त किसी अन्य ग्रन्थ की इतनी मान्यता है ही नहीं।[25] जबकि भक्ति आन्दोलनों को जनप्रिय बनाने का श्रेय आलवार भक्तों को है तथा भक्ति आन्दोलनों का मूल ग्रन्थ 'तमिल प्रबन्धम्' माना जाता है।[26]

पाद टिप्पणियाँ :

1. डॉ. बड़थ्वाल ने सर्वप्रथम यह सम्भावना व्यक्त करते हुए कुछ तर्क दिए :
   1. मीराँ के पदों में हठयोग के अनेक सिद्धान्तों का उल्लेख तथा रहस्यानुभूति।
   2. सूरदास जी के वल्लभाचार्य का शिष्यत्व स्वीकार करने पर भी मीराँबाई का उनसे दीक्षा न लेना।
   3. मीराँ का वल्लभाचार्य की स्तुति में गाए पदों को गोविन्द गुणगायन न समझना। योग मत के कुछ तत्त्वों के उल्लेख तथा चौरासी और दो सौ बावन वैष्णवन की वार्ताओं के कुछ प्रसंगों को आधार बनाकर डॉ. साहब ने ये सम्भावनाएँ व्यक्त कीं।
2. डॉ. पीताम्बरदत्त बड़थ्वाल–
3. परशुराम चतुर्वेदी के अनुसार–मीराँ को श्रीकृष्णावतार की निरी प्रेमिका मात्र ही ठहराना पूर्ण सत्य नहीं है। इनकी रचनाओं में निर्गुण, निरंजन, अविनाशी इत्यादि सम्बोधन तथा उनका मिलने के लिए एक नितान्त भिन्न साधना की ओर संकेत इस बात को प्रामाणिक करते हैं कि इन पर सन्त मत का प्रभाव प्रचुर मात्रा में पड़ चुका था।
4. (क) मीराँ के उपास्यदेव का रूप कृष्ण का लीला रूप है तथा उनकी साधना भी वैष्णव मत की माधुर्य भक्ति से प्रभावित है। कुछ स्थलों पर निर्गुण ब्रह्म तथा साधना का उल्लेख उनके सत्संग का प्रभाव मात्र है।
   (ख) 'मीराँ के काव्य की माधुरी में सन्तों की साधना का पुट तो है, पर इतना गहरा नहीं कि उसके सामने माधुर्य की सरसता गौण पड़ जाए'–डॉ. कृष्णलाल–डॉ. सावित्री सिन्हा–मध्यकालीन हिन्दी कवयित्रियाँ, पृ. 116
5. मध्ययुग को सांस्कृतिक दृष्टि से ह्रास का युग स्वीकार करने पर भी भक्ति साधना और साहित्य की दृष्टि से उसे उत्कर्ष और अभ्युदय का युग माना जाता है। इस युग में देश के प्रायः सभी भागों में बड़े-बड़े तत्त्वज्ञानी, दार्शनिक, मननशील, गम्भीर विचारक, उच्चकोटि के साधक और वीतराग भागवद भक्त पैदा हुए। विद्वान पण्डितों और शास्त्रवेत्ताओं से लेकर निरक्षर साधु सन्तों तक ने भगवद् भक्ति के सम्बन्ध में अपने शास्त्र सम्मत अथवा स्वानुभूति निर्भर स्वतन्त्र विचार व्यक्त किए। –हिन्दी भक्ति रसामृत सिन्धु–स. डॉ. विजयेन्द्र स्नातक, वृ. 2
6. डॉ. सावित्री सिन्हा, मध्यकालीन हिन्दी कवयित्रियाँ, पृ. 116
7. भारत में मुगल शासन का इतिहास, एस.आर. शर्मा, पृ. 158
8. वही, उपर्युक्त

9. सन्त साहित्य की सामाजिक एवं सांस्कृतिक पृष्ठभूमि, डॉ. सावित्री शुक्ल
10. उपरोक्त, पृ. 37
11. सन्त साहित्य की सामाजिक एवं सांस्कृतिक पृष्ठभूमि, डॉ. सावित्री शुक्ल, पृ. 35
12. वही
13. वही
14. वही
15. वही
16. वही
17. भारत में मुगल शासन का इतिहास, ईश्वरी प्रसाद शर्मा
18. इस 13वीं से 16वीं शताब्दी की राजनीतिक, सामाजिक, धार्मिक, आर्थिक और सांस्कृतिक परिस्थितियों में भारत के धार्मिक आन्दोलनों के विकास के तीन उत्थानों को समझना चाहिए।
19. '...उक्त धर्मों अथवा सन्तों में से केवल वैष्णव (राम भक्ति और कृष्ण भक्ति सम्बन्धी सम्प्रदाय) धर्म का ही स्थान हमारे हिन्दी साहित्य के क्षेत्र में प्रधान है उसी के आधार पर हमारे धार्मिक काल के हिन्दी साहित्य का बहुत बड़ा भाग रचा गया है और उसी से सम्बन्ध रखने वाला साहित्य उच्चकोटि का प्रौढ़, कला-कौशलपूर्ण, विदग्ध एवं सत्काव्य है। उसी के क्षेत्र में हिन्दी के सूर (सूर और तुलसी जैसे महात्माओं तथा केशवदेब, बिहारी, भूषण और मतिराम जैसे महाकवि एवं आचार्य) हुए।'

   —डॉ. रसाल, हिन्दी साहित्य का इतिहास, पृ. 128
20. ऐतिहासिक दृष्टि से विचार करने पर ज्ञात होता है कि भक्ति आन्दोलन का विकास तीन उत्थानों में हुआ :
   1. प्रथम उत्थान–1500 ई. पूर्व से लेकर 500 ई. तक
   2. द्वितीय उत्थान–700 ई. से लेकर 1400 ई. तक
   3. तृतीय उत्थान–1400 ई. से लेकर 1900 तक

   —डॉ. सावित्री शुक्ल, सन्त साहित्य की सामाजिक एवम् सांस्कृतिक पृष्ठभूमि, पृ. 25
21. 1400 से 1600 के समय में 9वीं शताब्दी के मध्य से 16वीं शताब्दी के मध्य तक का जो कुछ भी साहित्य हमें मिलता है, वह ईश्वर प्रेम, भगवद् भक्ति, एवं भगवद् भजन से भरा हुआ है। हाँ, यह अवश्य है कि इस समय इस प्रकार का साहित्य बहुत विस्तृत एवं वृहत्रूप में बना है और अपनी बहुत बड़ी प्रधानता एवं प्रतिष्ठापूर्ण प्रतिभा रखता है, उसमें ज्ञान गरिमा एवं गम्भीर गुरुता भी है।

   —पं. रमाशंकर शुक्ल रसाल, 'हिन्दी साहित्य का इतिहास', पृ. 116
22. इस युग की परिस्थिति को समझते हुए महाप्रभु वल्लभाचार्य ने आर्यजाति की पराधीनता जन्य विकट परिस्थिति को अनुभव किया और कृष्णाश्रय स्तोत्र में वे इस अनुभूति को अभिव्यक्ति दे बैठे :

   म्लेच्छा, क्रान्तेषु देशेषु पापैकनिलयेषु च।
   सत्पीडा व्यग्र लोकेषु, कृष्ण एवं गतिर्मय ॥ 2

गंगादि तीर्थवर्येषु दुष्टैरेवावृतेष्विह।
तिरोहितधि देवेषु कृष्ण एव गतिर्मय ॥ 3
अपरिज्ञान नष्टेषु मन्त्रेष्ववव्रतयोगिषु।
तिरोहितार्थवेदेषु कृष्ण एव गतिर्मय ॥ 4
नानावादविनष्टेषु सर्वकर्मव्रतादिषु।
फबष्डैक प्रयत्नेषु कृष्ण एव गतिर्मय ॥ 5

23. मीराँ माधुरी, ब्रजरत्नदास, पृ. 96

24. (क) यवन शासन की दुर्दान्त पीड़ाओं से मर्माहत आर्य जाति को पंचम युग की इस भक्ति ने भगवत् लीलाओं का मंजुल लेप लगाकर अपूर्व आश्वासन दिया। यह युग आर्य जाति की कर्तृत्व शक्ति के लिए भी स्मरण रहेगा। इसी युग में राम-श्याम भक्ति के मेघों ने बरस कर रसवती साहित्य सरस्वती को अपार रसधाराओं से आप्लावित कर दिया। काव्य, चित्र, संगीत आदि नाना ललित कलाएँ भक्ति से उत्साह एवं स्फूर्ति पाकर अपने ओज के साथ चमक उठीं। आर्य जाति का हृदय अधीनताजन्य विषाद को भूल कर आनन्दमग्न हो गया।
—भक्ति का विकास, डॉ. मुंशीराम शर्मा, पृ. 293

(ख) विजित एवं पददलित हिन्दू जाति किस मुख से तराने गाती? वह निःसम्बल हो उस सर्वशक्तिमान की चरण शरण में पहुँची जो निराश्रितों का आश्रय, निर्बलों का बल और अशरण की शरण है। —आचार्य रामचन्द्र शुक्ल

25. भक्ति का विकास, पृ. 40

26. (क) मध्ययुगीन समस्त भारतीय भक्ति साहित्य श्रीमद्भागवत से प्रभावित हुआ है किन्तु विशेषकर कृष्ण भक्ति साहित्य का अन्तरंग और बहिरंग तो श्रीमद्भागवत के अन्तस्तत्त्व एवं बाह्य वस्तुतत्त्व से पूर्णतया अनुरंजित है।
—डॉ. विश्वनाथ शुक्ल, हिन्दी कृष्ण भक्ति काव्य पर श्रीमद्भागवत का प्रभाव, भूमिका (क)

(ख) भारतीय साहित्य में श्रीमद्भागवत महापुराण एक अनल्प माहात्म्यशाली ग्रन्थ रत्न है। ज्ञान वैराग्य और भक्ति की त्रिवेणी रूप इस ग्रन्थ ने केवल भारतीय साहित्य में ही नहीं, विश्वसाहित्य में भी एक महत्त्वपूर्ण स्थान बना लिया है। ... श्रीमद्भागवत समस्त प्राचीन आध्यात्मिक संस्कृत वाङ्मय के तत्त्वज्ञान एवं साधना का एक अद्भुत समन्वयात्मक एवं परिपूर्ण रूप प्रस्तुत करता है। एक सर्वमान्य निर्विशिष्ट भक्ति धर्म की संहिता के रूप में तो उसका स्थान महत्त्वपूर्ण है ही कृष्ण भक्ति के सबसे शक्तिशाली प्रतिपादक के रूप में समस्त संस्कृत साहित्य किंबहुवा, समस्त भारतीय वाङ्मय में उसका स्थान सर्वोपरि है।
—भूमिका, वही, पृ. 'क'

...विशेषकर कृष्ण भक्ति के प्रतिपादक के रूप में तो श्रीमद्भागवत के अतिरिक्त किसी भी अन्य ग्रन्थ की इतनी मान्यता नहीं थी, यह पूर्व विवेचित सिद्धान्तों के आधार पर असंदिग्ध रूप से कहा जा सकता है।

—डॉ. विश्वनाथ शुक्ल, हिन्दी कृष्ण भक्ति काव्य पर श्रीमद्भागवत का प्रभाव, पृ. 253

(ग) भक्ति आन्दोलनों को जन आन्दोलन के रूप में व्यापक और विशाल बनाने का श्रेय आलवारों को है। आलवार भक्तों ने भक्ति मार्ग को ही ईश्वर प्राप्ति का सर्वसुलभ और राजमार्ग घोषित किया। आलवारों के भक्ति प्रधान गीतों में एक अद्‌भुत शक्ति थी जिसने तमिल प्रदेश की समस्त जनता को भक्ति मार्ग पर आकृष्ट किया।

(घ) तमिल प्रदेश में छठी शताब्दी से लेकर नवीं शताब्दी तक के काल में जन आन्दोलन के रूप में जिस भक्ति के आन्दोलन के दर्शन होते हैं ठीक उसी प्रकार के भक्ति आन्दोलन की झाँकी मध्ययुगीन तमिलेतर समस्त भारतीय भाषाओं के भक्ति साहित्य में मिलती है। इस प्रकार आलवारों का भक्ति साहित्य प्रबन्धम् भक्ति आन्दोलन का मूल ग्रन्थ ठहरता है।

—आलवार भक्तों का तमिल प्रबन्धम् और हिन्दी कृष्ण काव्य, डॉ. मलिक मोहम्मद

धार्मिक युग और मीराँ

मध्ययुगीन वैष्णव भक्ति को भली प्रकार समझने के लिए, हमें वैष्णव भक्ति का क्रमिक विकास ध्यान में रखना होगा।[1] साथ ही कृष्णोपासना का विकास भी ध्यान में रखना चाहिए।[2] परवर्ती विभिन्न धार्मिक सम्प्रदायों से पूर्ण परिचय प्राप्त करने हेतु भी यह आवश्यक है। 15वीं और 16वीं शताब्दी में उत्तर भारत में वैष्णव भक्ति सम्प्रदायों की बाढ़-सी आ गई थी। वल्लभ सम्प्रदाय, निम्बार्क सम्प्रदाय, चैतन्य सम्प्रदाय, हरिदासी सम्प्रदाय, राधास्वामी आदि सम्प्रदायों ने इस युग की कृष्ण भक्ति पर अपना पर्याप्त प्रभाव डाला। यद्यपि इन विभिन्न सम्प्रदायों की भक्ति पद्धति भिन्न-भिन्न थी किन्तु इन सबमें कुछ मूलभूत साम्यता दृष्टिगोचर होती है, जैसे इन सबके उपास्येदव श्रीकृष्ण हैं, सभी सगुणोपासक हैं, सभी का मुख्य आधार श्रीमद्‌भागवत है, सभी माधुर्य भक्ति में आस्था रखते हैं, सभी कृष्ण के युगल रूप के उपासक हैं।

मध्ययुगीन कृष्ण भक्ति पर इन सम्प्रदायों की गहरी छाप तथा भक्ति साम्यता देखकर ही विभिन्न विद्वानों ने (इसी युग की) भक्त शिरोमणि मीराँबाई पर भी इन सम्प्रदायों में से किसी न किसी का प्रभाव ढूँढ़ने की कोशिश की है।[3] कुछ विद्वानों ने तो मीराँ पर कबीर और रैदास का निर्गुणी प्रभाव भी खोजने के प्रयत्न किए हैं।[4] यद्यपि मीराँ को किसी भी धार्मिक सम्प्रदाय से जोड़ने पर कुछ न कुछ समानता निकल ही जाएगी, (क्योंकि मीराँ भी एक वैष्णव भक्त ही थी, उसकी भक्ति भी युग सापेक्ष ही थी) किन्तु इतना अवश्य कहा जाएगा कि मीराँ की भक्ति अपनी थी, जिसकी अपनी कुछ विशेषताएँ हैं।

मीराँबाई की भक्ति युग सापेक्ष होते हुए भी अपने और परवर्ती युग को मार्ग प्रदर्शक देन है। अपने युग और परिस्थितियों से प्रभाव ग्रहण करते हुए उसी युग को मूल्यवान देन का सौभाग्य बहुत कम भक्तों को प्राप्त होता है। मीराँ अपने लौकिक जीवन में एक क्रान्तिकारी अथवा विद्रोही प्रवृत्ति की नारी के रूप में सामने आती है। किन्तु मैं मीराँ को उसके जीवन, साहित्य और भक्ति इन तीनों ही क्षेत्रों में, एक क्रान्तिकारी युगद्रष्टा अथवा युगस्रष्टा नारी के रूप में ही अधिक स्मरण करना चाहता हूँ तत्कालीन सामाजिक बन्धनों को तिनके के समान तोड़ देने वाली

इस नारी रत्न ने भक्ति क्षेत्र में रूढ़ हुई अनेक मान्यताओं, मर्यादाओं अथवा बन्धनों को बड़े साहस से तोड़ा है। इस तरह मीराँ के हमें दो भक्ति रूप दिखाई देते हैं। एक ओर मीराँ अपने युग के सम्पूर्ण धार्मिक बन्धनों से पूर्ण सम्बन्धित दृष्टिगोचर होती है तो दूसरी ओर उस युग में पूर्ण प्रचलित, अनिवार्य एवं रूढ़ मान्यताओं तक को, तोड़ने वाले साहसिक व्यक्तित्व की धनी लगती है। मीराँ का धार्मिक क्रान्तिकारी अथवा विद्रोही स्वरूप एक ओर यदि महात्मा कबीर के अत्यन्त समीप पहुँच जाता है तो दूसरी ओर उसका तत्कालीन धार्मिक युग और परिस्थिति में बँधा भक्ति स्वरूप एक आज्ञाकारी वैष्णव भक्त के अत्यन्त निकट दृष्टिगत होता है। मीराँ के इसी दोहरे व्यक्तित्व के कारण कभी उसे भक्ति की सगुण धारा में माना जाता है तो कभी निर्गुण भक्ति का आरोपण उस पर किया जाता है। सगुण धारा वाले भी कभी, मीराँ को, कृष्णाश्रयी मान कर उसकी भक्ति पर, कभी वल्लभाचार्य की भक्ति का प्रभाव का आरोपण करते हैं तो कभी निम्बार्क का। इसी प्रकार कोई वल्लभ सम्प्रदाय में मीराँ को दीक्षित करने को प्रयत्नशील है तो कोई चैतन्य, सखी, राधावल्लभी अथवा हरिदासी सम्प्रदाय से उसे सम्बन्धित बताना चाहता है। एक ऐसे भी विद्वान हैं जिन्होंने मीराँ को विश्नोई सम्प्रदाय की बताकर जाँभोजी की शिष्या घोषित कर दिया है।[5]

अपने सम्प्रदाय अथवा गुरु के सम्मानवर्धन अथवा मीराँ के नाम से, व्यक्तिगत, सामूहिक अथवा साम्प्रदायिक रूप में गुरु हेतु, सामाजिक, आर्थिक, राजनीतिक अथवा धार्मिक लाभ प्राप्त करने हेतु, मीराँ को अपनी घोषित करने की चालें 15वीं 16वीं शताब्दी से चल रही हैं और उसका अन्त आज 20वीं शताब्दी में भी नहीं हुआ है।

मीराँ की भक्ति के कुछ तत्त्व ऐसे हैं जो उसे सगुणोपासक, मूर्तिपूजक, कृष्णाश्रयी, माधुर्योपासक वैष्णव भक्त के रूप में हमारे समक्ष प्रस्तुत करते हैं[6] और कुछ ऐसे तत्त्व हैं जो उसे एक क्रान्तिकारी भक्तमती नारी के रूप में प्रदर्शित करते हैं।[7] इन्हीं विभिन्न भक्ति तत्त्वों के आधार पर मीराँ की भक्ति को इधर-उधर खींचा गया है। वस्तुतः ये ऐसे तत्त्व हैं जो किसी भी सगुणोपासक वैष्णव भक्त में खोजे जा सकते हैं। वस्तुस्थिति यह है कि मीराँ न तो वल्लभ सम्प्रदाय से प्रभावित थी।[8] और न निम्बार्क, सखी, हरिदासी और राधास्वामी सम्प्रदाय से।[9] यदि मीराँ की भक्ति पर कोई प्रभाव था तो श्रीमद्भागवत का था और यदि कोई साम्प्रदायिक प्रभाव खोजा जा सकता है तो वह था दक्षिण के 'पाँच रात्र तन्त्र' तथा बंगाल के चैतन्य सम्प्रदाय का। यह भी मीराँ की भक्ति और साधना की नवीन देन ही कही जाएगी कि उसने अपने युग के उत्तर भारत में प्रचलित प्रभावपूर्ण भक्ति और साधना को छोड़कर, दक्षिण और बंगाल से प्रचलित भक्ति और साधना को ग्रहण किया। भक्ति और साधना के क्षेत्र में, मीराँ का यह कदम क्रान्तिकारी ही कहा जाएगा क्योंकि

उत्तर भारत के प्रायः सभी वैष्णव भक्ति सम्प्रदाय, इस बात के लिए पूर्ण प्रयत्नशील थे कि 'येन केन प्रकारेण' मीराँ को अपने सम्प्रदाय विशेष में सम्मिलित कर लिया जाए। किन्तु अनेक प्रयत्नों के पश्चात् भी, मीराँ ने उत्तर भारत के वैष्णव सम्प्रदायों से न दीक्षा ग्रहण की, न साधना पद्धति और न गुरु ही।

'पाँच रात्र तन्त्र' और 'चैतन्य सम्प्रदाय' से गृहीत प्रभाव को मीराँ की भक्ति में देखा जा सकता है :

1. वल्लभ सम्प्रदाय[10] आदि उत्तर के वैष्णव सम्प्रदायों में श्रीकृष्ण का युगल रहित, एक रूप ही उपासित रहा है और मीराँ ने भी (श्रीकृष्ण) गिरधर नागर के इसी युगल रहित रूप की उपासना की है। श्रीकृष्ण अकेले ही मीराँ के उपास्यदेव हैं, कृष्ण का युगल रूप (राधा सहित) नहीं। यही मीराँ उपासना की सबसे बड़ी विशेषता है जो मीराँ को उत्तर के तत्कालीन सम्प्रदायों की भक्ति और साधना से अलग करती है।[11]

2. 'पाँच रात्र तन्त्र' का ब्रह्म, मीराँ के गिरधर नागर के अत्यन्त समीप है।[12]

3. 'पाँच रात्र तन्त्र' के योग मार्ग को छोड़ सभी साधना मार्ग, मीराँ की भक्ति में देखे जा सकते हैं।[13]

पाँच रात्र तन्त्र और मीराँ :

भारतीय धर्म के मुख्य तीन आगमों (वैष्णव, शैव और शाक्त) में से वैष्णव आगम की ही प्रचलित संज्ञा पाँच रात्र है। विष्णु को उपास्य मानकर भक्ति के सुलभ साधन का प्रचार करने वाले वैष्णव सम्प्रदायों का आधार स्तम्भ यही 'पाँच रात्र तन्त्र' है।[14] यह अत्यन्त प्राचीन है और इसी का दूसरा नाम भगवत् धर्म और सात्वतधर्म था।[15] रात्र का अर्थ होता है ज्ञान[16] तथा परम तत्त्व, मुक्ति, भुक्तियोग तथा विषय (संसार) के पाँचों विषयों के निरूपण करने से इस तन्त्र का नाम 'पाँच रात्र' पड़ा है[17] 'पाँच रात्र' का ब्रह्म[18] योग को छोड़ सभी साधना मार्ग, प्रपत्ति का स्वरूप[19] और कार्पण्य को छोड़ शेष शरणागति[20] मीराँ की भक्ति से पूर्णतया मेल खाती है किन्तु इस पर भी मीराँ की भक्ति पर प्रभाव श्रीमद्भागवत का ही अक्षुण्ण है।

मीराँ ने कभी गिड़गिड़ाकर, पूर्ण दीन होकर, कभी कार्पण्य प्रकाशन नहीं किया। मीराँ की भक्ति में साधिकार यापन और आत्मविश्वासपूर्ण भक्ति के दर्शन होते हैं। एक ओर यदि मीराँ की मोक्ष प्राप्ति की धारणा जयाख्यसहिता की मान्यता से मेल खाती है[21] तो दूसरी ओर मीराँ की भक्ति में वृहदारण्यक की 'माया' को देखा जा सकता है।[22]

उत्तर भारत के सगुण सम्प्रदाय और मीराँ

श्री रामानुजाचार्य का विशिष्टाद्वैतवाद और मीराँ :

रामानुजाचार्य का ब्रह्म पुरुषोत्तम है, सगुण और सविशेष है। स्थूल-सूक्ष्म, चेतनाचेतन विशिष्ट ब्रह्म ही ज्ञान का विषय है। भक्तों पर अनुग्रह हेतु परमेश्वर पाँच रूप धारण करता है। भक्ति (ध्यान-उपासना) ही मुक्ति का साधन है और भक्ति से ही प्रसन्न होकर परमात्मा मुक्ति प्रदान करता है। जीवन और ईश्वर का 'शेष-शेषी' सम्बन्ध है। सर्वस्व त्याग कर स्वामी की शरण में जाना ही सच्ची भक्ति है।[23]

मीराँ के प्रभु रामानुजाचार्य के ब्रह्म कहे जा सकते हैं। विशिष्टाद्वैत की इस बात की, कि भक्ति ही मुक्ति का साधन है और इसी से प्रसन्न होकर परमात्मा मुक्ति प्रदान करता है, पूर्ण सहमति मीराँ में मिल सकती है, किन्तु मीराँ के प्रभु ज्ञान के नहीं, भक्ति के विषय हैं, जीव और ईश्वर का 'शेष-शेषी सम्बन्ध' रामानुज मानते हैं किन्तु मीराँ का अपने प्रभु से पति-पत्नी सम्बन्ध है। अतः मीराँबाई की भक्ति 'विशिष्टाद्वैतवाद' से भी विशिष्ट है।

मध्वाचार्य का द्वैतवाद और मीराँ :

द्वैतवाद का ब्रह्म भी सगुण और सविशेष है। जीव, अणु-परिमाण और भगवान् का दास है। प्रपंच सत्य है। स्वतन्त्र और अस्वतन्त्र दो पदार्थ हैं। अशेष सद्‌गुणों युक्त भगवान विष्णु स्वतन्त्र तत्त्व (पदार्थ) हैं, जीव और जड़ जगत् अस्वतन्त्र तत्त्व (पदार्थ) हैं। भेद सत्य है अतः मायावाद की आवश्यकता ही नहीं है। भक्ति ही मुक्ति का साधन है, किन्तु ध्यान के अभाव में ईश्वर साक्षात्कार नहीं होता। भक्ति के लिए त्याग, संयम, निर्भीकता और संसार की स्थिति का ज्ञान आवश्यक है। भगवत् भक्ति हेतु तीन प्रकार की सेवा करनी चाहिए, दस विध भजन करना चाहिए।

द्वैतवाद का ब्रह्म और भक्ति की मान्यता, मीराँ के गिरधर और भक्ति से थोड़ा साम्य रखते हैं, किन्तु मीराँ अपने 'स्वामी' और 'सन्तों' के अतिरिक्त किसी की दास नहीं है। वह भक्ति के प्रकारों और विधि-विधानों में विशेष आस्था नहीं रखती है। वह द्वैतवाद में आस्था नहीं रखती।

रुद्र सम्प्रदाय और मीराँ :

रुद्र सम्प्रदाय के अन्तर्गत विष्णु स्वामी का सम्प्रदाय है।[24] विष्णु स्वामी के ईश्वर सच्चिदानन्द स्वरूप हैं तथा वे अपनी ह्लादिनी संवित शक्ति के द्वारा अश्लिष्ट हैं तथा माया उन्हीं के अधीन रहती है। ईश्वर का प्रधान अवतार नृसिंह अवतार बतलाया गया है। कुछ लोग विष्णु स्वामी को नृसिंह तथा गोपाल दोनों का उपासक

मानते हैं।[25]

विष्णु स्वामी के उपास्य देव मीराँ के 'गिरधर नागर' ही कहे जा सकते हैं क्योंकि उनके भी नृसिंह और गोपाल रूप (अवतार) तथा नाम हैं और वे सच्चिदानन्द स्वरूप भी हैं किन्तु मीराँ के ईश्वर का प्रधान अवतार 'गिरधर नागर' रूप ही है, नृसिंह नहीं। मीराँ के ईश्वर और भक्ति ऊबड़खाबड़ और टेढ़े-मेढ़े साम्प्रदायिक मार्ग की अपेक्षा, सीधे, सरल और स्वतन्त्र राजमार्ग पर चलना अधिक उचित समझते हैं।

वल्लभ सम्प्रदाय और मीराँ :

वल्लभ सम्प्रदाय, मीराँ के समय में, उत्तर भारत का अत्यन्त प्रसिद्ध प्राप्त और विशाल (वैष्णव) धार्मिक सम्प्रदाय था। श्रीकृष्ण इसके उपास्यदेव थे। माधुर्य इनकी शक्ति और वल्लभाचार्य आदि आचार्य थे। मीराँ युग में इस सम्प्रदाय का प्रभाव अत्यन्त व्यापक था, अतः मीराँ को भी इसी के अन्तर्गत समझने के प्रयास हुए हैं। सत्यता यह है कि इस सम्प्रदाय की ओर से मीराँ को अपनाने के बहुत प्रयत्न किए गए थे। किन्तु मीराँ इस सम्प्रदाय में दीक्षित नहीं हुई।[26] यद्यपि मीराँ धार्मिक संकीर्णता से परे, सम्प्रदाय भेद का विचार किए बिना, सन्तों का समान रूप से आदर सत्कार करती थी; दो सौ बावन और 84 वैष्णव की वार्ता से ज्ञात होता है कि उसने वल्लभ सम्प्रदाय के सन्तों से भी अच्छा व्यवहार किया था।[27] किन्तु वल्लभ सम्प्रदाय के सम्पर्क में आने से पूर्व ही वह 'हरि रंग' में इतनी रंग चुकी थी कि अब संकीर्णता में नहीं बँधना चाहती थी। अतः मीराँ की धार्मिक उदारता का दुरुपयोग उसे किसी सम्प्रदाय विशेष के साथ जोड़ने में नहीं होना चाहिए।

वल्लभ सम्प्रदाय का ब्रह्म माया से अलिप्त है, वह नितान्त शुद्ध है, अद्वैत है। उसके तीन रूप हैं, परब्रह्म, अक्षर ब्रह्म और जगत् ब्रह्म। इन्हें ही आधिदैविक, आध्यात्मिक और आधिभौतिक नाम से सम्बोधित कर सकते हैं। ब्रह्म अपनी संधिनी शक्ति द्वारा सत् का, संवित् शक्ति द्वारा चित का और ह्लादिनी शक्ति द्वारा आनन्द का आविर्भाव करता है। जीव अणु है, जीवात्मा ज्ञाता है। जीव की तीन श्रेणियाँ हैं—शुद्ध, संसारी और मुक्त। जड़ जगत् न उत्पन्न होता है न नष्ट। उसका केवल तिरोभाव और आविर्भाव होता है।[28]

वल्लभाचार्य की पुष्टि भक्ति की चार अवस्थाओं (प्रवाह पुष्टि, मर्यादा पुष्टि, पुष्टि पुष्टि और शुद्ध पुष्टि) में शुद्ध पुष्टि भक्ति में मीराँ को समझा जा सकता है। वस्तुतः मीराँ एक सांसारिक प्राणी होते हुए भी, श्रवण-कीर्तन द्वारा ईश्वर में ध्यान केन्द्रित कर, ईश्वरानुग्रह पाकर भक्ति के अनुकूल ज्ञानार्जन की क्षमता सम्पादित कर, भगवत्प्रेम और भजन कीर्तन में डूबी रहती है।[29] अतः मीराँ की भक्ति का यही साम्य वल्लभ सम्प्रदाय का कहा जा सकता है।

वल्लभ सम्प्रदाय में राधा को श्रीकृष्ण की आत्मशक्ति के रूप में उससे अभिन्न स्वीकार किया गया है और श्रीकृष्ण के विभिन्न रूपों की पूजा सेवा में राधा की सेवा-पूजा वागर्थाविव मान ली गई और उनको पृथक् नहीं रखा,[30] किन्तु मीराँ ने अपने गिरधर नागर (श्रीकृष्ण) की पूजा-सेवा में राधा की पूजा-सेवा को कोई स्थान नहीं दिया है। वह केवल श्रीकृष्ण की पूजा-सेवा करती है। वल्लभ सम्प्रदाय में श्रीकृष्ण के बालरूप को उपास्य ठहराया गया,[31] जबकि मीराँ श्रीकृष्ण के युवा रूप की उपासिका है। मीराँ वल्लभाचार्यजी के पदों को अपने ठाकुरजी के पदों के उपयुक्त तक नहीं मानती। अतः कहा जा सकता है कि वल्लभाचार्य के गुणगान को प्रभु का गुणगान न मानना उनके सन्त मत में आस्था का नहीं, गिरधर के प्रति उत्कृष्ट प्रेम का परिचायक है।[32]

निम्बार्क सम्प्रदाय और मीराँ :

निम्बार्क सम्प्रदाय को द्वैताद्वैत अथवा भेदाभेदवाद भी कहते हैं। इस द्वैताद्वैत के मुख्य प्रवर्त्तक, तैलंग ब्राह्मण निम्बार्क थे। 11वीं शताब्दी में रामानुज के परवर्ती काल में इनका जन्म हुआ था।

निम्बार्क वैष्णव हैं, जो सगुण ईश्वर की ओर अधिक झुके हैं और राधा कृष्ण की भक्ति को प्रधानता देना, ईश्वर चित (जीव) और अचित (जड़ पदार्थ) निम्बार्क सम्प्रदाय के परम तत्त्व हैं।

निम्बार्क सम्प्रदाय की कुछ अपनी विशेषताएँ हैं यथा—ब्रह्म संसार से भिन्न भी है और अभिन्न भी। ब्रह्म अद्वैत है संसार द्वैत (नाना) है। दोनों नित्य सत्य हैं। अद्वैत ब्रह्म (कारण) ही द्वैत संसार (कार्य) का वास्तविक रूप धारण करता है।

ईश्वर में अनन्त वस्तुओं को उत्पन्न करने की शक्ति है। उस शक्ति में ही सभी वस्तुएँ सारतः विद्यमान हैं। ईश्वर अपनी शक्ति का अनुभावमात्र करने से संसार का रूप धारण करता है। चित और अचित संसार की शक्तियाँ हैं।

ईश्वर सगुण है, निर्दोष है। जो कुछ भी दृष्टिगोचर और बोधगम्य है, उसके भीतर और बाहर ईश्वर व्याप्त है। उसको ही परम ब्रह्म, नारायण, भगवान, कृष्ण, पुरुषोत्तम आदि नाना नामों से पुकारा जाता है।

निम्बार्क ही प्रथम वैष्णव हैं, जिन्होंने कृष्ण और राधा को सर्वप्रथम महत्त्व दिया। सहस्रों सखियों से घिरी हुई राधा और उसके वल्लभ श्रीकृष्ण, निम्बार्क के आराध्यदेव हैं। दोनों की लीला ही सृष्टि का रहस्य है। कृष्ण के ही चार व्यूह और अनेक अवतार हैं।

निम्बार्क मत के अनुसार मुक्ति के लिए जीव को प्रपति या ईश्वर के प्रति आत्मसमर्पण से अपनी चर्या प्रारम्भ करनी चाहिए। इस प्रपति के 6 अंग माने गए हैं यथा—

1. समर्पण करने का संकल्प (आनुकुलस्य संकल्प)
2. विरोध का परिहार्य (प्रतिकुलस्य वर्जनम्)
3. यह विश्वास कि ईश्वर गोप्ता है (रक्षिष्यतीतिविश्वासः)
4. ईश्वर के गोप्तृत्व को स्वीकार करना (गोप्तृत्व वरणम्)
5. अपने को उसके ऊपर न्यौछावर करना (आत्मनिक्षेपः)
6. निःसहायता का ज्ञान (कार्पण्यम्)

निम्बार्क सम्प्रदाय की भक्ति के कुछ तत्त्व और कुछ प्रपति के अंग, मीराँ की भक्ति से मेल खाते हैं, इसी आधार पर कुछ विचारकों ने मीराँ को निम्बार्क सम्प्रदाय के हरिव्यास की शिष्या कहा है।[33] यद्यपि निम्बार्क की ब्रह्म और ईश्वर कल्पना मीराँ के 'गिरधर नागर' के अत्यन्त समीप है, किन्तु निम्बार्क सम्प्रदाय की तरह श्रीकृष्ण का युगल रूप मीराँ का आराध्य नहीं है। मीराँ राधा उसकी 'सौत' ही लगती है, आराध्य नहीं। मीराँ के प्रभु भी सगुण, निर्दोष अनेक नामी नित्यसत्य अवतारी हैं और संसार से भिन्न और अभिन्न दोनों भी हैं, इतनी साम्यता होने पर भी निम्बार्क सम्प्रदाय में, इस प्रसिद्धि प्राप्त स्त्री भक्त का कहीं उल्लेख (अपनी सम्प्रदाय की भक्त के रूप में) तक नहीं है। यदि मीराँ निम्बार्क सम्प्रदाय की होती तो उसका भी नागरीदास की तरह निम्बार्क सम्प्रदाय के धर्म ग्रन्थों में सादर उल्लेख होता। अतः मीराँ निम्बार्क सम्प्रदाय से सम्बन्धित नहीं थी और न ही उसका प्रभाव उस पर पड़ सका।

चैतन्य सम्प्रदाय और मीराँ की भक्ति :

उपास्य देव—चैतन्य सम्प्रदाय के श्रीकृष्ण ही उपास्य देव हैं। मीराँ के उपास्यदेव भी यही कृष्ण हैं। चैतन्य सम्प्रदाय की तरह ही मीराँ के कृष्ण भी स्वयं भगवान हैं। ये स्वयं भगवान कृष्ण ही अवतारी हैं, पुरुषावतार, गुणावतार, लीलावतार सब उन्हीं के प्रकाश हैं, वे ही सर्वाश्रय एवं सर्वधाम हैं, उन्हीं के शरीर में समस्त विश्व लय होता है :

कृष्ण एक सर्वाश्रय, कृष्ण सर्वधाम।
कृष्णेर शरीरे सर्व विश्ववेर विश्राम ॥

चैतन्य सम्प्रदाय कहता है—वे सर्वकारण—कारण हैं, विरुद्ध धर्माश्रय हैं। उनकी अनन्त शक्तियों में से तीन मुख्य हैं, स्वरूप शक्ति, मायाशक्ति और जीवशक्ति।

चैतन्य मत के भक्ति सिद्धान्तों को विश्वनाथ चक्रवर्ती ने एक ही श्लोक में समझाने की कोशिश की है :

आराध्यो भगवान् ब्रजेशत नयस्तद्धाम वृन्दावनं

रम्या काचिदुपासना व्रजवधूवर्गेण या कल्पिता।
शास्त्रं भगवत प्रमाणम मलं प्रेमापुमार्थो महान्
श्री चैतन्य महाप्रभोर्मतमिंद तत्रादरो न परः ॥[34]

मीराँ के उपास्य देव भी वृन्दावनधामी भगवान कृष्ण ही हैं। उपासना पद्धति भी ब्रजगोपियों की उपासना पद्धति के अत्यन्त समीप है। श्रीमद्‌भागवत पुराण ही मीराँ की भक्ति का भी प्रमाण ग्रन्थ है और प्रेम ही मीराँ का परम पुरुषार्थ है।[35]

सखी सम्प्रदाय और मीराँ :

स्वामी हरिदास द्वारा प्रवर्तित यह हरिदासी अथवा सखी सम्प्रदाय निम्बार्क की शाखा के रूप में साधन मार्ग ही समझा जाता है, किन्तु साधना पद्धति में भेद होने और निम्बार्कीय दर्शन की गहन गूढ़ गुत्थियों से रहित होने के कारण इस सम्प्रदाय को स्वतन्त्र सम्प्रदाय ही समझा जाना चाहिए।[36] इस सम्प्रदाय की उपासना रस मार्गीय है और नित्य विहारी जुगलमूर्ति का ध्यान इस सम्प्रदाय की विशेषता है। इसमें रसिक बनकर ही राधा की उपासना सखी भाव से करने का विधान है।[37]

मीराँ की भक्ति और सखी सम्प्रदाय की भक्ति में पर्याप्त वैभिन्न्य है। मीराँ के उपास्यदेव केवल कृष्ण हैं (राधा सहित) युगलमूर्ति नहीं। मीराँ के लिए राधा उपासना करने की पात्र नहीं केवल 'डाह' करने की हो सकती है।

निष्कर्ष—इस विवेचन के पश्चात् यही कहा जा सकता है कि मीराँ किसी सम्प्रदाय में दीक्षित नहीं हुई और न ही कोई विधिवत् भक्ति प्रभाव ग्रहण किया। यदि उसके उपास्यदेव और भक्ति इन सम्प्रदायों से मिलती है तो यह एक संयोग ही कहा जाएगा, प्रयास नहीं।

निर्गुण सम्प्रदाय और मीराँ :

मीराँ को निर्गुण सम्प्रदाय की साधिका मानकर[38] उसके जीवन और काव्य के क्रमिक विकास[39] तथा उसकी भक्ति की चार पाँच विशिष्ट धाराओं[40] पर विचार करने के कुछ प्रयास हुए हैं। कुछ आधुनिक विद्वानों ने मीराँ के आराध्य को निर्गुण ब्रह्म तथा गुरु को लौकिक नाथ और जोगी एवं उसकी भक्ति को निर्गुण भक्ति बताया है।[41] मीराँ जैसी उदार भक्त को किसी सम्प्रदाय विशेष (चाहे वह निर्गुण, सगुण हों चाहे सगुण भक्ति के अन्य सम्प्रदाय हों) से सम्बन्ध करने से पूर्व निर्गुण भक्ति का पूर्ण ज्ञान तथा निर्गुण और सगुण वैष्णव साधना में साम्य का परिचय प्राप्त कर लेना चाहिए।

निर्गुण सन्तों का जन सामान्य के लिए निर्मित पथ ज्ञान और भक्ति (जिसमें कर्म का भी योग है) को लेकर चलता है, किन्तु इन ज्ञानमार्गी सन्तों का कर्म

पथ धर्म या सम्प्रदाय का कर्म न होकर मानव का आचार था। इन सन्त ज्ञानियों की दृष्टि में आध्यात्मिक भूमि के चरम गन्तव्य तक पहुँचने के लिए यह आवश्यक है कि मानव के मानस, कर्मज और वाचस (समस्त व्यापार) सहज हों। कृत्रिमता पाखण्ड या दिखावटी और आडम्बर पूर्ण प्रवंचना से अस्पष्ट हों। उनकी भक्ति भी सहज हो और साधना भी अत्यन्त दुराराध्य और दुरुपास्य न हो। जीवन में, आचरण में, भाव में, भक्ति में, व्यवहार में, विश्वास में, ज्ञान में, बोध में—सर्वत्र सरलता, निष्कपटता, अनाडम्बर, अकौटिल्य, अकृत्रिमता और कर्तृत्वाहकार विहीनता ही इन निर्गुणियों का प्रतिपाद्य रहा है।[42]

ज्ञानमार्गी निर्गुणी भी केशव और राम के भक्त थे। उनका राम सहजभाव से निर्गुण और निराकार था और अपने सहज प्रभाव में सगुण और उत्कृष्टतम् गुणगार भी। वही उनका उपास्य भी है, आराध्य भी है, वन्दनीय और कीर्तनीय भी है, माननीय चिन्तनीय भी है और साथ ही ध्येय तथा क्षेय भी। ज्ञान की चरम उपलब्धि भी वहीं पहुँचना चाहती है और भक्ति की भी। उनकी सहज दृष्टि और चिन्तन निर्गुणाश्रित और ज्ञानाश्रयी होने पर भी सहज भक्ति से संपृक्त है। वे तर्कवाद, शास्त्रवाद, क्लिष्ट साधना और बाह्याडम्बर पूर्ण उपासना पद्धति से दूर रह कर एवं सहज भक्ति से भजनीय का, ज्ञेय का, शाश्वत सत्य का, आद्यंतविहीन परमात्मा का सान्निध्य और साक्षात्कार करते हैं।[43]

वस्तुतः निर्गुण और सगुण वैष्णव साधना की प्राणवत्ता समान है। दोनों का मूल आधार भी एक ही है। एक निर्गुण में सगुण का उपास्य है, दूसरा सगुण में निर्गुण का। एक निर्गुण साधक कहलाकर भी सगुण साधक है, दूसरा सगुण साधक कहलाकर भी निर्गुणोपासक है। एक ज्ञानी कहलाकर भी ज्ञानी नहीं है, दूसरा भक्त कहलाकर भी पूर्ण भक्त नहीं है। अंशतः दोनों ज्ञानवादी हैं और अंशतः दोनों भक्त हैं। न एक पूर्ण ज्ञानी है और न दूसरा पूर्ण भक्त। ब्रह्मवादी कहलाकर भी एक राम और हरि का उपासक है, दूसरा राम अथवा कृष्ण कहलाकर भी अन्ततः ब्रह्मवादी ही है। दोनों की साधना 'निर्गुण में सगुण' अथवा 'सगुण में निर्गुण' की है। दोनों का मार्ग एक है। वे दोनों सर्वतोभावेन एक हैं। वे बाहर से दो होकर भी एक हैं।[44]

इसी साम्य भाव के कारण सगुण भक्ति में भी कभी-कभी निर्गुण भक्ति का भ्रम होने लगता है।

वस्तुतः यह निर्णय अधूरा है। मीराँ की मूल भक्ति की भावना को समझे बिना कुछ ऐसी पंक्तियों पर, जिनकी कि प्रामाणिकता संदिग्ध है तथा जिनके भावार्थ भी अप्रासंगिक हैं, मीराँ की भक्ति पर कुछ निर्णय दे देना उतावलापन होगा। मीराँ की भक्ति भावना में न तो चार पाँच विशिष्ट धाराएँ ही[45] हैं और न उनकी भक्ति निर्गुणी ही। वे सगुण वैष्णव भक्त ही हैं। यद्यपि सगुण एवं निर्गुण भक्ति में बहुत

समानता देखी जाती है किन्तु दलगतभेद उनमें देखा जा सकता है, इसी सन्दर्भ में मीराँ की निर्गुण सम्प्रदाय के साथ तुलना उचित होगी।

मीराँ के प्रभु, धार्मिक आस्था तथा उपासना भक्ति निर्गुण सम्प्रदाय से मेल नहीं खाती। मीराँ के प्रभु सगुण, साकार, दिव्य, अवतारी और पूर्ण परमात्मा हैं। जबकि निर्गुणी ब्रह्म, निरंजन, अनाम और विराट है।[46] वह मन, वाणी और चक्षु से अगोचर है।[47] निर्गुणी अवतारवाद में आस्था नहीं रखते। मूर्तिपूजा, उपासना के निर्गुणी विरोधी हैं जबकि मीराँ के प्रभु समय-समय पर अवतार लेते हैं, दुष्टों का दलन करते हैं, मीराँ उनकी मूर्तिपूजा में आस्था रखती है। नितनेम और चरणामृत जैसे बाह्याडम्बर करती है। 'धूप दीप' से पूजन करती है। मीराँ अपने प्रभु के लीलाधामों की यात्राओं को महत्त्व देती है, जबकि निर्गुण सम्प्रदाय के लिए इनका कोई महत्त्व नहीं।

निर्गुण ब्रह्म अजन्मा, अमूर्त तथा अज्ञेय है।[48] किन्तु मीराँ के आराध्य जन्म लेते हैं, इस धरती पर लीला करते हैं और उनके संग की गई लीलाओं की स्मृति उसे आज भी है। मीराँ पूर्व जन्म और भाग्यवादिता में विश्वास करती है, जबकि निर्गुण सम्प्रदाय पूर्व जन्म को नहीं मानता। मीराँ ने अपने प्रिय प्रभु की अपार रूप राशि का अवलोकन किया है और उसी अविस्मरणीय अलौकिक सौन्दर्य का गान मीराँ के पदों की मूल आत्मा है।

इस तरह मीराँ और निर्गुण सम्प्रदाय में पर्याप्त अभेद है जो उसे सगुण वैष्णव भक्त ही घोषित करते हैं। यदि कोई साम्य है तो वह शब्द साम्य है। मीराँ के पदों में जोगी, नाथ, अविनासी, अनन्त, ब्रह्म, अनादि आदि आराध्य द्योतक और कंथा, सैली, सूली, सेज आदि वस्त्रादि सम्बन्धी एवं ब्रह्म, जीव, माया, मोक्ष, सुन्नमहल, त्रिकुटि, गगनमण्डल, नाद आदि साधना संकेतक शब्दों के आधार पर मीराँ को निर्गुण भक्त कहा जाता है। वस्तुतः इन शब्दों का प्रयोग युगीन प्रभाव वश हुआ है, उनके साथ मीराँ भक्ति का मोड़ देखना भूल होगी।[49] डॉ. सत्येन्द्र के शब्दों में कहा जा सकता है कि—हठयोग की शब्दावली का चमत्कार तो मीराँ में देखने को मिलता है पर मीराँ की आत्मा का स्पन्दन उसके साथ नहीं है। मीराँ के इष्टदेव—मीराँ गिरधर नागर की चेरी थी, मेरे तो गिरधर गोपाल दूसरो न कोई। स्पष्टतः ही यह गिरधर नागर गोवर्द्धनधारी श्रीकृष्ण थे। —नन्द नन्दन, नारायण में तो वैष्णव प्रणाली ही दिखती है पर कबीर अथवा सन्तों की भाँति मीराँ ने रमैया शब्द का भी प्रयोग किया है। जोगी अथवा जोगिया में गोरख और लोकवृत्ति दोनों का रूप है।

—ब्रज साहित्य का इतिहास, पृ. 247

डॉ. विपिन बिहारी त्रिवेदी की मान्यता भी इसकी पुष्टि करती है—'मीराँ प्रधानतः साकारोपासक थी, न तो वे योग साधिका थी और न ही निराकार उपासिका।

निर्गुण उपासना और योग सम्बन्धी शब्दावली का उनकी रचनाओं में पाया जाना लोक प्रचलित एक साहित्यिक प्रणाली का निर्वाह मात्र है।'

—मीराँ की रसानुभूति, मीराँ स्मृतिग्रन्थ, पृ. 238

प्रथम तो उपयुक्त निर्गुण सम्प्रदाय सम्बन्धी शब्द का प्रयोग मध्ययुग में अधिक होता था (यह प्रयोग अनेक सगुण भक्तों के साहित्य में देखा जा सकता है।) अतः मीराँ के भावाभिव्यक्ति की अभिव्यक्ति हेतु, शब्दों को महत्त्व न देकर भावों को ही महत्त्व देने के प्रयास में, ऐसे शब्दों का प्रयोग हो गया है। दूसरा इन शब्दों की संख्या अल्प है। डॉ. सावित्री सिन्हा के शब्दों में इसे गहनता से समझा जा सकता है—अनादि अनन्त ब्रह्म, जिनकी सेज गगनमण्डल पर बिछी रहती है, तथा उनकी त्रिकुटि तथा सुन्न महल में शय्या बिछाने की आतुरता निर्गुण प्रभाव से खाली नहीं है, पर इन उल्लेखों का अनुपात इतना कम है कि मीराँ की माधुर्य भक्ति के प्रबल प्रवाह में ये इधर-उधर से आकर मिल जाने वाली धारा के समान प्रतीत होते हैं। युग की अनेकमुखी विचारधाराओं के प्रभाव से सर्वथा वंचित रहना किसी भी व्यक्ति के लिए असम्भव है, मीराँ के काव्य पर भी अपने युग की छाप पड़नी आवश्यक थी। अनेक सन्तों के सम्पर्क में आकर उन्होंने जो कुछ भी उनसे ग्रहण किया, उसकी अभिव्यक्ति कृष्ण प्रेम के उद्‌गारों में उन्हें मिलाकर उन्होंने कर दी, पर इन कुछ उल्लेखों के आधार पर उन्हें सन्त सम्प्रदाय की साधिका नहीं ठहराया जा सकता। ज्ञान और युग के इन संकेतों के अतिरिक्त युग की दूसरी विचारधाराओं के प्रभाव से वह बची नहीं है—योगी को सम्बोधित करके उन्होंने अनेक पद लिखे हैं। सन्त बाह्याडम्बर के विरुद्ध थे, पर मीराँ तो अपने प्रभु की प्राप्ति के लिए सब कुछ करने को तत्पर है :

बाल की जटा बनाऊँ, अंगना भभूत लगाऊँ।
बाँधू चीर पहनूँ बथा, जोगन बन जाऊँगी ॥

इस प्रकार की अनेक उक्तियाँ उनके पदों में मिलती हैं जो केवल भावावेश में लिखी गई हैं पर इनके आधार पर मीराँ को नाथ सम्प्रदाय की योगिनी तो नहीं माना जा सकता।

—मध्यकालीन हिन्दी कवयित्रियाँ, पृ. 116-117

अन्ततः यही कहा जा सकता है कि मीराँ निर्गुण नहीं, सगुण वैष्णव भक्त है। सिद्ध नाथ-परम्परा में वेद विरोध और तत्त्व ज्ञान में वेद शास्त्र की अक्षमता के पुष्ट प्रमाण हैं[50] किन्तु मीराँ की भक्ति का वेद भक्ति से साम्य स्पष्ट परिलक्षित होता है। इस कारण भी मीराँ सिद्ध, नाथ परम्परा में नहीं रखी जा सकती है।

पाद टिप्पणियाँ :

1. वैष्णव भक्ति के ये दो युग भागवतों के पाँच रात्र तथा वैखानस दोनों सम्प्रदायों के लिए एक समान हैं। तीसरे युग में दोनों सम्प्रदायों का पथ पृथक्-पृथक् हो जाता है। वैखानस वैदिक पद्धति से चिपटे रहते हैं, पर पाँच रात्र उससे भिन्न पथ का अनुसरण करते हैं। यह तीसरा युग द्वापर के अन्त में श्रीकृष्ण के साथ प्रारम्भ होता है। इस युग में अवतारवाद की प्रतिष्ठा हुई और द्रव्यमय यज्ञ के स्थान पर भावमय यज्ञों का प्रचार हुआ। वैष्णव भक्ति का चतुर्थ युग ब्राह्मण भागवत सम्मिलन का युग है। इसी युग के साथ मूर्तिपूजा प्रारम्भ होती है। विविध प्रकार की शृंगार सज्जा से विभूषित देव प्रतिमाएँ बनाई जाती हैं। आन्तरिक ध्यान और उपासना के स्थान पर बहिर्मुखी प्रवृत्ति वाली पूजा पद्धति प्रचलित होती है जिसमें कलश, शंख, घण्टी, दीप, पुष्प आदि द्रव्य षौडश उपचार का काम करते हैं। इस युग के पश्चात् जो पंचम युग आता है उसमें भगवान की लीलाओं को विशेष रूप से स्थान मिलता है। श्रीकृष्ण की जिन लीलाओं का गान इस युग में हुआ है उसे चतुर्थ युग वालों ने अपनी कृतियों में पहले तो स्थान ही नहीं दिया और दिया भी तो बहुत कम।

—डॉ. मुंशीराम, भक्ति का विकास, पृ. 10

2. कृष्ण की उपासना का भी इसी प्रकार विकास हुआ। महाभारत के प्रारम्भिक पर्वों में वे अवतार नहीं बने, पर भगवद्गीता में उनकी अवतारणा भगवान कृष्ण के रूप में हुई जो ईश्वर की सम्पूर्ण कलाओं को लेकर नरलीला करने तथा संसार का भार उतारने आए थे। पर गीता में कृष्ण को साम्प्रदायिक रूप नहीं मिला। भागवत् पुराण में कृष्ण भक्ति दृढ़ हो गई। उसके उपरान्त तो कृष्ण भक्ति के अनेक सम्प्रदाय चले, जिनमें भगवान श्रीकृष्ण के विभिन्न रूपों की उपासना होने लगी।

—डॉ. मुंशीराम, भक्ति का विकास, पृ. 404

3. (क) ...विभेद के कारणों का अनुसंधान करने पर यह पता लगता है कि विद्यापति और मीराँ पर विष्णु स्वामी तथा निम्बार्क मतों का अधिक प्रभाव था...विद्यापति और मीराँबाई पर विष्णु स्वामी तथा निम्बार्क मतों की छाप थी। विष्णु स्वामी सिद्धान्तों में मध्वाचार्य के और निम्बार्क स्वामी रामानुज के अनुयायी थे।

—डॉ. मुंशीराम, भक्ति का विकास, पृ. 410

(ख) वे महाप्रभु वल्लभाचार्य (सं. 1535-1587), महाप्रभु चैतन्य (सं. 1542-1590), श्रीहित हरिवंश (सं. 1559-1610), श्री हरिराम व्यास (सं. 1567-1635), आदि समर्थ वैष्णव आचार्यों और सगुण भक्तों की समसामयिक थीं, जिनकी भक्ति का आधार श्रीमद्भागवत था। ऐसी स्थिति में स्वाभाविक ही था कि मीराँ जैसी परम उदार सारग्राहेणी वृत्ति की भवता उक्त महानुभावों से प्रभावित होती। विद्वानों ने इसकी सम्भावनाओं पर सहमति प्रकट की है।

—डॉ. विश्वनाथ शुक्ल, हिन्दी कृष्ण भक्ति काव्य पर श्रीमद्भागवत का प्रभाव, पृ. 254

(ग) मीराँ पर निम्बार्क मत और सूफी साधकों की रहस्यपूर्ण प्रेम साधना का काफी प्रभाव था।

—प्रो. हंसराज अग्रवाल, हिन्दी साहित्य की परम्परा, पृ. 232

4. ...यह कबीर की निर्गुण भावना के सर्वथा मेल में है। उसी तात्पर्य के सहित कबीर की प्रायः सारी शब्दावली मीराँ से मिलती है। कबीर से यदि मीराँ में कोई अन्तर है तो यही कि मीराँ को मूर्तियों से चिढ़ नहीं। —कबीर के साथ इस सादृश्य और भेद का कारण यह है कि उसने रामानन्द के शिष्य और कबीर के गुरुभाई रैदास से अथवा उसकी वाणी से आध्यात्मिक प्रेरणा प्राप्त की थी। ...उस पर निर्गुण भावना का रैदासी रंग चढ़ा हुआ था। उसकी सगुण भावना निर्गुण भावना का प्रतीक मात्र थी।

—डॉ. पीताम्बरदत्त बड़थ्वाल, मीराँबाई और वल्लभाचार्य,
हिन्दुस्तानी-भाग 8, अंक 2, अप्रैल 1938, पृ. 130-131

5. डॉ. हीरालाल माहेश्वरी
6. (क) जीवन में भक्ति का सर्वोपरि महत्त्व
   (ख) नाम महिमा, आराध्यदेव
   (ग) स्तुति
   (घ) शरणागति
   (ड़) सत्संग
   (च) वैराग्य
   (छ) श्रीकृष्ण की विविध लीलाओं के नाम
   (ज) श्रीकृष्ण के अलौकिक रूप सौन्दर्य, परमेश्वरत्व, रासलीला, राधा वर्णन, भ्रमरगीत आदि का वर्णन
   (झ) नवधा भक्ति और प्रेमरूपा भक्ति
   (ट) मधुर गान की भक्ति
7. (क) साम्प्रदायिकता से दूर
   (ख) गुरु का परम्परागत महत्त्व स्वीकार न करना
   (ग) निर्गुण सगुण का समान आख्यान आदि।
8. 'जान पड़ता है कि मीराँबाई को वल्लभ सम्प्रदाय में दीक्षित करने के प्रयत्न हुए थे। ...किन्तु स्वयं मीराँ को दीक्षित करने का कोई प्रयत्न सफल नहीं हुआ। मीराँबाई का पुरोहित रामदास भी '84 वैष्णवन की वार्ता' के अनुसार वल्लभ सम्प्रदाय में दीक्षित हो गया था। पर वह तब भी दीक्षित नहीं हुई।'

   —'मीराँ और वल्लभाचार्य', डॉ. पीताम्बरदत्त बड़थ्वाल, पृ. 161
9. 'मीराँ और वल्लभाचार्य', डॉ. पीताम्बरदत्त बड़थ्वाल, पृ. 161
10. श्रीकृष्ण एवं श्रीराधा के युगल रूप में भगवान की उपासना को महत्त्व देने वाले वैष्णव सम्प्रदायों में निम्बार्क सम्प्रदाय, चैतन्य सम्प्रदाय, राधावल्लभी सम्प्रदाय एवं सखी सम्प्रदाय प्रमुख हैं और इन्हीं के यहाँ उनकी पारस्परिक लीलाओं का विस्तृत वर्णन भी पाया जाता है।

—परशुराम चतुर्वेदी, रामोपासकों का रसिक सम्प्रदाय,
हिन्दुस्तानी (त्रैमासिक), भाग-19, अंक-3, जुलाई-सित. 59

11. वास्तव में दक्षिण के भक्तों में प्रेम प्रतीकवाद विकसित हुआ था जबकि उत्तर भारत में युगल रूप का तत्त्व दर्शन। इसी कारण दक्षिण के उत्तराधिकारी अपने को राम की बहुरिया कहते हैं, पर राधावल्लभी, हरिदासी, निम्बार्की आदि सम्प्रदायों में नित्य विहार-लीला के दर्शन और उस विहार में परिचर्या का महत्त्व है।
—मधुर भक्तिवाद का विकास : पृष्ठभूमि स्थिति, विविध तत्त्व, देवीशंकर अवस्थी,
हिन्दुस्तानी भाग-24, अंक 3-4, जुलाई-दिसम्बर 1963, पृ. 20

12. 'पाँच रात्र' में परब्रह्म एक दुःख रहित, निःसीम सुखानुभव लक्षण अनादि अनन्त है। सब प्राणियों में निवास करने वाला, समस्त जगत् को व्याप्त होकर स्थित होने वाला, निखद्य तथा निर्विकार है। ...वह प्राकृत गुणों से रहित तथा अप्राकृत गुणों का अस्पद है। वह आकार, देश तथा काल से अनवांच्छिन्न होने के कारण पूर्ण नित्य तथा व्यापक है। वह हेय तथा उपादेय उभय विवर्जित है तथा इन्दत (यह) ईदक्ता (स्वरूप) तथा इयता (परिणाम) इन तीनों से अनवच्छिन्न है। उसे ही भिन्नगुणों की कल्पना से विभिन्न नामों से पुकारते हैं। षाडगुण योग से वही भगवान है, समस्त भूतवासी होने से वही 'वासुदेव' है तथा समस्त आत्माओं में श्रेष्ठ होने के कारण वही 'परमात्मा' है।
—बलदेव उपाध्याय, पाँच रात्र तन्त्र, हिन्दुस्तानी, अप्रैल-जून 1943

13. साधना मार्ग...प्रत्येक गृहस्थ को प्रातःकाल से लेकर सायंकाल को पाँच भागों में बाँटना चाहिए—
    1. अभिगमन जप, ध्यान, अर्पन तथा स्तोत्रों से कर्मणा, मनसा, वाचा भगवान के प्रति गमन
    2. उपादान—भगवत्पूजा निर्मित के फल पुष्पादि का अर्चन
    3. इज्या—परमेश्वर की यथाविधि पूजा
    4. अध्याय—आगम ग्रन्थों का श्रवण, मनन तथा व्याख्यान
    5. योग—अष्टांगयोग का विधिवत् अनुष्ठान—बलदेव उपाध्याय

—पाँच रात्र तन्त्र, हिन्दुस्तानी, अप्रैल-जून 1943

14. वही, उपर्युक्त
15. ...यह तन्त्र नितान्त प्राचीन है। कम से कम महाभारत से प्राचीन तो अवश्य है।
--वही, पृ. 122
16. 'रात्रं च वचनं ज्ञानं पंचविद्यं स्मृतम्। ...नारद पाँच रात्र, 1।44
17. नारद पाँच रात्र 1।45-53
18. बलदेव उपाध्याय, पाँच रात्र तन्त्र, हिन्दुस्तानी, अप्रैल-जून 1943
19. 'अहमस्म्य पराधानामालयो किज्चनो गतिः
त्वमेवोपाच भूतो मे भवति प्रार्थनामति
शरणागतिरित्यक्ता सा देवे स्मिन् प्रयुज्यताम्।' —अहिर्बुध्न्य संहिता, 37।31
20. (1) आनुकूल्य का संकल्प

(2) प्रातिकूल्य का वर्जन
(3) अटूट विश्वास
(4) भगवान को रक्षक मानना
(5) आत्म निक्षेप-स्वसमर्पण
(6) कार्पण्य नितान्तदीनता-अहिर्बुध्न्य संहिता

21. सरितां संघात् यथा तोयं संप्रविष्टं महौदधौ
अलक्ष्यश्चोदके भदेः परस्मिन् योगिनां यथा ॥
यथा नेकेन्धनादीनि संप्रविष्टानि पावके
लक्ष्याणि च दग्धानि तद्धत् ब्रह्मण्युपासकाः।
—जयाख्य संहिता 4 ।122-123
22. इन्द्रोमायाभिः पुरुष ईयते—वृहदारण्यक, 2 ।5 ।19
23. राधावल्लभ सम्प्रदाय : सिद्धान्त और साहित्य, डॉ. विजयेन्द्र स्नातक, पृ. 24
24. वही, पृ. 25
25. भागवत् सम्प्रदाय, श्री बलेदव उपाध्याय, पृ. 368
26. मीराँबाई और वल्लभाचार्य : डॉ. पीताम्बरदत्त बड़थ्वाल, हिन्दुस्तानी भाग-8, अंक-2, अप्रैल 1938, पृ. 123 से 126 के बीच
27. वह सब सन्तों का, सम्प्रदाय भेद का विचार किए बिना, समान रूप से आदर करती थी। उसकी बड़ी उदार भावना थी। वल्लभ सम्प्रदाय की न होने पर भी उसने उनके मन्दिर में भेंट भेजनी चाही। उसके विरोधियों ने भी उससे कटु वचन नहीं कहलाए।
—वही, उपर्युक्त
28. राधावल्लभ सम्प्रदाय : सिद्धान्त और साहित्य, डॉ. विजयेन्द्र स्नातक, पृ. 25
29. हिन्दी सगुण काव्य की सांस्कृतिक भूमिका, रामनेरश वर्मा, पृ. 98
30. राधावल्लभ सम्प्रदाय : सिद्धान्त और साहित्य, डॉ. विजयेन्द्र स्नातक, पृ. 26
31. वही, उपर्युक्त, पृ. 26
32. मध्यकालीन हिन्दी कवयित्रियाँ, पृ. 117
33. राधावल्लभ सम्प्रदाय : सिद्धान्त और साहित्य, डॉ. विजयेन्द्र स्नातक, पृ. 28
34. अर्थात्—भगवान ब्रजेशतनय (कृष्ण) चैतन्यमत में आराध्य देव हैं, उनका धाम वृन्दावन है। उनकी उपासना पद्धति का आदर्श ब्रज गोपियों की सुन्दर उपासना पद्धति है। श्रीमद्भागवत पुराण प्रमाण ग्रन्थ है और प्रेम ही जीव का परम पुरुषार्थ है।
35. (1) मेरे तो गिरधर गोपाल दूसरो न कोई
(2) मीराँ के प्रभु गिरधर नागर
36. राधावल्लभ सम्प्रदाय : सिद्धान्त और साहित्य, डॉ. विजयेन्द्र स्नातक, पृ. 28
37. वही, उपर्युक्त, पृ. 28
38. मध्यकालीन हिन्दी कवयित्रियाँ, डॉ. सावित्री सिन्हा, पृ. 110-111
39. हिन्दी काव्य की निर्गुणधारा में भक्ति, श्यामसुन्दर शुक्ल, पृ. 223
40. डॉ. कृष्णलाल, 'मीराँ एक अध्ययन', भूमिका

41. पद्मावती शबनम, 'मीराँ एक अध्ययन'
42. हिन्दी काव्य की निर्गुणधारा में भक्ति, श्यामसुन्दर शुक्ल, पृ. 197
43. वही, पृ. 223
44. डॉ. सावित्री सिन्हा, 'मध्यकालीन हिन्दी कवयित्रियाँ', पृ. 110-111
45. हिन्दी काव्य की निर्गुणधारा में भक्ति, श्यामसुन्दर शुक्ल, पृ. 197
46. वही, पृ. 223
47. वही, पृ. 223
48. वही, पृ. 260-261
49. मध्यकालीन सन्त साहित्य, डॉ. रामखेलावत पाण्डेय, पृ. 336
50. वही, पृ. 336

मीराँबाई की भक्ति

भक्तमती मीराँबाई सगुणोपासिका वैष्णव भक्त के रूप में अद्यावधि विख्यात है। श्री विष्णु के दो अवतारों (रामावतार और कृष्णावतार) के आधार पर भारत में जो दो भक्ति धाराएँ चलीं, उनमें से कृष्ण को आराध्यदेव मानकर अपनी भक्तानुभूति को अभिव्यक्ति देने वाले भक्तों में मीराँ का प्रमुख स्थान है। कृष्ण भक्ति में भी कृष्ण के नाना रूपों को नाना भक्तों (सन्तों) ने अपनी भक्ति का आधार बनाया है। मीराँबाई ने कृष्ण को अपने प्रियतम, पति के रूप में स्मरण, आराधन, उपासन किया है। अतः मीराँ की भक्ति कृष्ण के प्रति माधर्यु भाव की भक्ति कही जा सकती है।

मीराँ के आराध्यदेव :

कृष्ण के भी अनेक परिस्थितियों में अनेक नाम हो गए अथवा यों कहा जाए कि भक्त ने अपनी भक्तिनुसार उनके नाना नाम रख लिए। मीराँ के पदों में श्रीकृष्ण के 'गिरधारी' स्वरूप की ही अधिक प्रयुक्ति मिलती है। मीराँ के पदों में 'गिरधर नागर' की बार-बार आवृत्ति से इस शब्द के साथ भक्ति और साहित्य में अनेक गाथाओं का जन्म हुआ। इस पुनरावृत्ति से इतना निश्चित होता है कि श्रीकृष्ण अपने 'गिरधर नागर' रूप में ही मीराँ को अधिक प्रिय रहे हैं अथवा यों कहा जा सकता है कि श्रीकृष्ण के 'गोवर्धन धारी नागर' रक्षक भाव के इर्द-गिर्द ही मीराँ की भक्ति घूमती है।[1]

दूसरे शब्दों में कहा जा सकता है कि वैष्णव भक्त मीराँबाई, विष्णु के द्वितीय अवतार श्रीकृष्ण की उपासिका थी। श्रीकृष्ण के विभिन्न रूपों में से उनके 'गिरवरधारी' स्वरूप का आराधन ही मीराँ ने किया है। मीराँ के प्रत्येक पद में श्री कृष्ण के 'गिरधर नागर' की शाब्दिक आवृत्ति इस बात का प्रमाण है।[2] गिरधर नागर ही मीराँ के आराध्यदेव हैं, उपास्यदेव हैं, वे ही उसके प्रभु हैं, वे ही स्वामी हैं और वे ही उसके जन्मजन्मान्तर के पति हैं।[3]

यद्यपि मीराँ को 'गिरधर नागर' के अतिरिक्त किसी अन्य से कोई काम नहीं, किसी अन्य देव की वह पूजा तक नहीं करना चाहती और उसे 'गिरधर'

के अतिरिक्त कुछ भी अच्छा नहीं लगता। उनके अतिरिक्त और किसी की मीराँ को कामना भी नहीं है किन्तु अपने प्रभु स्मरण में मीराँ ने बड़ी विशाल हृदयता से काम लिया है। अपने 'गिरधर नागर' का स्मरण, आराधन तथा उपासन करते समय उसके पदों में हरि, गोविन्द, श्याम, कन्हैया, काना, नटनागर, नन्द के डोटा, मोहन, मनमोहन आदि (कृष्ण सूचक) शब्दों के साथ-साथ राम, जोगी, नाथ, साहिब आदि शब्दों का भी प्रयोग हुआ है। किन्तु इन सब शब्दों के माध्यम से मीराँ केवल अपने 'गिरधर नागर' का ही स्मरण, आराधन और उपासन करती है, किसी और के प्रति संकेत ग्रहण करना हमारी भूल होगी।

मीराँ के पदों से ज्ञात होता है जैसे मीराँ स्वयं गिरधरमय हो गई है। गिरधरनागर के अतिरिक्त मीराँ के लिए इस लौकिक और पारलौकिक संसार में कुछ भी नहीं है। प्रत्येक प्राणी के घट-घट में उसे अपने साँवरा की ही छवि दृष्टिगत होती है। यहाँ तक कि 'पात पात' में उसे अपने 'साहिब' ही दिखाई देते हैं।[4]

मीराँ ने अपने उपास्यदेव के साकार और दिव्य स्वरूप का अपने पदों में वर्णन किया है। आराध्यदेव का रूप सौन्दर्य, वस्त्र और आभूषण सज्जा, गुण, अवगुण, महात्म्य आदि लौकिक उपमानों के साथ-साथ उसके अलौकिक सर्वशक्ति सम्पन्न, सर्वगुण, रूपयुक्त स्वरूप का आलेख भी किया गया है। श्रीकृष्ण के देवत्व का नरत्व (अपने पति के रूप में) आरोपण करते समय मीराँ उनके पूर्ण ब्रह्म परमेश्वर स्वरूप को विस्मृत नहीं कर पाई है उसकी महत्ति सत्ता वह सर्वत्र, सहर्ष स्वीकार करती है। यही कारण था कि 'गिरधर' के 'बीड़द का गान' उसने बड़ी श्रद्धा, तन्मयता और भाव-विभोरता के साथ गाया है। एक ओर यदि वह कहती है कि :

1. मेरे तो गिरधर गोपाल दूसरो न कोई
   जाके सिर मोर मुकुट मेरो पति सोई ॥
2. गिरधर मेरो सांचो पति है
3. मीराँ के प्रभु गिरधर नागर घर वर पायो पूरो।
4. गिरधर हाथ बिकानी

तो दूसरी ओर उसका कहना है :

1. नख पर गिरवर धारै। बंशी बजावण ॥
2. जा पर कृपा करो नन्दन। ताके सदा सहाय है ॥
3. बलकु छलनि चले। भेख धरे बावना ॥
   मथरा में कंस पछाड़े। लंकापति रावणा ॥ 2
   प्रैह्लाद की प्रतिज्ञा राखी। बसदेव के बंध छुड़ाए ॥
   द्रौपदी की लज्जा राखी। चीर कुं बधावणां ॥ 3
4. ब्रह्मादिक सनकादिक ज्याका ध्यान धरत है
   गावत वेद पुराण...

5. पारबिरम पूरण पुरसोतम व्यापक रूप लखाऊँ

ऐसे ही सर्वशक्ति मान पूर्णब्रह्म परमात्मा श्रीकृष्ण मीराँ के पति हैं और वह उनकी 'पतिव्रता' है :

मैं पतिभरता पीव की हो, मोल लई चेरी।

चूँकि यह पतिव्रता है अतः–

तुम बिना काऊ दूजो देवा सुपनै हूँ ना हेरी ॥

जिस प्रकार पतिव्रता स्त्री किसी अन्य पुरुष को स्वप्न में भी नहीं देखती उसी तरह श्रीकृष्ण की यह (भक्त) पतिव्रता किसी अन्य देव को नहीं देखना चाहती। युगीन लोक मान्यता को भक्ति का आधार बनाया गया है।

मीराँ का अपने इष्टदेव के प्रति अनुराग जीवन की अनेक प्रतिकूल परिस्थितियों के होते हुए भी, सदा समरस बना रहा। उसने सब कुछ छोड़ दिया किन्तु अपने इष्टदेव को जीवन पर्यन्त नहीं छोड़ा और अन्त में देहत्याग किया तो भी उसी रणछोड़ की नगरी द्वारिका में, उसी इष्टदेव के चरणों में।

1. बालपन ते मीराँ कीनी। गिरधर लाल मीताई ॥
   सो तो अब छुटत नांहि क्यूँ हो। लगन लगी बुरी भाई ॥
2. बाल सनेही गोविन्दो।
3. जगत हँसै हँसी जाण दे री टहल करां म्है जाय।
   लोग कटुम्बी निंदवैरी प्रति न घटाय ॥
4. मन वचन क्रम करि गोविन्द भजस्यां म्हारो यो ही सुभाव।

मीराँ के इष्टदेव का अपूर्व सौन्दर्य, वस्त्रसज्जा और आभूषण :

मीराँ के प्रभु का अपूर्व सौन्दर्य,[5] वस्त्रसज्जा और आभूषण[6] श्रीमद्भागवत के कृष्ण से अत्यन्त मेल खाते हैं।

अपूर्व रूप सौन्दर्य :

1. साँवली सुरती म्हारे हीय में समाय
2. सुन्दर वदन कंवलदल लोचन मधर मधर मुस्कावै
3. मदनायक गोपाल विराजै। सुन्दरता की सींवा हो
4. कोटि काम वारणै जोवै मोहन नाचै गावै रे।
   चलन रूप माधुरी गज मदन परे सीवा
   स्याम सुन्दर कमल नैन अदबुद मुख चन्दा ॥

वस्त्राभूषण :

1. मोर मुकुट पीताम्बर सौहे चन्दन खौर बनावे।
2. अंग अंग आभूषण राजै बनमाला छीटकी।
   थकित भये दोऊ दृग मेरै देख छीव नटकी ॥
3. मोर मुकुट पीताम्बर सोहै गल मोतीयन की माल
4. वन कु जावत बैन बजावत गल बैजंती माल
   मौर मुगट सिर छत्र वीराजै कुण्डल छलकत कान।
   मीराँ के प्रभु गिरधर नागर नीरखत भई निहाल ॥
5. स्याम बरन तन उपरि सजनी पीत वसन फैहराय
6. मोर मुकुट गलमाल बिराजै कुण्डल की छब न्यारी

मीराँ ने अपनी भावाभिव्यक्ति से यह स्पष्ट कर दिया है कि उसके प्रभु (आराध्यदेव) केवल जगत् विख्यात यदुवंशी सम्राट् श्रीकृष्ण ही हैं, जो समय-समय पर अवतार लेते रहे हैं। जिन्होंने द्वापर में अवतार लेकर यमुना तट पर रास रचाया है, 'गोवरधन' धारण किया, बंसी बजाकर 'गौ' चराई हैं, जिन्होंने जल और थल के सभी प्राणियों को अपने आकर्षण में बाँध रखा है, जिन्होंने अनेक पापियों को भव सागर के पार उतार दिया है, जो दुष्टों को नष्ट करने वाले और सज्जनों और भक्तों की रक्षा करने वाले हैं। वे ही मीराँ के इष्टदेव हैं जिन्होंने राम का अवतार लेकर रावण को, कृष्ण का अवतार लेकर कंस को, नृसिंह रूप धरकर हरण्यकुश को नष्ट किया है, जिन्होंने द्रौपदी, ध्रुव, प्रह्लाद, सैना, क्रमा, शबरी, पुल्हीबाई, राँका-बाँका, गनका, कालू कीर, गजराज आदि भक्तों की रक्षा कर उनका उद्धार किया है।[7]

मोर मुकुट और पीताम्बर धारण किए, बंसी कर में लिए, कानों में मकराकृत कुण्डल और गले वैजन्ती माला से सुशोभित स्यामवर्ण, मधुर मुस्कान, कंवलदल लोचन, घुँघराली अलकों वाले सुन्दर वदन स्याम ही मीराँ के स्वामी हैं।[8]

मीराँ के ये स्वामी अविनासी हैं,[9] दुख समाप्त कर सुख देने वाले हैं।[10] वे सर्व शक्ति सम्पन्न प्रभु हैं[11] जिनका सुर-नर-मुनि-जन ध्यान करते हैं।[12] जिन्हें ब्रह्मा और विष्णु तक ध्याते हैं।[13] वे ही प्रभु भक्तवत्सल हैं।[14]

पाद टिप्पणियाँ :

1. सुणों सखी री भाग हमारो। वर पायो ब्रजराज दुलारो ॥
   नख पर गिरवर धारै। बंसी बजावणा ॥
   जनम जनम री पीड़ मीटाई। अपनी कर लीनी चरनाई।

मीराँ हरि मन भाई। मगल गावना हो राज ॥

2. मीराँ के प्रभु गिरधर नागर

3. श्रीकृष्ण का यह 'गिरधर नागर' स्वरूप मीराँ के सन्दर्भ में इतना रूढ़ हो गया कि मीराँ के पदों की प्रामाणिकता सम्बन्धी खोज करते समय इसे एक आधार स्वरूप ग्रहण किया जाता है।

4. (क) मेरे तो गिरधर गोपाल दूसरा न कोई
   जाके सिर मोर मुकुट मेरो पति सोई ॥

   (ख) मीराँ गिरधर नागर की चेरी थी। 'मेरे तो गिरधर गोपाल दूसरो न कोई' स्पष्ट ही यह गिरधर नागर गोवर्द्धनधारी श्रीकृष्ण थे। —डॉ. सत्येन्द्र, कला, कल्पना और साहित्य, पृ. 197

   (ग) मीराँबाई के इष्टदेव सगुण व साकार श्रीकृष्ण थे। —परशुराम चतुर्वेदी, मीरा स्मृति ग्रन्थ

   (घ) गिरधर गोपाल उसके इष्टदेव थे। —डॉ. सत्यदेव चौधरी, हिन्दी वाङ्मय का इतिहास, पृ. 178

   (ड़) मीराँ के एक मात्र आराध्य कृष्ण हैं। उनके अतिरिक्त किसी अन्य के वरण की इच्छा भी इस वियोगिनी ने नहीं की। —डॉ. प्रभात, मीराँबाई, पृ. 307

5. पात पात में साहिब देखूँ झुक झुक सीस नवाऊँ

6. (क) नाहं तवाङघ्रि कमल क्षणार्धमपि केशव

   (ख) यथा त्वामारविक्षक्ष यादृशं वा यदात्मकम्। (कमलनयन श्यामसुन्दर) पृ. 796, अं. 14

7. नौमीड्य तेड भ्रवपुषे तडिदम्बराय
   गुञ्जावर्तसपरि पिच्छलसन्मुखाय।
   वन्यस्तजे कवलनेत्र विषाणवेणु
   लक्ष्मत्रिये मृदुपदे पशुपांगजाए ॥1॥   पृ. 214, अंक-14

8. (क) जमुना की नीकट बजाई बंसी ॥टेर॥
   जीव जेंत जल थल के मोहे और मोहे वन के तपसी ॥1॥
   सुर नर मुनी मोह लिए हो खुल गए ताल हसे तपसी ॥2॥
   मीराँ के प्रभु हरी अबीनासी चरण कंवल में प्राणबसी ॥3॥

   (ख) जमुना के तट हरि संग खेलै गोपी।
   मोहनलाल गोवरधर धारयो ताके नख पर ओपी हो ॥टेक॥
   सजल जलद-तन धन पीताम्बर कर मुख मुरली धारी हो ॥
   वैन सैन दे कंवर लाडलै ललना सब हंकारी हो ॥1॥

   (ग) प्रहलाद की प्रतंग्या राखी धू्र ही अवचल राज।
   भीवखण को राज दीनो सारीया सब काज ॥1॥
   कृष्ण सुदामों बाल सनेही पढते एकण साल।
   कनक महेल चिणाए छिन में जड़त हीरा लाल ॥2॥

जद ब्रज पर इन्द्र कोप्यौ डरे गोपी गवाल।
डावै नख पर धार्‌यौ गिरवर राख लीयो नन्दलाल ॥3॥

(घ) एक समै गजराज उबारयौ काट्‌या जहर जन्झीर ॥1॥
एक समै प्रहलाद उबारयौ धारियौ नृसिंह सरीर ॥2॥
एक समै द्रौपति-पत राखी खैंचत बाढयौ चीर ॥3॥
राँका भी त्यारया बाँका भी तारया त्यारया है कालू कीर ॥4॥
मीराँ के प्रभु हरि अविनासी बै साहिब गहर गम्भीर ॥

(ड़) क्रमा सबरी पुल्हीबाई हरि भजि ऊतरी पार ॥

(च) सुवा पड़ावता गनका तारी तारयौ छै जी कालु कीर।
बाबा नन्द घर धेन चराई विछण में पाई खीर ॥
गोपि ब्रज-मण्डल में रास रच्यौ तट जमुना की तीर।

(छ) ग्राहा गह्यौ गजराज उबारयौ बूडि न दीन्हौ जांनि।

(ज) आगै पतत अनेक उबारै तोर मोहि अनेक

9. 'मीराँ के प्रभु हरि अबिनासी।'
10. मीराँ के प्रभु गिरधर नागर दुख मेटण सुख देण।
11. वल है बल के वीर त्रिभंगी गोपिन से सुखदाई।
12. सुर नर मुनि ज्यांको ध्यान धरत है गावत चारू सीस तुमारी।
सेस महेस पुराण बखाणै सब के हो तुम
13. शिव सनकादिक अरु ब्रह्मादिक गावत वेद पुराणां।
14. भगत बछल थारो बीरद कुवावै।

मीराँ की साधना

मीराँ सगुणोपासक वैष्णव भक्त है। उसके प्रभु निराकार न होकर साकार हैं। जिनकी भव्य और मनमोहक छवि को उसने कई बार निहारा है। वह सुन्दर छवि मीराँ की आँखों में बस गई है, वह उसे विस्मृत नहीं कर सकती। श्रीकृष्ण के कमलनयन, सुकुमार सौन्दर्यशाली रूप लावण्य युक्त मुख शोभा के अतिरिक्त उनके आभूषण और सुन्दर वस्त्रों का स्मरण भी उसे अब तक है। यही कारण है कि इन सबका बार-बार स्मरण कर वह आनन्द अनुभव करती है। इस तरह मीराँ पुनर्जन्म में गहरी आस्था रखती है।

(क) मोहन मूरति नवल किसोरी
दासी मीराँ बलि जाए हो।

(ख) मीराँ ने गिरधर मिल्या भव भव रा भरतार।

(ग) मौर मुगट सिर छत्र बीराजे, कुण्डल झलके कानां।
जमना की नोरातीरां धैन चरावै, बंसी कौ सबद सुणावै ॥

(घ) कान कुँवर मारै दुवारै ठाड़ै

(ङ) मौर मुगट मक्राकरत कुण्डल सौवा पीताब्र पट की।

अवतारवाद में आस्था :

उसके स्याम ने इस धरती पर अवतार लिया है और भक्तों के हित नाना लीलाएँ करते हैं। उन्होंने पहले भी अनेक भक्तों का उद्धार किया है। मीराँ की यह आस्था श्रीमद्भागवत से पूर्ण साम्य रखती है।[1]

1. जनम जनम को पति परमेसुर। जां मैं रच्यौ है जग सारो ॥
मीराँ के प्रभु गिरधर नागर। जीवन प्रान हमारौ ॥

2. बल कुं छलनि चले। भेख धरे बावना।
मैथरा में कंस पछाड़े। लंकापति रावणा ॥
प्रहलाद की प्रतंज्ञ्या राखी। बसदेव के वंध छुड़ाए ॥
द्रौपदी की लज्या राखी। चीर कुं बधावणां ॥

इस अभिव्यक्ति में भी मीराँ के राम और कृष्ण में कोई भेद नहीं है।

मीराँ की उपासना पद्धति :

मूर्तिपूजा : मीराँ मूर्तिपूजा में विश्वास करती है और प्रभु 'गिरधर नागर' की मूर्ति की पूजा वह प्रतिदिन करती है। इस मूर्तिपूजा में वह 'धूप दीप' का प्रयोग करती है। मूर्तिपूजा के पश्चात् प्रतिदिन 'चरणामृत' लेने का उसका नियम है।

1. धूप दीप ले करूँ आरती लुळ लुळ लागूँ हर रे पांय।
2. सेवा साळगराम।
3. रमती ने लादो कांकरो। सेवीया सालगराम
4. चरणामत को नेम हमारौ
5. मेरा मन्दिर अन्दर सेवा

मीराँ का दृढ़ विश्वास है कि उसके प्रभु (गिरधर नागर) को वही प्राप्त कर सकता है जो उन्हें नित्य सेवन करता है :

मीराँ के प्रभु गिरधर नागर। जो सेवै सोई पावै।

मीराँ की आराधना भी श्रीमद्भागवत में बताई गई भक्ति आराधना के अत्यन्त अनुरूप है।

मोर मुकट पीताम्बर सोहै। कुण्डल की छवि निरखै।
संख चक्र गदा पदम वीराजै। सुधा पुरी बरसै।

मीराँ की भक्ति में भालतिलक और तुलसी की माला का भी महत्त्व है :

भाल तिलक तुलछा की माळा, फैरत कौ नटै

सत्संग :

इस विधिवत आराधन के साथ-साथ वह संतन संग बैठ-बैठ 'भजन कीर्तन' भी किया करती है। उसकी दृढ़ धारणा है कि सत्संग ही से उसे ज्ञान और भक्ति के साथ-साथ उसके प्रभु प्राप्त हो सकेंगे। सत्संग का यह भाव श्रीमद्भागवत में श्रीकृष्ण द्वारा निर्देशित कलयुगी भक्ति का श्रेष्ठ साधन है। सन्त समागम का अवसर मीराँ को उसके बाल्यकाल से प्राप्त होता रहा है। 'दो सौ बावन' और 'दो सौ चौरासी वैष्णवन की वार्ताओं' से यह स्पष्ट ज्ञात होता है कि मीराँ के यहाँ (मेड़ते) भक्तों और सन्तों की मण्डलियों का आगमन बराबर बना रहता था। कई-कई सन्त भक्त तो कितने ही दिन वहीं ठहरा करते थे। यद्यपि मीराँ के इस सत्संग से उसके ससुराल वाले बहुत अप्रसन्न थे और इसके लिए उसे बहुत कष्ट पहुँचाते थे किन्तु

मीराँ ने इसे अन्तिम दम तक नहीं छोड़ा।

1. सतसंग में परी हो धिन धिन आजनी घरी
2. साध संगत अरु भजन करत मोही देत क्लेस माहाई[2]
3. सेवा करसूँ साध री। म्हानै राम मिलण री आस राय

श्रीमद्भागवतादि का श्रवण मनन :

एक आदर्श वैष्णव भक्त की तरह, मीराँबाई ने भी वैष्णव भक्ति के आधार ग्रन्थ (श्रीमद्भागवत) का श्रवण मनन कई बार किया है। मीराँ के पदों में अनेक स्थल ऐसे हैं जिनसे ज्ञात होता है कि जैसे मीराँ भागवत पुराण में श्रीकृष्ण द्वारा कहे गए उपदेश का अक्षरशः पालन कर रही है और उसी रीति से आराधन भी करती है।[3] ऐसा तभी सम्भव है जबकि कई बार श्रीमद्भागवत का या तो पठन-पाठन किया हो अथवा बड़े ध्यान से उसे कई बार सुना हो।

श्रवण श्रुणत श्रीमंत भागवत रसना रटत हरी।
साँवरी सूरत मोहनी मूरत उर विच आन परी ॥

मीराँ अपने आराध्य के आराधन में इतनी दत्तचित्त हो जाती है कि उसे किसी का ध्यान नहीं रहता। यहाँ तक कि वह अपनी सुधबुध भी खो देती है। यही कारण है कि वह राजवधू और राजकन्या की अपनी स्थिति भूलकर 'पग घुँघरू बाँध' नाच उठती है। भक्ति आवेश की यह स्थिति चैतन्य महाप्रभु में भी देखी जा सकती है :

पग घुँघरू बाँध मीराँ नाची रे

श्रीमद्भागवत में कलियुग में सत्संग का बहुत महत्त्व वर्णित है[4] और मीराँ ने उसी ओर सर्वाधिक ध्यान केन्द्रित किया है।

एकनिष्ठ भक्ति :

मीराँ ने केवल कृष्ण को अपना आराध्यदेव माना है और जीवनपर्यन्त उसी 'गिरधर' की एकनिष्ठ भक्ति करती रही है। मीराँ की इस भक्ति को डिगा देने के अनेक प्रयास हुए किन्तु वह पूर्वश्रद्धा और दृढ़ विश्वास से अपनी भक्ति में लगी रही। एक ओर उसके ससुर परिवार वाले चाहते थे कि वह 'गौरज' पूजै तो दूसरी ओर तत्कालीन विभिन्न धार्मिक सम्प्रदाय चाहते थे कि वह उनके आराध्य की पूजा में लग जाए। किन्तु मीराँ सदा अपने 'बालसनेही' गिरधर गोपाल-'गिरधर नागर' के रंग में रँगी रही।

1. हम ईसट हमारौ ध्यावे। और दाय नहीं आवै।
2. और देव मोरी दाय न आवै
3. नहीं पूजा देवी देवता। नहीं पूजा गणगौर।
   मारो परम सनेही गोवीन्दो। थे मत जाणो और रा ॥
4. नहीं पूजूं गिणगौर नै। नहीं पूजूं आन देव।
   सेवा सालिगराम की.....
5. तुम बिना काऊ दूजो देवा सुपने हूँ ना हेरी
6. भेरु पीर मीर भेख। हम नहीं सीस नमावै

इससे ज्ञात होता है कि जैसे 'भेरूं, पीर, मीर, भैरव' आदि का मीराँ के युग में अधिक प्रचलन था और मीराँ से भी कहा गया होगा कि वह इन्हें नमन करे। इसी के प्रत्युत्तर स्वरूप उपर्युक्त पद्य मीराँ ने कहे हैं।

कठिन साधना :

मीराँ ने यह भली प्रकार आत्मसात कर लिया था कि भक्ति मार्ग बहुत कठिन है किन्तु वह उस दुर्गम पथ पर निरन्तर बढ़ती रही। प्रारम्भ में वह कष्टों के आगमन पर कह उठी :

'थारी भगती दुहेली स्याम'

किन्तु धीरे-धीरे वह अभ्यस्त हो गई। भक्ति की वह अवस्था उसने प्राप्त कर ली जब न जिह्वा का स्वाद रहता है, न शरीर का आराम। केवल एक ही लक्ष्य सामने रहता है और वह है प्रभु मिलन का :

मीठा लागै टुकड़ा कांई। अमृत लागै छाछ।
भुसुवां भुखां मरां। मानै कालै मीलै करतार ॥

मेवाड़ की राजवधू और मेड़ता की राजकन्या ने धरती पर शयन कर, भूखे रह कर, प्रभु प्राप्ति की कठिन साधना की है और आगे भी कठिन साधना को वह सदा तत्पर है :

जो दुख थाय सो थाज्यौ रै रूड़ा राम जी न भंजता ॥टेर
पीड जाए तो राखव लीजौ जीव जाए तो जाजै रै ॥ 1
ऊँचा बाँध तल अगनी प्रजालौ मार समैळा री खाज्यौ रै ॥ 2

यदि लोकनिन्दा बाधक बने तब भी भक्ति करनी है :

1. लोक नींदै तानै निंदवा दीजौ राज डडे तो डण्डाज्यौ रै ॥ 3

मीराँ कहे दुख कोट सहीनै गुण गोविन्द जी ना गाज्यौ रे ॥ 4

2. ज्यन्द करौं कुरबान तुझ पै और न दूजी पेस।

इस तरह मीराँ ने अपने प्रभु को जीवन की बाजी लगाकर प्राप्त किया है :

मीराँ कहै प्रभु गिरधर नागर लीयौ छै सीस सटै।

अनन्य भक्ति :

मीराँ को प्रभु स्मरण के अतिरिक्त कुछ भी अच्छा नहीं लगता है। वह अपनी वाणी से कहती है :

रसना तूं राम बिना मत बोल
और बोल्यां अपराध लगत है पड़त भजन माँहै झोल ॥ 1
सुकरत सुमरण कर ले री आँणीयै दोए बात अमोल ॥ 2
जगत तणी बातां सब झूठीं राम नाम मुख बोल ॥ 3

यहाँ मीराँ के 'राम' सम्बोधन से श्रीकृष्ण की ओर संकेत है। मीराँ ने अपनी अनुभूति की अभिव्यक्ति हेतु अनेक शब्दों का सहारा लिया है किन्तु संकेत 'गिरधर नागर' की ओर ही है। 'राम' यहाँ विष्णु के अवतार के रूप में ही देखे जा सकते हैं। कितना सारगर्भित निवेदन है—हे वाणी तू प्रभु के अतिरिक्त कुछ और न बोल क्योंकि तेरा ऐसा न करने से मेरी भक्ति में विघ्न उत्पन्न होता है। तुझे कुछ बोलना ही है तो उसी प्रभु के लिए 'अमोल' शब्दों का उच्चारण कर क्योंकि संसार की सभी बातें झूठी हैं। प्रभु चरणों में ही मीराँ ने अपने आपको अर्पित कर दिया है :

बलि जाऊँ चरणां की दासी ॥ टेक
याही मेरे गंगा याही मेरे जमना याही तीरथ कासी ॥ 1
हरि जी मेरा म्है हरि जी की जगत करौ क्यूँ हासी ॥ 2

मीराँ के अनुसार अनेक कष्टों के विमोचक 'गोपाल' ही हैं[5] अतः—

सब सूं प्रथम भज्यै गोपाल
कोट करम जंजाळ जीव कै मिटै जम के जाळ ॥

मीराँ ने कबीर की तरह भक्ति में आडम्बर व दिखावे से सदा घृणा की है। वह 'अंग भभूत रमा कर', 'जटा बँधाकर', 'संसार त्यागकर' भक्ति करने में तब तक कोई सार्थकता नहीं देखती जब तक कि हरि स्मरण की ओर व्यक्ति का मन न लगता हो। मुख्य हरि स्मरण है शेष सब गौण है :

बनि आवै तो हरी गुण गाय लै रे।
गोविन्द गुण गाय लै रे ॥ टेर
कहा रे भयो सपद ठाडे रै जटा रै बधाई
कहा भयो हरी भभूत र लगाई ॥ 1
मीराँ कहे प्रभु गिरधरनागर
हरि चरणां चित लाए लै रे ॥ 2

मीराँ की भक्ति के कुछ तत्त्व ऐसे हैं जो उसे सगुणोपासक, मूर्तिपूजक वैष्णवभक्त के रूप में हमारे समक्ष प्रस्तुत करते हैं, जैसे–

1. भक्ति का सर्वोपरि स्थान : अन्य वैष्णव भक्तों और दक्षिण के आलवार भक्तों की तरह मीराँ ने भी अपने जीवन में भक्ति को सर्वोपरि स्थान दिया है। उसकी यह मान्यता है कि इस असार संसार में सार वस्तु यही हरि स्मरण है। अन्य सभी कुछ मिथ्या है :

1. गोविन्द को सरनु
   क्या दुख धन माल की लाहै हम ही कहा करनुं।
   साँवरी सूरति चितवन में धरनुं ॥
2. जग की आस वास सब तज दी, लाभ होओ चाहे हानी
   तेरी सुरत मन मानी
3. मना रे गिरधर का गुन गाय
   मनसा बाचा करमना रै धणी सौं ध्यान लगाए।

2. नाम महिमा : मीराँ की भक्ति में नाम की महिमा सर्वत्र लक्षित होती है। यद्यपि मीराँ के उपास्य देव का नाम गिरधर नागर है, किन्तु एक प्रभु के अनेक नाम हो गए हैं अतः मीराँ के सम्बोधन भी अलग-अलग नामों से हैं किन्तु लक्ष्य सभी का एक ही प्रभु की ओर है। मीराँ के प्रभु श्रीकृष्ण हैं जो गिरधर नागर के रूप में ही मुख्यतया मीराँ को प्रिय हैं और इसी नाम से उसने उन्हें स्मरण किया है किन्तु श्रीकृष्ण के अनेक पर्यायवाची शब्द भी हमें मीराँ के पदों में मिलते हैं जैसे–साळगराम, गोविन्द, श्रीकृष्ण, गोपाल, हरि आदि।

यह नाम माहात्म्य मध्ययुग के सभी भक्तों में प्राप्त होता है।[6] इसी परम्परा को मीराँ ने भी निभाया है। आलवार भक्तों की तरह मीराँ भी मानती है कि भगवान के सहस्र नामों में से किसी भी एक का सदा मन में स्मरण तथा ध्यान करने से जिह्वा से कीर्तन गायन करने से और उसका कर्मों से श्रवण करने से मन, वाणी और कर्म द्वारा होने वाले समस्त पापों का क्षय होता है, मन में पवित्र भाव भर जाते हैं और श्रद्धा की वृद्धि हो जाती है।[7]

1. जय जय हो जगदीश तुमारी
2. मीराँ कहे प्रभु गिरधर नागर आसा लगी छै थारा नामनी
3. रसना तू राम बिनां मत बोल
4. राधे कृसन, रादे कृसन, गौवीन्द गोपाल
 मोर मुकट कट काछनी रे, गल मोतन की माल

3. स्तुति : अपने प्रभु की स्तुति मीराँ के पदों में स्पष्ट दृष्टिगत होती है। भगवत स्तवन को भक्ति का ही एक अंग मानकर मीराँ ने आर्तस्वर में, भगवान असीम शक्ति, भक्तवत्सलता तथा अन्य श्रेष्ठ गुणों का पुनः-पुनः गान कर, परम शान्ति का अनुभव किया है। मीराँ ने अपने प्रभु के नाम, गुण, माहात्म्य, लीलाधाम आदि का बड़े प्रेम और श्रद्धा से अपने पदों में वर्णन किया है। अपने गिरधर नागर को कितने ही नामों से सम्बोधित कर उनकी कितनी ही लीलाओं की प्रशंसा की है। मीराँ भी दक्षिण के आलवारों[8] की तरह कहती है :

1. देखूयो रे वृन्दावन निजधाम
2. मीराँ के प्रभु गिरधर नागर, भक्तन के प्रतिपाल

4. शरणागति तत्त्व : मीराँ के पदों में अपने प्रभु के शरण में आने का उल्लेख मिलता है। उसे देखकर लगता है जैसे गीता में श्रीकृष्ण के कथन[9] का मीराँ पालन कर रही है। शरणागति के अन्तर्गत मीराँ ने अपने दोषों का बखान, भगवान की भक्तवत्सलता का गान, परित्राण की याचना तथा प्रभु की शरण आने की आज्ञा माँगते हुए अपने आपको प्रभु के चरणों में अर्पित कर दिया है :

1. मो नुगणी में गुण नहीं कोई मो में ओगण सारा
 बोहो गुणवन्ता साहिब मेरा गुनाह बक्स दो सारा ॥
 मीराँ चरणन की दासी तुम बिना नैन दुख्यारा

2. जाणीयै जाणीये जाणीये हो हरि, हेत हिया नौ जाणीयै ॥ टेर
 हमैं छां तुमारा तुम छौ हमारा जामिय अन्तर नथि आणीयै ॥ 1
 हम छां अबला तुमै छौ बलवन्ता छैल छबिला माथै ताणीयै ॥ 2
 दूरा न जावजौ बेग लाज थावजौ। अरज हमारी मानीयै ॥ 3

3. थानै महारी पीड़ नै आवै हो

सत्संग :

मीराँ को बचपन से ही सत्संग प्राप्त हुआ, जिसके कारण मीराँ भक्ति की ओर अधिकाधिक झुकती गई। सत्संग ने उसकी भक्ति को दिशा-निर्देश और लक्ष्य तथा

लक्ष्य प्राप्ति के साधन दिए। सत्संग होने की घड़ी को मीराँ ने धन्य माना है। साधु और सन्तों के प्रति मीराँ के हृदय में अत्यन्त सम्मान-जनक स्थान है। यह सदा सत्संग की कामना करती है। सत्संग से उसे अपार हर्ष और आत्म शान्ति अनुभव होती है :

1. सत्संग बिन दोहरी कदिय न सोरी
2. साध संगत में नित उठ जातां दुरजन लोकां दीठी
3. साध संगत की मैं अर्ध्याधारी, साध बिना मारे नहीं सरसी

मीराँ के सत्संग प्रेम को देखकर लगता है कि जैसे एक ओर वह श्रीकृष्ण के बताए मार्ग पर चल रही है[10] तो दूसरी ओर आलवार भक्तों का अनुसरण कर रही है।[11] हिन्दी के अष्ट छाप के कवियों ने भी सत्संग का महत्त्व स्वीकार किया है।

वैराग्य :

संसार में मोह-माया सम्बन्ध को छोड़ अपने प्रभु में लीन रहने की महती इच्छा मीराँ के पदों में सर्वत्र लक्षित होती है। भक्ति और सत्संग में बाधक सांसारिक बन्धनों को तोड़, इन्द्रियों को अपने वश में कर, मीराँ ने इनके प्रति वैराग्य भाव दिखाया है :

1. मात पिता सुत बन्धु दारा ये पाँव में बैरी।
   तुम बिना कोउ नांही मेरो पुकार कहूँ टेरी ॥
2. तू मति जा रै कानां पाईयां परौं चेरी तेरी अरे ॥ टेर
   चन्दन काँटों चिता चिणांवौ अपने हाथ जला जारे ॥
3. जग की आस वास सब तज दी, लाब हो चाहे हानी

श्रीकृष्ण की विविध लीलाओं का गान :

मीराँ ने श्रीकृष्ण की विविध लीलाओं का गान अपने पदों में किया है। इन लीलाओं में एक ओर प्रभु की बाल-लीलाओं का उल्लेख है तो दूसरी ओर उनकी भक्त-वत्सलता का आलेख है किन्तु मीराँ के पदों में कृष्ण-बाल-लीलाओं का उल्लेख कम है उनका परमेश्वरत्व अधिक। श्रीकृष्ण के किशोर रूप सौन्दर्य का वर्णन तो जैसे मीराँ के पदों में सर्वत्र बिखरा पड़ा है।

1. नणदी हे मोहन गुन्दरी ले गयो।
   हु दध बेचण जात ही कुंजगली भई भेंट ॥
   छगरी तो मुदरी गई और गले को हार

2. धौटक कहीये नन्द को कांन कँवर वाँकौ नाव।
3. बसरी बजावै कांनौ सैना माँहि कछु गावै।
4. नन्द जी के राजकुँवार मैं तो होरी थासू खेलाँ राज ॥

मीरा के प्रभु अविनाशी हैं अर्थात् अजर अमर हैं :

'मीराँ के प्रभु हरि अबिनासी'

मीराँ के प्रभु का यह अविनाशी रूप श्रीमद्भागवत के प्रभु से मिलता हुआ है।[12]

मीराँ के इन अविनाशी और पूर्ण परमात्मा प्रभु को शिव, सनकादिक औ ब्रह्मा आदि ध्यान करते हैं।[13] मीराँ ने सदा और सर्वत्र अपने प्रभु के परमेश्वरत्व का ध्यान रखा है। श्रीकृष्ण विष्णु के अवतार हैं और जगत् में अधर्म फैलने पर वे अवतार लेकर धरा पर अवतरित होते हैं। मीराँ की यह धारणा गीता में श्रीकृष्ण द्वारा दिए गए आश्वासन पर आधारित लगती है।[14] अपने प्रभु का स्मरण करते समय मीराँ ने बार-बार उनके परमेश्वरत्व का बखान किया है। काव्य कला की दृष्टि से यह दोष लग सकता है। किन्तु अनुरक्त भक्त आत्मा का यह पावन सन्देश है।

1. सुर नर मुनि ज्यांको ध्यान धरत है
   सेस महेस पुराण बखाणै
2. सीव सनकादिक अरु ब्रह्मादिक गावत वेद पुराण

रासलीला :

मीराँ के अनेक पदों में श्रीकृष्ण की रास लीलाओं का वर्णन मिलता है। यमुना किनारे गोपी-गोपों के संग प्रभु ने जो लीलाएँ की हैं, उनमें मीराँ ने अपने आपको भी एक गोपी के रूप में प्रदर्शित किया है। यह लीला-गान स्मरणात्मक अधिक बन गया है :

1. यक नाचत एक मृदंग वजावत। यक गावत दे दे तारी रै।
   वृन्दावन की कुंज गलन में। सेस गोपी यक कान कानौ री ॥
   वृन्दावन में रास रच्यो है। नरत करै गिरधर धारी री।
2. बनराबन की कुंज में जी। सब गोप्यां को संजोग।
3. जमुना के तट हरि संग खेलै गोपी

राधा वर्णन :

राधा का उल्लेख एक 'सौत' के रूप में, मीराँ के पदों में हुआ है :

1. तीका नैण राधे जी का ज्याने मौआ कंवर नन्द जी का
2. रादे हर की लाडली, नत उठ द्रसण पाए।
3. पेम सवागण मर्गा नैणी रादे, तैं गोवीन्द बस कीनो री

सन्देश-प्रेषण :

मीराँ ने अपने पदों में अपने को कृष्ण वियोग में तड़पने वाली नायिका के रूप में प्रदर्शित किया है। विरह में व्याकुल वियोगिनी ने कोकिका, भोंरा, कुरजां आदि को अपना सन्देश ले जाने की प्रार्थना की है। इन सन्देश प्रेषणों में अपनी स्थिति का परिचय देती हुई मीराँ श्रीकृष्ण के निर्दयता आदि का भी उपालम्भ भरे शब्दों में उल्लेख करती है :

1. पंछी बूझूं पल गिणौं, ऊभी मारग जोऊँ
2. हरिजी रो मारिग हेरतां, म्है तो खड़ी उड़ाऊँ काग।
3. कुरजां एक सन्देसों ले जाई।
4. मेरी कानां सुनि जो जी करणां निधांन ॥ टेक
   रावळो बिड़द मोहि रूड़ो सो लागै परत पराए प्रांन ॥ 1
5. असौ है विसवासघाती काया मोरी छू गयौ।
6. भली तो निभाई बालपन की काना
   अपन जाए द्वारका छाए, हमने कही वन वन की रै
7. माणक मोती सब हम छाड़े।
   भोजन बसन नीको नहीं लागै। पीया कारन भई गैली।
   मुझे दूरी क्यों मेली ॥
8. माई कब देखौं मोहन मूरति लाला रिसाल को दरस।
   निसदिन मारग जोऊँ कल न परत मोकौं ॥

गुरु महिमा :

वैष्णव और दक्षिण के आलवार भक्तों की तरह मीराँ ने भी भक्ति में गुरु का महत्त्व स्वीकार किया है किन्तु मीराँ के गुरु स्वयं उसके आराध्यदेव ही हैं। मीराँ भक्ति की उस चरम सीमा के समीप है जहाँ अपने प्रभु से मिलने के लिए भक्त को किसी गुरु की आवश्यकता नहीं होती। अपने प्रभु से मीराँ की सीधी पहुँच है अतः उसने बिचौलिए (गुरु) की आवश्यकता नहीं समझी। यद्यपि वह यह स्वीकार करती है कि गुरु आध्यात्मिक जीवन को राह दिखाने वाला है, वह सत्पथ की ओर अग्रसर करने वाला है, वह परम आदरणीय है किन्तु प्रभु मिलन में, उसकी आवश्यकता नहीं है।

कुछ पदों में यद्यपि मीराँ के कुछ लौकिक गुरुओं का संकेत मिलता है[15] किन्तु उन पदों की प्रामाणिकता संदिग्ध तब हो जाती है जब एक ही प्रकार के पदों में गुरुओं के नाम भिन्न-भिन्न मिलते हैं।

कर जोड्या रामजी अरज करूँ छूं। म्हारौ जनम सुधारौ सतगुरु स्वामी जी।
प्रीति करै न राम पद रज लेस्यूं। म्हारा पाप बीलै होई जासी जी
राम जी (कृष्ण) ही मीराँ के सतगुरु स्वामी हैं।

रामकृष्ण अभेदभाव :

मीराँ ने अपने पदों में कृष्ण और राम में कोई भेद नहीं समझा है। विष्णु के इन दोनों अवतारों के प्रति समभाव रखकर (लगता है) मीराँ ने दक्षिण के आलवार भक्तों अथवा मध्ययुगीन सभी भक्तों का अनुसरण किया है। श्रीकृष्ण और राम दोनों की अभेद स्थिति का ज्ञान मीराँ के निम्न पद्यांश से होता है :

1. काऊ देख्या री घनस्यामा। स्याम हमारे रामां ॥ टेक
2. मेरा राम नैं रिझाऊँ, अेजी मैं तो गुण गोविन्द का गाऊँ।
3. मीराँ महल में ऐकली जी, भजे राम-गोपाल।
4. रघुबर मोंहि परनाई अमाँ मोरि।
   सुन्दर सुघड़ सुजान साँवरो जनम-जनम भरतार ॥
   मोर मुकुट पीताम्बर सोहे गल मोतियन की माल ॥ 1
   मीराँ के प्रभु गिरधर नागर चरण कंवल चित लाई ॥ 2
5. रघुबर माधो री मूरत लील वरन घनस्याम सीयावर माधो री सूरत
   ध्ररग कर तारत सबको दाता मन सारी पूरन काम ॥ 1
   दनक सुता वर लक्ष्मण राजीन्द कीट मुगट अभैराम ॥ 2
   मीराँ के प्रभु गिरधर नागर चरण कमल निज धाम ॥ 3
6. अजहूँ न आय स्याम तपति बुझावणां ॥ 1
   मथुरा में कंस मारौ लंकापति आप मारयौ
   सोई रूप बलि यो भेख धरयौ बावना ॥ 2
   द्रोपता की लाज काज छारिके सो ध्याऐ है नाथ
   मीराँ तो तिहारी दासी प्रभू बैगि आवणां ॥ 3

श्रीकृष्ण को सम्बोधित करते हुए भी, 'लीलावरण घनस्याम सीयावर माधोरी मूरत' आदि शब्दों का प्रयोग हुआ है, जो राम-कृष्ण अभेद के द्योतक हैं। मध्ययुगीन प्रायः सभी भक्त कवियों ने कृष्ण के परब्रह्म स्वरूप की स्थापना कर राम-कृष्णादि अवतारों में अभेद भाव दिखाया है किन्तु मीराँ की भक्ति में यह अभेद अत्यधिक

है। वह अपने प्रिय के सम्बोधन, स्मरण, आराधन में भी राम-कृष्ण में कोई भेद नहीं समझती। इस कारण कभी-कभी भ्रम होने लगता है।

नवधा भक्ति :

मीराँ के पदों में नवधा भक्ति अपने भव्य रूप में लक्षित होती है। श्रवण, कीर्तन, स्मरण, पाद-सेवन, अर्चन-वन्दन, दास्य, सख्य, आत्म निवेदन आदि नव विधि की भक्ति[16] के दर्शन मीराँ के पदों में किए जा सकते हैं :

श्रवण :

मीराँ ने अपने जीवन में 'सन्तसमागम हरि कथा' को विशेष महत्त्व दिया है। श्रीमद्भागवत का श्रवण कर मीराँ ने प्रभु का यश श्रवण किया है।[17]

कीर्तन :

अपने प्रभु के कीर्तन में चैतन्य महाप्रभु की तरह ही मीराँ भावविभोर होकर 'पद घुँघरू बाँध' नाच उठती थी। भक्ति आवेश में 'ताल पखावज' लेकर 'सन्तन ढिग बैठ-बैठ' प्रभु कीर्तन करना, मीराँ के लिए आत्मशान्ति का साधन बन गया था।

स्मरण :

'गिरधर नागर' को स्मरण करना, मीराँ के जीवन का प्रमुख ध्येय था। वह प्रतिपल अपने स्वामी को ही स्मरण करती रहती थी। उसके लिए जीवन की सार्थकता इसी में है कि प्रतिदिन, प्रतिपल, हरि स्मरण किया जाए। उसका कहना है :

1. रसना तूं राम बिना मत बोल ॥ टेर
2. रसना मेरी राम रटत है

पाद सेवन :

मीराँ के पदों में पाद सेवन की आवृत्ति उसकी नवधाभक्ति की परिचायक है। वह पुनः पुनः कहती है :

1. हर चरणां में मेरो ध्यान छै जी
2. मना तूं परस हरि के चरण

अर्चन :

अपने प्रभु के 'छापा तिलक मनोहर बाँना' की अर्चना में मीराँ लीन है।

दास्यभाव :

चाकर रहने की महती इच्छा लिए मीराँ गा उठी :

1. 'म्हाने चाकर राखो जी'
2. मीराँ तो चरणन की दासी
3. मैं रहसूं नन्द घर चेरी

सख्यभाव :

अपने प्रभु संग होली खेलने आदि के प्रसंगों से मीराँ का सख्यभाव परिलक्षित होता है :

हाथ में गेंद गुलाल फेंट में तो सुध नहीं मोय काय
भर पिचकारी मेरा मुख पर डारी अंगिया रंग लपटाई

वन्दना :

मीराँ अपने प्रभु की वन्दना में दत्तचित्त है :

1. मीराँ के प्रभु गिरधर नागर सुणज्यो मेरी
2. मीराँ के प्रभु गिरधर नागर दुख मेटण सुख देण।

आत्म निवेदन :

मीराँ ने आत्म निवेदन के द्वारा अपने स्वामी के प्रति भक्ति भावों को अभिव्यक्ति दी है :

1. हरि बिन क्यों जीऊँ माई
2. प्रभु मोसुं तनक न तोड़्यौ जाए नातौ हर नाव को
3. पीया मोही आरत तेरी

पाद-टिप्पणियाँ :

1. **भगवान के अवतारों का श्रीमद्‌भागवत महापुराण में वर्णन :**
भूतैर्यदा पञ्चभिरात्म सृष्टैः
पुरं विराजं विरच्य तस्मिन्।
स्वांशेन विष्टः पुरुषाभिधान
भवाप नारायण आदि देवः ॥ 3
यत्काय एष भुवनत्रय सन्निवेशो

यस्सेन्द्रियैस्तनुभृतामुभयेन्द्रि याणि।
ज्ञानं स्वतः श्वसनतो बलमोज ईहा
सत्त्वादिभिः स्थितिलयोद्भव आदिकर्त्ता ॥ 4
आदावभूच्छतधृती रजसास्य सर्गे
विष्णुः स्थितौ क्रतुपतिद्विज धर्म सेतुः।
रूद्रोऽप्ययाय तमसा पुरुषः स आद्य
इत्युद्भवस्थितिलयाः सततं प्रजासु ॥ 5
धर्मस्य दक्षदुहितर्यजनिष्ट मूर्त्या
नारायणो नर ऋषि प्रवरः प्रशान्तः।
नैष्कर्म्यल लक्षण मुवाय चचार कर्म
योऽद्यानिचास्त ऋषिवर्यनिषेविताङधि ॥ 6

—श्रीमद्भागवत महापुराण, द्वितीय खण्ड,
एकादश स्कन्ध, पृ. 727

2. साध संगत अरु भजन करत मोही देत क्लेस माहाई
विष रा प्याला राणा राई भेज्या
3. एवं कृष्णात्मनाष्येषु मनुष्येषु च सौहृदम्।
परिचर्या चोभपत्र महत्सु नृषु साधुषु ॥ 29
परस्परानुकथनं पावनं भगवद्यशः।
मिथो रतिर्मिथस्तुष्टिर्निवृत्तिर्मिथ आत्ममनः ॥ 30

—श्रीमद्भागवत महापुराण, पृ. 736, अ. 5

4. कलिं सभाजययार्या गुणज्ञाः सार भागिनः।
यत्र सकीर्तने नैव सर्व स्वार्थोऽभिलभ्यते ॥ 36

—श्रीमद्भागवत महापुराण, अ. 5, पृ. 734-35

5. कोट करम जंजाळ जीव के मिटै जम के जाळ।
6. मध्ययुग के भक्तों में भगवान के नाम का माहात्म्य बहुत अधिक है। मध्ययुग की समस्त धर्म साधना को 'नाम की साधना' कहा जा सकता है। चाहे सगुण मार्ग के भक्त हों चाहे निर्गुण मार्ग के, नाम जप के बारे में किसी को सन्देह नहीं। इस अपार भवसागर में एक मात्र नाम ही नौका रूप है।

—डॉ. हजारी प्रसाद द्विवेदी, मध्यकालीन धर्मसाधना, पृ. 5

7. कुलमतरूम चेल्वम् तंतिटुम
अडियार पडुऽयरायिनबेल्लाम्
निलन्तर्रचेय्युम नीळविसुम्बु अरुलुम
अरुळोट पेरिनिळमळिथ्युम
नलरुतरम मडुग तन्तिटुम
षेटा तायिगुमे आयिन चेययुम

नलन्तरूम चौल्ले नान कण्टु कोंटेन,
नारायणावेन्नुम नामम

—पेरिय तिरुमोळी, 1 : 1 : 9

8. (क) एत्ति इन्पुरुम तोंटर सेबडी एति वालूत्त मेन्नेंचमें

—पेरुमाल तिरुमोली 2 : 4 (पेरियाळवार)

(जो जिह्वा भगवत् स्तवन न करे, उससे क्या प्रयोजन है?)

(ख) 'वाय अवनैंयल्लुद वाळत्रादु' —पोयगै आलवार, ओंट्राम् तिरुवन्तादि 11

(मेरा मुँह भगवान के अतिरिक्त किसी दूसरे की स्तुति नहीं करेगा)

9. तमेव शरणं गच्छ सर्वभावेन भारत।
नत्प्रसादात्परां शान्ति स्थानं प्राप्स्यसि शाश्वतम् ॥ 62
सर्व धर्मान्परत्यज्य मामेकं शरणं ब्रज।
अहत्वा सर्व पापेभ्यो मोक्षयिष्यामि मा शुचः ॥ 66

—श्रीमद्‌भागवत गीता, अध्याय 18

10. 'मच्चित्ता मद्‌गतप्राणा बोधयतः परस्परम्।
कथयन्तश्च मां नित्य तुष्यन्ति च रमन्ति च।'

—दशम, गीता अध्याय, श्लोक 9

(जो भक्त जन निरन्तर मुझमें मन लगाकर मुझी को प्राणों का अर्पण कर सदा मेरी चर्चा करते हैं तथा आपस में बोध विनिमय करते हैं, वे नित्य सुखी रहते हैं और निरन्तर मुझमें रमते हैं।)

11. इळि कुलत्तवर्कळेलुम एम्मडियार्कळाकिल
तोलुमिन कोडुमिन कोणमिन ऐन्दु—

—तौंडरडीपोडी, तिरूमालै, 42

(दोष रहित जीवन बिताकर भगवान में सर्वदा लीन रहने वाले (भले ही नीच कुल के क्यों न हों। अगर शुद्ध भगवद् भक्त हैं तो उनकी पूजा करो, उनकी सेवा करो। उनकी संगति करो, क्योंकि वे भगवान के स्तुत्य हैं।)

12. सत्यस्य ते स्वद्दश आत्मने आत्मनोऽन्यं
वक्तारमीश विबुधष्वपि नानुचक्षे। पृ. 748 (अ. 7)

13. श्रीमद्‌भागवत में भी श्रीकृष्ण माहात्म्य पर विचार करते हुए कहा गया है :

तीर्थास्पदं शिवविरिञ्चिनुत शरणम्

14. यदा यदा हि धर्मस्य ग्लानिर्भवति भारत

15. 'गुरु मील्या रैदास दीन्ही ज्ञान की गुटकी'
'गुरु मिल्या रोहीदास'
'गुरु मिल्या हरीदास'

16. श्रवण कीर्तनं विष्णोः स्मरणं पादसेवनम्।
अर्चनं बन्दनं दास्य सख्यमात्मनिवेदनम् ॥ —श्रीमद्‌भागवत 7।5।33

17. श्रवण सुणत श्रीमद्‌भागवत रसना रटत हरी ॥

मीराँ की भक्ति का स्वरूप

'कोई अपने इष्टदेव को राक्षसों का नाश करने वाले के रूप में ग्रहण करता है, कोई उसकी मनोरम लीलाओं पर न्यौछावर होता है, किन्तु मीराँ में दाम्पत्य-रति-भाव की भक्ति भासित हो पड़ी है। कृष्ण उसके पति हैं और मीराँ स्वकीया पतिव्रता। उन्होंने सूर आदि की भाँति गोपियों का प्रतिनिधित्व नहीं किया। वरन् वे स्वयं ही दाम्पत्य भाव से प्रेरित थीं। ...कृष्ण के प्रति किसी पूर्व प्रेम की विद्यमानता के कारण ही उन्हें कृष्ण का सौन्दर्य इतना उत्कृष्ट लगा है। 'गिरिधर म्हारो सांचो पति है', यह मीराँ ने बताया और तभी कहा—देख रूप लुभाऊँ...मीराँ के कृष्ण मीराँ से बँधे हैं, उनके प्रेम से बँधे हैं।'[1] —डॉ. सत्येन्द्र

मीरांबाई ने अपने प्रभु को पति के रूप में भजा है। 'प्रभु गिरधर नागर' ही मीराँ के सच्चे पति हैं। मीराँ ने अपने प्रभु को सदा इसी रूप में स्मरण, आराधन किया है। अतः मीराँ की भक्ति माधुर्य भाव की भक्ति कहलाती है।[2] प्रायः सभी विद्वानों ने मीराँ की भक्ति के इसी स्वरूप को स्वीकार किया है।[3]

'गिरधर नागर' मीराँ के जन्म-जन्म के पति हैं। इस आध्यात्मिक पति से पूर्व मिलन के सपने मीराँ ने अपने हृदय पटल पर सँजो रखे हैं। साथ ही इस प्रिय की स्मृति से मीराँ की आँखों का पानी कभी सूखने नहीं पाया है। अतः संयोग और वियोग की अभिव्यक्ति से मीराँ का भक्ति काव्य सजा है, सँवरा है। संयोग[4] और वियोग[5] की विभिन्न स्थितियों का दिग्दर्शन मीराँ के काव्य में होता है।

पति-पत्नी सम्बन्ध के कारण यह माधुर्य भक्ति शृंगार रस के बहुत समीप पहुँची दृष्टिगत होती है क्योंकि मधुर रस के भाव, विभाव, अनुभाव और संचारीभाव प्रायः उसी प्रकार के होते हैं, जैसे कि शृंगार के। अतः पूर्ण ज्ञान के अभाव में कुछ लोग इस आध्यात्मिक सम्बन्ध में लौकिकता खोजने लगते हैं तथा कभी-कभी भ्रमपूर्ण निर्णयात्मक घोषणाएँ भी कर देते हैं। किन्तु वस्तुतः मधुर रस और शृंगार रस में पर्याप्त अन्तर होता है।[6] जिस प्रकार 'काम गन्धहीन हइले गोपी भाव पाय'[7] होता है, ठीक उसी प्रकार काम 'गन्ध हीन' होकर ही मीराँ ने माधुर्य भाव के भक्ति रस को प्राप्त किया है जो नितान्त एक रस, स्वार्थ रहित तथा चिरकालीन होकर भी चिर नवीन है।

यद्यपि मीराँ की भक्ति के अनेक प्रकार बताए गए हैं किन्तु मीराँ की भक्ति, सेवा, आराधना, अनुराग, श्रद्धा आदि अर्थों में समझी जा सकती है। निष्कर्ष यह है कि मीराँ की भक्ति प्रेम भाव की थी, उनके प्रेम का आलम्बन रसिक शिरोमणि, गिरधर नागर, श्रीकृष्ण थे। इसी रूप में नाभादास ने मीराँ की भक्ति का उल्लेख किया है।[8] राघौदास ने मीराँ की भक्ति का जो स्वरूप निर्धारित किया है उसमें मीराँ ने गिरधर का भजन पति भाव से किया है।[9]

मीराँ की भक्ति का अन्तःसाक्ष्य इस बात का संकेत करता है कि उसकी भक्ति में सरस भाव के अतिरिक्त वैराग्यमूलक दास्य भाव का भी सीधा स्वर और है। एक ओर संयोग पक्ष का अलौकिक सुख मीराँ के पदों में अपना गहरा प्रभाव लिए हुए है तो दूसरी ओर वियोग में अभाव की निरन्तर किन्तु मधुर पीड़ा का स्वर भी गौण नहीं है।

'नारद भक्ति सूत्र' में भक्ति के दो स्वरूप बताए गए हैं प्रथम प्रेम रूपा भक्ति और द्वितीय है गौण भक्ति। इन दोनों में से प्रेम रूपा भक्ति को श्रेष्ठ बताया गया है। मीराँ की भक्ति इसी प्रेम रूपा भक्ति के अधिक समीप समझी गई है। इसी प्रकार भक्ति के दो भेद और किए गए हैं—पर और अपरा। इन्हें सधना भेद कहा गया है। इन दोनों में भी पराभक्ति श्रेष्ठ समझी गई है क्योंकि साध्य स्वरूप यह भक्ति साध्य लक्ष्य के अतिरिक्त किसी भी साधन की आवश्यकता को स्वीकार नहीं करती। मीराँ भी अपने साध्य श्रीकृष्ण के अतिरिक्त किसी अन्य साधना की अभिलाषा नहीं रखती। अतः मीराँ की भक्ति को पराभक्ति के समान समझा जा सकता है। मीराँ की प्रेमाभक्ति कहना असंगत न होगा।

माधुर्य भक्ति :

परिचय : मीराँ की माधुर्य भाव की भक्ति को समझने के लिए मधुर भक्ति भाव और उसके विकास का ज्ञान आवश्यक सा हो जाता है। मधुर भक्ति के मूल में स्त्री पुरुष के प्रेम सम्बन्ध की धारणा विद्यमान है। अपने इष्टदेव के प्रति जो राग (स्वारसिकी आविष्टता) ब्रजगोपिकाओं के हृदय में था, उसी का अनुगमन करके मन में जो भाव चिन्तन किया जाता है, वही परिपक्व होकर मधुरा भक्ति में परिणत हो जाता है। समस्त साधना इसी उज्ज्वल भाव तक पहुँचने के लिए होती है।[10] जीवगोस्वामी ने माधुर्य को ह्लादिनी शक्ति का ही एक पक्ष बताया है।[11]

माधुर्य भक्ति का प्रारम्भ : यह माधुर्य भक्ति साधना अपने प्रारम्भिक और एतद् रूप में अत्यन्त प्राचीन है। इस सम्बन्ध में अनेक विद्वानों ने निम्न मन्त्र अनेक बार उद्धृत किया है :

तद्यथाप्रियया स्त्रिया सम्परिष्वक्तो
न बाह्यम् किञ्चन् वैदानान्तरम्।

एवमैवायम् पुरुषः प्राज्ञैनात्मना सम्परिष्वक्तो,
न बाह्यमूकिञ्चन् वैदान्तरम्।

—वृहदारण्यक उपनिषद्

शैव सन्त माणिक्य वाशगर का तिस्कौव्य ब्रह्म जीव के, गूढ़ सम्बन्ध को व्यक्त करने के लिए लोकप्रिय रोमांस के प्रतीकात्मक प्रयोग को, माधुर्य भक्ति का प्रथम प्रयास माना जा सकता है। ऐसी भी धारणा है। बोदवील ने एक लोक कथा के बहाने इस सम्बन्ध की अभिव्यंजना का सम्बन्ध सूफी प्रभाव से जोड़ा है। पुराणों में लोकाख्यानों और तत्त्ववाद, दोनों को समन्वित करके प्रेम प्रतीकवाद के यथेष्ट उदाहरण, मुस्लिम पूर्व युग के मिल जाते हैं। जैनियों ने भी प्रेम कथाओं के माध्यम से वैराग्य के उपदेश दिए हैं। कालान्तर में शैव भक्तों के प्रेम प्रतीकवाद को वास्तविकता के स्तर पर आलवार भक्त ले आए। जो प्रतीक था वह भाव जगत् की सच्चाई बन गई। नाम्भालवार तथा आण्डाल ने अपने को गोपी तथा श्रीरंगम् की पत्नी मानकर परमात्मा से प्रेम किया। नारद भक्ति सूत्र में इसे ही 'यथा ब्रज गोपिकाना' कहा गया है। महाभारत के एक अवतरण पर 'रांस्था' का आशय 'पति के प्रति पत्नी की भक्ति' से है। इस संस्था शब्द का प्रयोग शाण्डिल सूत्रों के स्वप्नेश्वर भाष्य में तीसरे सूत्र में आया है। उत्तर भारत की वैष्णव मधुर भाव की साधना में इस भाव के उत्तराधिकारी अधिकांशतः निर्गुण साधक और मीराँबाई हैं। अन्य साधकों ने अपनी कल्पना सखी या सखियों के रूप में की है, न कि प्रेमिका या पत्नी के रूप में।[12]

कुछ विद्वानों का विचार है कि बहुपत्नीवाद और सूफी तत्त्व-दर्शन ने भी माधुर्य भक्ति भाव के विकास में योग दिया है।[13]

मधुर भाव के मूल तत्त्व : मधुर भाव के मूल रूप में दो तत्त्व हैं लीलावाद और कान्ताभाव। लीलावाद का विकास शक्तिवाद के माध्यम से विभिन्न साधनाओं के बीच हुआ है और कान्ताभाव का प्रारम्भ प्रेम प्रतीकवाद के रूप में होता है, जो धीरे-धीरे यथार्थवाद का बाना धारण कर लेता है। सम्भवतः इन दोनों का प्रथम कलात्मक समन्वय श्रीमद्‌भागवत में होता है। और चरम परिणति सोलहवीं-सत्रहवीं शती के वैष्णव काल में होती है। मीराँ की भक्ति में एक ओर इन दोनों तत्त्वों का स्पष्ट योग है तो दूसरी ओर श्रीमद्‌भागवत का पूर्ण प्रभाव।

भक्ति के क्षेत्र में कान्ताभाव के भी दो आदर्श प्रचलित हैं। एक परम्परा भागवत पुराण की है जिसमें गोपियों को श्रेष्ठ भक्त मान लिया गया है। नारद एवं शांडिल्य के भक्तिसूत्र इसी परम्परा को दृढ़ करते हैं। दूसरी परम्परा लौकिक काव्य की थी जो राधा को कृष्ण की प्रेमिका के रूप में उपस्थित कर रही थी। इस तरह एक ओर गोपियाँ प्रेम की आदर्श थीं, जिन्होंने अपना सब कुछ कृष्ण

को अर्पित कर दिया था और दूसरी ओर राधा थी, जो प्रेम की सर्वश्रेष्ठ प्रतीक थी।

माधुर्य भाव प्रधान भक्ति में परम्परा प्राप्त मान्यताओं में पूरा परिवर्तन किया गया। लोक में शृंगार भाव को, जो दाम्पत्य भाव से पूर्णतया संश्लिष्ट निम्नकोटि का माना जाता है। उसके ऊपर वात्सल्य भाव है, वात्सल्य से ऊपर सख्य भाव का स्थान है, सख्य के ऊपर दास्य भाव है और दास्य के ऊपर का निर्वेद परिपोषक शान्त भाव है। किन्तु माधुर्य भाव में इस क्रम का पूर्णतया विपर्यय दृष्टिगत होता है शान्त, दास्य, सख्य, वात्सल्य और दाम्पत्य। यह क्रम उत्कर्ष विधान की दृष्टि से ग्राह्य है। ...चैतन्य भाव में परकीया भाव से कान्ता की स्वीकृति हुई। निम्बार्क सम्प्रदाय और वल्लभ सम्प्रदाय में स्वकीया भाव गृहीत हुआ। राधावल्लभ सम्प्रदाय ने स्वकीया-परकीया भेद विवर्जित राधा का स्वरूप माना किन्तु लौकिक दृष्टि से स्वकीया भाव ही इस सम्प्रदाय में दृष्टिगत होता है।[14]

प्रेम लक्षणा भक्ति या माधुर्य भाव प्रधान भक्ति की एक विशेषता यह है कि इसमें विधि-निषेध के बाह्य प्रपंचों से मुक्ति मिल जाती है।

...राधा कृष्ण का दाम्पत्य भाव अपने लौकिक जीवन के दाम्पत्य भाव में देखा जा सकता है और शनैः-शनैः काम वासनाओं का उन्नयन करते हुए भगवत् प्राप्ति के मार्ग पर बढ़ा जा सकता है।[15]

पाद टिप्पणियाँ :

1. ब्रज साहित्य का इतिहास, पृ. 247-248
2. 'मधुर रस, भक्ति की अन्य धाराओं जैसे शान्त, दास, सख्य एवं वात्सल्य से भिन्न है। 'शान्त' के अनुसार, भक्त भगवान के सगुण रूप का अनुभव कर उनका स्वरूप चिन्तन किया करता है। दास्य के अनुसार उनके ऐश्वर्य चिन्तन में मग्न रहकर उनका गौरव गान करता रहता है। इसी प्रकार 'सख्य' के अनुसार वह भगवान को किशोरावस्था का सखा मान, उनसे न्यूनाधिक अनियन्त्रित प्रेम करने लगता है और वात्सल्य के अनुसार उनके बालरूप पर ही अधिक मुग्ध होकर उनकी बाललीला का रसास्वादन किया करता है किन्तु मधुर रस के अनुसार भक्त उनको अपने पति के सर्वस्व रूप में देखता है। इसी कारण उनके साथ उसका सम्बन्ध अत्यन्त घनिष्ठता का हो जाता है।'

   —परशुराम चतुर्वेदी, मीराँबाई की पदावली, पृ. 41-42
3. 'वे स्वयं स्त्री हैं और अपने इष्टदेव श्री गिरधरलाल को पतिरूप में स्वीकार भी कर चुकी हैं।'

   —परशुराम चतुर्वेदी, मीराँबाई की पदावली, पृ. 37

4. (क) म्हारे मिन्दरीए पधारौ परमगुरु जौऊ थांरी बाट ॥
   (ख) थे म्हारी सुध ज्यूं जाणौ ज्यूं लीजो राज।
   (ग) आय मिल्यौ अनुरांगी...आदि
5. (क) होरी पीया बिनि मोहि न भावै। ग्रिह अंगणैं न सुहावै।
   (ख) करण सुणि स्यांम मैरी
   (ग) पीया बिनि सूनौ छै जी म्हारो देस—आदि
6. (क) शृंगार रस का विषय, सांसारिक होने से, जड़ मूर्तिरूप है किन्तु मधुररस का विषय अलौकिक एवं स्वयं भगवान स्वरूप है, अतएव शृंगाररस के स्थायी भाव रति का सम्बन्ध यदि स्थूल या लिंग शरीर से है तो मधुररस का एक प्रकार से स्वयं आत्मा का ही धर्म है।

   —डॉ. हजारी प्रसाद द्विवेदी, मधुर रस की साधना, मध्यकालीन धर्म साधना, पृ. 251

   (ख) मधुर रस का अनुभव शृंगाररस के समान होने पर भी वस्तुतः इन्द्रियातीत है। शृंगाररस मधुररस में परिणित हो सकता है, यदि भक्ति की स्थिति उस प्रकार की हो जाए जैसे ब्रज की गोपियों की थी।

   —परशुराम चतुर्वेदी, मीराँबाई की पदावली, पृ. 42

7. विवर्त विलास, पृ. 89
8. लोक वेद कुल जगत सुष मुचि मीराँ श्री हरि भजै।
   गोपिन कीसी प्रीति रीति कलिकालि दिषाई ॥
9. 'श्री हरि रसिकराय थे, गिरधर थे, जिनके प्रति मीराँ का भाव पत्नी भाव और प्रेम गोपियों का सा था।'

   —राघौदास की भक्तमाल, मीराँ प्रसंग, मूल छप्पय

10. मधुर भक्ति भाव का विकास, पृष्ठभूमि स्थिति, विविध तत्त्व

    —देवीशंकर अवस्थी, हिन्दुस्तानी, भाग-24, अंक 3-4, जुलाई-दिसम्बर, 1963, पृ. 14

11. जीव गोस्वामी, श्रीकृष्ण सन्दर्भ, पृ. 370
12. मधुर भक्ति भाव का विकास, पृष्ठभूमि स्थिति, विविध तत्त्व

    —देवीशंकर अवस्थी, हिन्दुस्तानी, भाग-24, अंक 3-4, जुलाई-दिसम्बर, 1963, पृ. 20

13. उपर्युक्त, पृ. 15 और 20
14. हिन्दी भक्ति रसामृत सिन्धु, सम्पा. डॉ. विजयेन्द्र स्नातक, पृ. 9
15. वही, पृ. 9

मीराँ के जीवनक्रम में—मीराँ की भक्ति

मीराँबाई का जन्म उनके पिता की जागीर के प्रमुख गाँव बाजौली में वि.सं. 1555 में होने के पश्चात् आपका बाल्यकाल कुड़की और मेड़ता में व्यतीत हुआ। आपके बचपन में ही आपकी माता का देहान्त हो जाने पर आपके दादा राव दूदा जोधावत ने आपको मेड़ता से कुड़की बुला लिया। तत्पश्चात् विवाह पर्यन्त मीराँ मेड़ता ही रही।

इतिहास इस बात को स्वीकार करता है कि मेड़ता के शासक और उनका परिवार धार्मिक प्रवृत्ति के थे। वे वैष्णव भक्त थे और श्रीकृष्ण के चारभुजा स्वरूप के उपासक थे। इसी भक्ति प्रेम के प्रतीक रूप में राव दूदा जी जोधावत ने मेड़ता में अपनी राजधानी स्थापित करने के पश्चात् श्री चारभुजा का एक मन्दिर बनवाया था, जो आज भी विद्यमान है। कालान्तर में यही 'चारभुजानाथ' राठौड़ों की इस मेड़तिया शाखा के कुलदेव बन गए। आज भी वे नमस्कार के रूप में 'जय चारभुजा' की करते हैं। राव दूदा स्वयं एक आदर्श वैष्णव भक्त थे। यह बात प्रसिद्ध है कि वे श्री चारभुजा को दुग्ध से प्रतिदिन स्नान कराया करते थे। राव दूदा जी जोधावत के पुत्र राव वीरमदे की वैष्णव भक्ति भी लोक प्रसिद्ध रही है।

राव वीरमदे दूदावत के पाटवी पुत्र और इतिहास प्रसिद्ध वीरवर जैमल (वीरमदेवोत) की भक्ति की प्रशंसा तो लोक प्रसिद्धि के साथ-साथ तत्कालीन नाभादास जी की भक्तमाल में भी उल्लेखित है। मेड़ता नरेश जैमल जी श्री चारभुजा के अनन्य भक्त थे। यह लोक प्रसिद्धि आज भी प्रचलित है कि राव जैमल के अनेक युद्धों में स्वयं 'चारभुजानाथ' उनका रूप बनाकर जाया करते थे और युद्ध विजय कर लौट आते थे। उधर जैमल जी अपने आराध्यदेव की पूजा में बैठे रहा करते थे। जब बहुत समय उपरान्त पूजा से उठकर, जैमल जी युद्ध में जाने को तैयार होते, तब उन्हें यह सुनकर आश्चर्य होता कि अभी-अभी तो आप सेना संचालित कर शत्रु को भगा आए हैं, अब पुनः किस युद्ध में जाने की तैयारी है? तब जैमल श्री चारभुजा का स्मरण कर मौन हो जाते।

मेड़ता के भक्त लोग बड़े आनन्द और भाव विभोर होकर यह भी सुनाते हैं कि एक बार इसी तरह 'श्री चारभुजानाथ' राव जैमल का रूप धारण कर शत्रुओं

से लोहा लेने जा रहे थे कि उनके कान का कुण्डल रास्ते में गिर गया। उसे युद्ध से लौटने पर ढूँढ़ा भी गया किन्तु मिला नहीं। इस स्थान का आकार प्रभु के कुण्डल के आकार का हो गया और उस स्थान का नामकरण भी 'कुण्डळ' हो गया। यह स्थान मेड़ता शहर के दक्षिण में आज भी स्थित है।

इन्हीं अलौकिक और चमत्कारिक बातों के कारण लोक साहित्य में कुछ ऐसे भी विवरणात्मक दोहों का लोक प्रचलन भी हमें देखने को मिलता है।

'जैमल जप्यौ जपमालौ, भाग गयो राव मंडोवर वालो'

उपर्युक्त दोहा मंडोवर (जोधपुर) के राव मालदे गांगावत को मेड़ता के राव जैमल (वीरमदेवोत) द्वारा पराजित करने वाले ऐतिहासिक तथ्य को, जैमल की श्री चारभुजा के प्रति अनन्य भक्ति तथा श्री चारभुजा की जैमल जी पर अटूट कृपा के साथ जोड़ कर प्रस्तुत किया गया है। अतः कहा जा सकता है कि लोक मान्यता, लोक प्रसिद्धि अथवा किंवदन्तियों आदि के पीछे कुछ न कुछ ऐतिहासिक सत्य है।

इसी लोक और इतिहास प्रसिद्ध भक्त राज परिवार में मीराँबाई का लालन-पालन और पोषण हुआ। राव जैमल भी, मीराँ के बड़े पिता राव वीरमदे दूदावत के ज्येष्ठ पुत्र थे। अतः मीराँबाई के बड़े पिता के पुत्र अर्थात् भाई ही हुए। वीरवर जैमल जी (वीरमदेवोत) का जन्म वि.सं. 1564 में हुआ था और मीराँ का जन्म वि.सं. 1555 में। अतः राव जैमल मीराँबाई से 11 वर्ष छोटे थे। जैमल जी अपनी बड़ी बहन (मीराँ) का सदा आदर किया करते थे। साथ ही अत्यन्त स्नेह भी रखते थे। राव जैमल ने अपनी बहन के प्रति इस आदर, निष्ठा और स्नेह को अन्त तक निभाया। यह सौभाग्य ही था कि मीराँ के अन्तिम समय (वि.सं. 1604) से कुछ वर्ष पूर्व अर्थात् वि.सं. 1602 तक मेड़ता के राज सिंहासन पर राव जैमल विराजमान हो चुके थे। आपने मेड़ता के शासक बनते ही द्वारिका (मीराँ को लिवाने हेतु) अपने राजदरबारी और पुरोहित भेजे थे। उधर चित्तौड़ में इस समय तक राणा साँगा के पुत्र उदयसिंह, महाराणा बन चुके थे। उन्होंने भी मीराँ को लिवाने हेतु आदमी द्वारिका भेजे थे।

इस भक्तिपूर्ण परिवार की स्त्रियाँ भी धार्मिक थीं। वैसे मीराँ का युग भी धार्मिक युग अर्थात् भक्तिकाल के रूप में प्रसिद्ध है। इस समय अधिकांश जन धार्मिक प्रवृत्ति के थे। नितनेम, भजन-पूजन, सत्संग-कीर्तन आदि उस युग में अत्यधिक प्रचलित हुआ करते थे। हिन्दू स्त्री और पुरुष दोनों वर्ग इस ओर अधिक सक्रिय थे। हिन्दू स्त्रियों में 'तुलसी पूजा', 'हरजस' और व्रतादि अत्यन्त प्रचलित थे।

मेड़ता में तो चूँकि श्री चारभुजा का प्रसिद्ध मन्दिर था। अतः भक्तिपूर्ण वातावरण की छटा कुछ निराली ही रहती थी। साथ ही श्रीकृष्ण की लीलाभूमि मथुरा,

वृन्दावन आदि स्थानों से निरन्तर आने वाले भक्त, सन्त और भजन मण्डलियाँ, मेड़ता के इस धार्मिक वातावरण की श्रीवृद्धि किया करती थीं। भक्तमाल की 'दो सौ बावन' और 'दो सौ चौरासी वैष्णवन की वार्ताओं' से इनके संकेत मिलते हैं।

इस धार्मिक वातावरण में पली राजकन्या मीराँबाई भी धीरे-धीरे भक्ति के रंग में रँग गई। परिवार के सदस्यों के भक्ति भाव ने मीराँ पर पूरा प्रभाव डाला। यही कारण है कि वह 'साळगराम' से प्रारम्भ में आदर, फिर स्नेह और तत्पश्चात 'लव' लगा बैठी। अबोध अवस्था का यह स्नेह निरन्तर बढ़ता गया। जब मीराँ सात वर्ष की थी तभी से उसने अपने प्रभु का 'सेवन' प्रारम्भ कर दिया था :

'सात बरस की मैं श्री रंग सेविया,
जद पायो सुख सुहाग।'

यही 'बाल सेवन' कालान्तर में मीराँ की माधुर्य भक्ति के रूप में प्रकट हुआ। बचपन में क्रीड़ा करते समय जो छोटा पत्थर (कांकरा) मिला वही कालान्तर में 'सालगराम' बन गए। जिनकी सेवा मीराँ जीवन पर्यन्त करती रही।

'रमतां लाध्या कांकरा सेवा सालगराम'

ज्यों-ज्यों समय व्यतीत होता गया यह भक्ति भाव दृढ़ से दृढ़तर होता गया, यह प्रीति बढ़ती गई और अन्त में वह समय भी आया जब वह अपने प्रभु (गिरधर) मय हो गई। मीराँ की इस भक्ति में साधु-सन्तों का बड़ा महत्त्व रहा है। मीराँ ने इस महत्त्व को सहर्ष स्वीकार भी किया है। सन्त समागम, हरिकथा और हरजसों ने मीराँ की बाल भक्ति को, प्रोत्साहन और सहारा दिया है। सन्त समागम से ही उसने अपनी शिक्षा का प्रसार किया है। सन्तों से सुनी हुई हरि कथा और श्रीमद्भागवत को मीराँ ने हृदयंगम कर लिया और फिर स्वयं उसे बार-बार स्मरण करती रही। यह क्रम तब तक चलता रहता जब तक उसे (भक्ति प्रसंग) पूर्णतया कण्ठस्थ नहीं हो जाता। मीराँ की भक्ति उसके सन्तसंग के सहयोग से पुष्पित-पल्लवित हुई है :

सत्संग मै परी हो धिन धिन आज नी घरी। टेक
श्रवण श्रुणत श्रीमद्भागवत रसना रटत हरि...

निरन्तर के सत्संग और अपने प्रभु स्मरण से मीराँ को लगने लगा जैसे—मोहन की साँवरी सूरत, अन्तःचक्षुओं के माध्यम से उसके हृदय में समा गई है। जब उसे यह निश्चित बोध हो गया तब वह गुनगुना उठी :

'साँवरी सूरत मोहनी मूरत उर विच आन परी'

शनैः-शनैः इस 'साँवरी सूरत' और 'मोहनी मूरत' ने मीराँ के हृदय पर स्थायी प्रभाव डाल दिया। मीराँ का हृदय ही अब उसका स्थायी निवास बन गया। अब मीराँ ने अनुभव किया कि यह वही 'सजन-स्नेही' है जिसकी बहुत दिनों से वह प्रतीक्षा कर रही थी।

सहेलियाँ सजन घर आया हो
बोहौत दिना की जोवती बाट।

ज्यों-ज्यों मीराँ की भक्ति बढ़ती गई, उसे अनुभव होने लगा जैसे यह तो जन्मजन्मान्तर का सम्बन्ध है। न जाने किस कारण इसमें यह गतिरोध उत्पन्न हो गया :

बीच माँहे पड़ग्यो झौल।

उसे पुनः यह अनुभव होने लगा जैसे वह पूर्व जन्म की गोपिका है और यह 'गिरधर' ही उसके गोपाल हैं, कान्हा हैं, नन्द के लाला हैं। इस सुप्तभाव के जाग्रत होते ही वह कह उठी :

1. सुन्दर सुघड़ सुजान साँवरौ जनम जनम भरतार
2. पूरब जन्म री प्रीत साँवरिया

धीरे-धीरे वृन्दावन की 'कुंजगलन' की टेर भी उसे ध्वनित होने लगी और इस तरह (हरिधन से) अब तक 'निरधन' मीराँ 'धनवन्ती' होकर, प्रिय के लीलासागर में डूबने-उतराने लगी। अंततः सर्वस्व अर्पित कर वह उसी 'गिरधर नागर' की शरण में आ पड़ी। निम्न पद्यांश में यह भावाभिव्यक्ति कितनी सुन्दर बन पड़ी है :

वृन्दावन की कुंज गलन में मुरली की टेर करी।
भली भई घर सांम पधारे आज सुनाथ घरी।
निरधन ते में भई धनवन्ती ब्रह्मां ताप हरी।
मन डूब्बौ लीलासागर माँही एही घाट घरी।
मीराँ कहै प्रभु गिरधर नागर सरने आए परी।

'बालसखा री सेवा' यौवन आते ही प्रीति बन गई और मीराँ के बचपन के 'सालगराम' युवावस्था में 'गिरधर नागर' बन गए। दिन-प्रतिदिन मीराँ इसी 'साँवरिया प्रियतम' के रंग में रँगती गई। ज्यों-ज्यों अबोधता बोध में परिवर्तित होती गई मीराँ के प्रियतम भी संकीर्णताओं की सीमा लाँघते गए। 'गिरधर' के प्रीति रंग में पगी मीराँ के समक्ष जब विवाह का प्रश्न आया तब वह गा उठी :

झूंठो वर कुण परणै है सा, परणूं तो मेरौ भरम न जाए
कूड़ौ वर कुण परणै हे माँ।

इस विवाह प्रसंग पर मीराँ ने स्पष्ट कर दिया कि उसने अपना वर निश्चित कर लिया है :

लख चौरासी रौ चुड़लौ में पैरयौ बारम्बार।
ओ तो वर देही रौ संगाती मो वर सिरजनहार।
झूंठौ वर कुंण परणै हो माँ परणूं तो मेरौ भरम न जाए।
वर पायौ है माँ।

मीराँ ने अपने वर को घोषित करने से पूर्व यह कहना भी उचित समझा कि :

'जामण मरण वरयावर केता विष राता नर नार'

अतः इन्हीं कारणों से :

'मेरौ मन लागौ बालमुकन्द सूं वर पायौ किरतार।'

यह अलौकिक वर मीराँ के युग में अनोखा था। उस पर किसी लौकिक व्यक्ति को विश्वास भी नहीं होता था। अतः मीराँ को पुनः कहना पड़ा कि आप यह न समझें कि यह वर कैसा है? यह वर आज का नहीं है—बल्कि अनेक युगों और अनेक जन्मों का है :

1. मीराँ ने गिरधर मिल्या भव भव रा भरतार
2. ...साँवरौ जनम जनम भरतार

साथ ही गिरधर से लगी यह प्रीति भी पूर्व जनम की है...'पूरब जन्म री प्रीत साँवरीया सोई बात बणैला' और इस जन्म में यह 'बाल सनेही गोविन्दौ जाको थे नहीं जाणौं कहूं भेव।'

किन्तु लौकिक मर्यादा को भावों और भक्ति से नहीं बहलाया जा सकता था। अतः मीराँबाई के लिए उसके दादा राव दूदा जोधावत की अन्तिम इच्छा के अनुसार, मीराँ के योग्य ही जगत् का सर्वश्रेष्ठ 'वर' ढूँढ़ा गया। 'हिन्दवाणौं सूरज' कहलाने वाले, मेवाड़ के तत्कालीन महाराणा साँगा रायमलोत के पुत्र भोजराज से बढ़कर, मीराँ के लिए (उस युग में) और कौनसा उपयुक्त वर हो सकता था? इसलिए मेड़ता की इस अत्यन्त सौन्दर्यशालिनी, प्रसिद्ध विदुषी और भक्तमहती राजकन्या का विवाह मेवाड़ के सिसोदिया राजपरिवार में कर दिया गया :

1. 'सीसौद्या सरीषो वर पायो'

2. सीसौद्या घर आवीया ॥ सगला मेलां में थारो सीर

वैष्णव भक्त मीराँ विवाह के पश्चात् चित्तौड़ आई। चित्तौड़ के सिसोदिया राणा शिव के उपासक माने जाते हैं। उनके उपास्यदेव एकलिंग जी हैं। राणा परिवार में शैवोपासना का प्रचलन रहा है। साथ ही 'गौरज' पूजन के भी संकेत मिलते हैं। इस कारण इस वातावरण में मीराँ की भक्ति में गतिरोध उत्पन्न हुए। सर्वप्रथम उनसे 'गणगौर' पूजन के लिए कहा गया :

भाभी जी गौरज पूजो राज। संतां रौ संग निवारौ राज ॥
सईयां पूजै गवरजा। थे पण पूजौ गोर ॥

किन्तु मीराँ ने स्पष्ट कह दिया कि :

नहीं पूजूं गिणगौर जै।
नहीं पूजूं आन देव ॥
बाल रानेही गोविन्दो।
जाको थे नहीं जांणौ कहूँ भव राय ॥

इस तरह हमें ज्ञात होता है कि मीराँ अपने उपास्यदेव के प्रति कितनी गहन आस्था रखती थी। वह सर्वस्व दाँव पर लगा सकती है किन्तु 'गिरधर' को विस्मृत कर देना, सन्तसमागम छोड़ देना, भक्ति को भूल जाना, उसके लिए असंभव है।

इस लौकिक विवाह के पश्चात् भी मीराँ की भक्ति में कोई कमी नहीं आई। मीराँ मेवाड़ में भी भक्ति भाव में सदा लीन रही—किन्तु मेवाड़ का मर्यादापोषक राणा परिवार मीराँ की आदर्श भक्ति को समझ न सका, इस कारण मीराँ के अपने प्रियतम (आराध्य) की भक्ति में, भक्तिभाव से लीन होकर उन्मुक्त गान और सत्संग, नृत्य को मेवाड़ की आन-मान और प्रतिष्ठा के विपरीत समझा गया। सर्वप्रथम मीराँ को ऐसा न करने को कहा गया, उसे समझाया गया :

थे मोटा कुल मा जनमीया। ऊँची थांरी जात ॥
राणा जी सरीषो वर पायौ। थारे तीन कूंट कौ राज ॥
काँई थारै लागै छै गोपाल ॥
ऊनां भोजन जीमलौ। पेरौ दीखणी चीर
सीसोद्या गर आवीया। सगळा मैहलां में थांरौ सीर ॥
काँई थारै लागै छै गोपाल ॥
ठनडा टूकड़ा थे पीवौ काँई। पीवो खाटी छाछ ॥
भु सुवो भुषा मरौ। कठे मिले गोपाल ॥

काँई थारै लागै छै गोपाल ॥

किन्तु इस समझाने का, भक्ति रंग में रँगी मीराँ पर कोई असर नहीं हुआ। उपर्युक्त सभी दलीलों का प्रत्युत्तर देते हुए मीराँ ने कहा :

प्यारो मांने लागे छै गोपाल।
जैसा पाणी ओस का जैसो यो संसार
आवे झकोळो पवन को जात न लागै बार।
प्यारो लागे छै गोपाल।
राणां सरीखा वर तज्या। सगळा संसार में मारो सीर
प्यारो मांने लागे छै गोपाल।
मीठा लागे टुकड़ा काँई अमृत लागे छाछ
भु सूवां भूया मरां। मांने काल मीले कीरतार
प्यारो मांने लागे छै गोपाल।

इस पर मेवाड़ी राणा ने मीराँ के पास विष भेजा और उसे हमेशा के लिए समाप्त करने की असफल चेष्टा की।

विष रा प्याला रांणां जी मेल्या। दो मीराँ के हात

मीराँ इसे—

'चरणांमत कर पी गई। राखण वालो राम'

इस पर राणा ने सर्प का पिटारा भेजा :

'साँप टपारो रांणो जी मेल्या। दो मीराँ के हात'

सर्प पिटारे से राणा ने यह समझ लिया था कि अब मीराँ नहीं बचेगी। अतः उन्होंने अपने आदमियों को आगे के निर्देश भी दे दिए :

'मुई मीराँ ने घीसव ज्यो। काला बैल जुताय'

किन्तु हुआ राणा की इच्छा के विपरीत—

'हँस हँस मीराँ कण्ठ लगायौ। यो तो मारे नवसर हार
मीराँ उतरे मेल सु रे।'

इस प्रकार मीराँ बार-बार मृत्यु से बचती गई और अन्त में उसने चित्तौड़ छोड़ दिया। इन कष्टों ने मीराँ की भक्ति को तपा-तपाकर स्वर्ण बना दिया। मीराँ

की भक्ति आस्था भी दृढ़ होती गई और उसका स्वरूप भी स्पष्ट होता गया। मीराँ के जीवन विकास के साथ-साथ उसकी भक्ति का विकास भी जुड़ा हुआ है। मीराँ के सात वर्ष के श्रीरंग और सालगराम, मीराँ के कुछ बड़ा होने पर 'बालमुकन्द' हो गए, फिर वही 'गोपाल' हो गए, यही बचपन के 'गोपाल', यौवन तक आते-आते 'गिरधर नागर' बन गए, 'स्याम मनोहर' बन गए और कालान्तर में यही सालगराम, बालमुकन्द, गोपाल, गिरधर और स्याम मनोहर, राम और कृष्ण तथा 'रणछोड़' जैसे प्रौढ़ रूपों में, मीराँ के पदों में वर्णित होने लगे। ज्यों-ज्यों भक्ति ज्ञान बढ़ता गया त्यों-त्यों भक्ति दृष्टि भी व्यापक होती गई और जब भक्ति ज्ञान अपने चरम विकास पर पहुँच गया तब राम और स्याम, हरि और कृष्ण सभी एक हो गए। अतः मैं तो कहूँगा कि यदि मीराँ की भक्ति के कोई आयाम[1] हैं तो ये ही हैं।

मीराँ की भक्ति को दृढ़ करने में, मीराँ के लौकिक पति का देहान्त भी अत्यन्त सहायक हुआ। पति (लौकिक) की मृत्यु से मीराँ सर्वोत्मुखी भाव से अपने साँवरिया की ओर समर्पित हो गई, किन्तु चूँकि मीराँ का युग सतियों का युग था। सती प्रथा और जौहर उस युग में क्षत्रिय नारी के लिए एक अनिवार्य वस्तु बन गई थी। अतः मीराँ के पति भोजराज के स्वर्गारोहण के पश्चात् मीराँ से भी सती होने की आशा और माँग की गई तथा वेशभूषा परिवर्तन का अनुरोध किया। मेवाड़ राजपरिवार की विधवा से, राजपरिवार की विधवा की ही वेशभूषा धारण करने और वैसा ही आचरण करने की आशा की गई। इसके प्रत्युत्तर स्वरूप मीराँ का यह पद प्रचलित हुआ :

यो मीराँ रंग लाग्यौ राम हरि। टेर.
कण्ठी तिलक दोवड़ी माला। सील वरत सिणगारो ॥
और सिंगार सोवै नहीं राणा जी। यो गुर ग्यान हमारो ॥ 1
भलि कोई निन्दो भलि कोई विन्दौं। गुण गोविन्द का गास्यां ॥
जिन मारग मेरा सन्त पधारया। जी मारग म्हे जास्यां ॥ 2
भजन करस्यां सती न होस्यां। मन मोहयो धणनामी ॥

लगता है जैसे यह सब मेवाड़ के राणा ने मीराँ से कहा था इसलिए उसे उस राणा को जो उसका जेठ (पति के बड़े भाई) रहा है, स्पष्ट कहना पड़ा :

जेठ बहू को नातो नहीं हो। हम सेवग तुम स्वामी ॥
राज न करस्यां जीव न सतास्यां। काँई करेलो म्हारो कोई ॥
हसती चढि म्हे खर न चढस्यां। ऐ तो बात न कोई ॥

इन पदों से मीराँ के जीवन और भक्ति दोनों पर प्रकाश पड़ता है। मीराँ के भक्ति वेश का संकेत भी इनसे मिलता है। यह पद इस बात की ओर संकेत करता

है कि मीराँ को सती होने के लिए कहने वाला राणा उसका जेठ है और मीराँ उसके भाई की पत्नी अर्थात् बहू है। इससे यह भी ज्ञात होता है मीराँ के पति भोजराज महाराणा साँगा के पाटवी पुत्र नहीं थे। उनके कोई बड़े भाई अवश्य थे। यह बड़े भाई साँगा के पुत्र रतनसी ही हो सकते हैं। इससे यह भी ज्ञात होता है कि इन्हीं के सामने भोजराज की मृत्यु हो गई थी और इन्होंने मीराँ से सती होने के लिए कहा था। राणा के इन षड्यन्त्रों के कारण मीराँ का चिन्तन विपरीत दिशा की ओर हो चला था—जब वह कहती है :

'माहनै कुण चीतारसी राणा रो नीतवारो'

तब ज्ञात होता है जैसे वह सोचने लगी थी कि राणा के प्रभाव, शक्ति और साम्राज्य के कारण मुझे कौन स्मरण करेगा? अर्थात् कोई मेरा नाम तक नहीं लेगा। यह आत्मवेदना की चरम सीमा कही जा सकती है।

मीराँबाई को अपनी इस भक्ति के कारण लोक निन्दा का पात्र बनना पड़ा। लोक मर्यादा कुल गौरव और राज्याभिमान का सहारा लेकर मीराँ की निन्दा और उपहास किया गया। इस लोक निन्दा से मीराँ को अपार कष्ट हुआ, जिसकी प्रतिध्वनि उसके प्रत्येक पद में गूँजती है। मीराँ को लोक निन्दा का पात्र बनाने में मेवाड़ी राणाओं का हाथ कहा जा सकता है। मीराँ को उसकी भक्ति से विमुख करने हेतु लोक निन्दा को भी माध्यम बनाया गया और मीराँ से कहा गया कि लोक निन्दा का ध्यान करे और अपनी भक्ति तथा सत्संग को छोड़ दे। भक्ति रंग में रँगे हृदय पर लोक मर्यादा का अंकुश लगाने का प्रयास किया गया। किन्तु मीराँ ने इसे स्वीकार नहीं किया।

1. लाजे पीयर सासरो। लाजे माय मोसाल।
   नीतरा आवे ओलवा। कांई भरम धरे संसार ॥
2. लाजे छै पीयर सासरो मीराँ लाजे छै माय मोसाल।
   लाजे दूदा जी रो मेरतो जी। लाजे गढ़ चित्तौड़ ॥

मीराँ ने इसका प्रत्युत्तर देते हुए कहा :

त्यांरू पीयर सासरो। त्यांरू माय मोसाल ॥
त्यांरू दूदो जी रो मेरतो। त्यांरू गढ़ चीत्तौड़ ॥

इस पर राणा ने पत्र भेजकर मीराँ को समझाया :

राणों जी कागद मोकल्यो जी। द्यौ मेड़तणी ने जाय।
साधां री संगति छाडि द्यौ। थारां कुल में लाछण थाय ॥

काठन की माला तजो जी। पहरो मोती हार ॥
भगताई थे दूरी करो जी। सब ही राज तुमार ॥

इस पर मीराँ ने कहा :

काठन की माला हीरां जड़ी जी
ज थारे मन भ्रान्ति बसे तो। हमें बहन तुम भाई
मीराँ दासी राम की जी। निति प्रति रहै हजुरि ॥
हरिजन सूं सनमुख सदा जी। दुसट्यां सेती दूरि ॥

मीराँ ने कभी लोक निन्दा की चिन्ता नहीं की। उसे ज्ञात था कि लोग उसकी भक्ति को देख उसका उपहास करते हैं, तभी उसने कहा :

म्है जास्यां साँवरिया रे साथ बाइ म्हाने जगत हँसै है।
जगत हँसे हँसि जांण दे री टहैल करां म्है जाय ॥

लोक निन्दा के साथ-साथ मीराँ को परिवारजनों की निन्दा भी सहनी पड़ी :

'लोग कुटम्बी निन्दवै री'

किन्तु मीराँ ने अपनी माधुरी भक्ति को नहीं छोड़ा। वह बार-बार कहती रही :

'प्रीति न घटाय'
1. माधुरी मुरति हिरदै वसै म्हारा चित मैं रही है लुभाय
2. माहरौ मन लागो री सो साँवरी सूरत सुं झख मारो जग सगरी
3. भली कहो कोई बुरी कहो मैं मांडळी झोली
4. म्हाने लाख लोग हसि रहसां दासी जगदीस तणी।

लोक-निन्दा सुनकर मीराँ को यह कहना पड़ा :

—अेर आली मैं साँवरा क बसी परी सजनी लोग कहे भटकी ॥

इस तथ्यहीन लोक-निन्दा ने मीराँ को बहुत कष्ट पहुँचाया। आदर्श भक्ति को जन मानस ने 'भटकना' कहा, यह बहुत आश्चर्यजनक बात है किन्तु अज्ञानी जन इस भक्ति रहस्य को कैसे समझ सकते हैं? इसे तो स्वयं गोपाल ही अच्छी तरह जानते हैं :

'बन ही गोपाल लाल सजनी कौ जाने घट की।'

धीरे-धीरे मीराँ की यह धारणा बन चली थी कि :

'जोई साध री नन्दा करसी जाको हरदे रूड़ौ।'

इस प्रकार अपार कष्ट और लोक-निन्दा सुनने के उपरान्त मीराँ की मनःस्थिति कुछ इस प्रकार की हो गई थी कि प्रभु-स्मरण उसे करना ही है, चाहे उसके लिए कितने ही कष्ट क्यों न सहने पड़ें। वह सर्वस्व दाँव पर लगाने को भी तत्पर है किन्तु भक्ति छोड़ना उसके लिए किसी तरह सम्भव नहीं–

जो दुख थाय सो थाज्यौ रे रूड़ा रामजी न भजतां ॥ टेर
पीउ जाय तो राखऊ लीजो जीव जाय तो जाय रै ॥ 1

मीराँ ने–

'लोक लाज विस्सार डार्‌यौ छाड़यौ जग उपदेस।'

और अब उसने अनुभव किया कि–

'रै सभजुग हसवा दै
हसती की चाल चलौ रे मन मेरा पीछे कुकर भुसवा दे।'

मीराँ की यह अनन्य भक्ति उसके जीवन की थाती बन गई। इस भक्ति से मीराँ को अपार कष्ट झेलने पड़े किन्तु मीराँ ने साहस और आशा का कभी परित्याग नहीं किया। प्रताड़ना, उपहास और आतंक के बीच में भी मीराँ की माधुर्य भक्ति सहज भाव से पुष्पित-पल्लवित होती रही। यही कारण है कि अन्ततः विजय-श्री मीराँ को मिली और उसका सम्मान और भक्ति-भाव जगत्-व्याप्त हो गया। मीराँ राणा को भी अपने साथ भवसागर पार ले जाना चाहती थी किन्तु 'समझायो समज्यो नहीं सिसोद।' मीराँ की भक्ति में गतिरोध लाने वाले संसार से आज चले गए हैं, विश्व उनको विस्मृत करता जा रहा है किन्तु मीराँ का यश प्रकाश दिग्दिगन्त में व्यापत हो रहा है।

पाद टिप्पणियाँ :

1. डॉ. हीरालाल माहेश्वरी, 'राजस्थानी भाषा और साहित्य', पृ. 326

मीराँ के समसामयिक भक्तों द्वारा मीराँ का उल्लेख

श्री व्यासजी द्वारा :(जन्म सं. 1567 वि.सं. 1612 में वृन्दावन आकर श्री हितहरिवंशजी के शिष्य हुए। मृत्यु वि.सं. 1630 के लगभग।)

इतनौ है सब कुटुम हमारौ
सैन, धना अरू नामा, पीपा कबीर रैदास चमारौ ॥
रूप सनातन कौ सेवक गंगल भट्ट सुढारौ।
सूरदास, परमानन्द, मेहा, मीराँ भक्ति विचारौ ॥
ब्राह्मन राजपुत्र कुल उत्तम तेऊ करत जाति को गारौ।
आदि अन्त भक्तनि कौ सर्वसु राधावल्लभ प्यारौ ॥
आसू कौ हरिदारा रसिक हरिवंश न मोहि बिसारौ।
इहि पथ चलत स्याम-स्यामा कै ब्यासहि बोरौ भावें तारौ।
बिहारहि स्वामी बिनु को गावै ॥
बिनु हरिवंशहि राधा-वल्लभ कौ रस-रीती सुनावै।
कृष्णदास बिनु गिरधर जु कौ को अब लाड़ लड़ावै ॥
रूप-सनातन को वृन्द विपिन माधुरी पावै ॥
मीराँबाई बिनु कौ भक्तनि पिता जानि उर लावै।
स्वारथ परमारथ जैमल बिनु को सक बन्धु कहावै ॥
परमानन्ददास बिनु कौ अब लीला गाय सुनावै।
सूरदास बिनु पद रचना कौ कौन कविहि कहि आवै।
और सकल साधुन बिनु को अब यह कलिकाल कटावै।
'व्यासदास' इन सब बिनु को अबतन की तपति बुझावै ॥

नाभादासजी की भक्तमाल : (रचनाकाल—वि.सं. 1642 से वि.सं. 1780 तक अनुमानित।)

लोक-लाज कुल-शृंखला तजि मीराँ गिरिधर भजी।
सदृश गोपिका प्रेम प्रगटि कलिजुगहि दिखायौ।

निर अंकुश अति निडर रसिक जस रसना गायौ।
दुष्टनि दोष बिचारि नृत्यु को ऊधम कीनौ।
बार न बाँकौ भयो गरल अमृत ज्यों पीयौ ॥
भक्ति निसान बजाय कै काहू तैं नाहिंन लजी।
लोक-लाज-कुल-शृंखला तजि मीराँ गिरिधर भजी ॥

प्रियादासजी की भक्तिरस बोधिनी टीका : (रचनाकाल वि.सं. 1769)

मेरतो जनम भूमि झूमि हित नैन लगै
पगै गिरधारी लाल पिता ही के धाम में।
राना कै सगाई भई करी ब्याह सामा नई
गई मति बूड़ि वा रंगीले घनस्याम में ॥
भाँवरे परत मन साँवरे सरूप माँहि
ताँवरे सी आवै चलिबे कौं पतिग्राम में।
पूछे पितु सातु पट आभरन लीजिए जू
लोचव भरत नीर कुहा काम दाम में ॥1॥

देयौ गिरिधारीलाल जो निहाल कीयौ
चाहौ और धन माल सब राखिए उठाय कै।
बेटी प्यारी प्रीति रंग चढ़यौ भारी
रोए मिली महतारी कही लीजिए लड़ाय कै।
डोला पधराय दृग दृग सौं लगाय चली
सुख न समाय चाय प्रानपति पाय कै।
पहुँची भवन सास देवी पै गवन कियौ
तिया और बर ग्रन्थि जोरौ कह्यौ भाय कै ॥2॥

देवी के पुजायबे कौं कियो लै उपाय
सासु बर पै पुजाय पुनि बधू प्रति भाषिये।
बोली जु बिकायो माथ लाल गिरधारी
हाथ और कौन नवै एक वाही अभिलाषियै ॥
बढत सुहाग याकैं पूजें ताते पूजा करी
करौं जिन हठि सीस पायन पै राषियै।
कही बार बार तुम याही निरधार जानों
वही सुकुँवार जापै फेरि वारि नाषिये ॥3॥

तब तो विसानी भई अति जरि बरि गई
गई पति पास यह वधू नहीं काम की।
अब ही जवाब दीयौ कीयौ अपमान मेरो आगै
क्यौं प्रमान करैं भरै स्वास चाम की ॥
राना सुनि कोप कर्यौ धरयौ हियै मीराबाई
दई ठौर न्यारि देषि रीझी मति बाम की।
लालन लड़ावै गुन गाय कै मल्हावै साधु
संग ही सुहावे जिन्हैं लागी चाह स्याम की ॥4॥

आय कै ननद कहै गहे क्यों न चेत भाभी
साधुन सों हेत मैं कलंक लागै भारियै।
राना देसपती लाजै बाप कुल रती जात
मान लीजै बात बेगि संग निखारियै ॥
लागे प्रान साध सन्त, पावत अनन्त सुख
जाकों दुख होए ताकौं नीकै करि टारियै।
सुनि कै कटोरा भाई गरल पठाय दियो
लियो कर पान रंग चढ़्यौ यौं निहारियौ ॥5॥

गरल पठायो सो तो सीस लै चढायौ संग,
त्यागि विष मारी ताकी झर न सम्भारी है।
राना ने लगायौ चर, बैठे साधु ढिग थर,
तब ही खबर कर मारौं यहै धारी है ॥
राजै गिरधारी लाल तिन ही सों रग जाल,
बोलत हंसत ख्याल कान परी प्यारी है।
जाय कै सुनाई भई अति चपलाई आयौ,
लिए तरवार दै किवार खोलि न्यारी है ॥6॥

जाके संग रंग भीजि करत प्रसन्नता कहाँ,
वह नर गयौ बेगि दै बताइयै।
आगें ही विराजै कछु तो सौं नहीं लाजै,
प्रभु देषि सब साजै आषै खोलि दरसायै ॥
भयै ई षिसानों रानों लिषयौ चित्रभीत,
मानौ उलटि पयान कीयौ नेकु न समाइयै।
देष्यौ हू प्रभाव एयै भाव नाभि मैं ह्वै जाय
बिना हरि रूप कहो कैसे करि पाइयै ॥7॥

विषयी कुटिल एकभेषु धारी साधु लियौ,
कियौ यों प्रसग मों सों अंग संग कीजिए।
आज्ञा मों को दई आय लाल गिरिधारी,
अहो सीस धरि लई करि भोजन हू लीजिए ॥
सन्तनि समाज मैं बिछाए सेज बोलि लियो,
संक अब कौन की निसंक रस भींजिए।
सेत मुष भयौं विषै भाव सब गयौ नयौ
पाइनपै आय मो कौं भक्ति दान दीजिए ॥8॥

रूप की निकाई भूप अकबर भाई हिए लिए
संग तानसेन देषिबे कों आयो है।
निरषि निहाल भयौ छवि गिरधारी लाल
पद सुख जाल एक तब ही चढायौ रै ॥
वृन्दावन आई जीव गुसाई जू सो मिली झिलीं
तिया मुख देखिबे को पन लै छुटायो है।
देषी कुंज कुंज लाल प्यारी सुष पुंजभरी धरी
उर माँझ आप देस बन गायो है ॥9॥

राना की मलीन मति देषि बसी द्वारवती
रति गिरधारी लाल नित ही लड़ाइयै।
लागी चटपटी भूप भाति को सरुप जानि
अति दुख मानि विप्र श्रेनी लै पढाइयै ॥
बेगि लै कै आवो मों को प्रान दै जिवावौ
अहो गए द्वार धरनो दै बिनती सुनाइयै।
सुनि विदा होन गई राव रणछोर जू पैं छाड़ों राषो
हीन लीन भई नहीं पाइयै ॥10॥

प्राणधन : (अज्ञात कवि)

राणो जी जेर दियो सू में जाणी।
कुंचन लेर अगन में डारो, नीकसो बारे बाणी।
राणे जी बिष को प्यालो, मेलो झेलो मीराँ राणी।
बसन बीजय बेहाल करी है मो पे कछु सरीयोरी।
ललना सकीये हाहाकर छुटी पायन सीस धरी चोरी।
'प्राणधन' तन लहरीयो, मोरी लगर लार परीयो ॥

बख्तावर :

मेड़तणी रे मेलड़े रंग छायो। टेक ।
कोटिक भान भयो प्रकास; हो मांनु गिरधर आयो ॥ मेड़तणी.
सिव सनकादिक अरि ब्रह्मादिक वेद पुराण में गायो ॥ मेड़तणी.
'बख्तावर' मीराँ बड़ भागण घर बैठा हरि पायो ॥ मेड़तणी रे.

जन लछमन :

आई छुँ राजा रणछोड़ शरणे थारे, आई छुँ। टेक।
हितसुँ ब्राह्मण भेज दिया रे, लावो ने मेड़तणी बहोड़।
धरम संकट दियो ब्राह्मण, बैठी मन्दिर में दौड़। आई.
आपणी ढिग राखि साँवराँ, विनती करूँ कर जोड़।
केमें पाछी जाऊँ जगत पें, लागे मने मोटी खोड़। आई.
भयो प्रकाश मन्दिर में भारी उगा सूरज करोड़।
ऐसा रूप देखि कृष्ण को आई मन्दिर में दौड़ ॥
नीर खीर ज्यों मिलग्या, सजनी परमानन्द की ओड़,
'जन लछमन' साँचो जु जगत में धनि मीराँ राठोड़ ॥

सुन्दरदास कायस्थ :

मीराँबाई की वन्दना :

चौपै—श्री मीराँ को करौं प्रनाम। हरि के भक्तन में सरनाम ॥
तिनको प्रेम बरिन नहिं जाए। सागर तामें जगत-समाए ॥
तिनको प्रेम मनो सागर उमड़्यो। देसन देसन बादल घुमड़्यो ॥
चरनामृत कहि विष दियो डारि। अचै गई नहिं लायो बार ॥
तिन किरपा तें भक्ति मैं पाओं। सगहि संग कुंज में आओं ॥
(राग सोरठ ताल अड़ाना चौताला)

सखि मोहि लाज बैरिन भई।
चलत लाल गोपाल पिय के संग काहे न गई।
दिवस चैन न रैन निद्रा बिरहथा तन गई।
मीराँ भई वैष्णु जहर दीन्हौं जांनि कै।
रांनौ कहै मारै लाज मारि डारो याहि आज
आप करै कीरतन सत बैठे आंनि कै ॥
प्रेम मधि पीयो बिस पद गाए अहनिस भैन

ब्याप्यौ नैकहुं न लीन्हौ दुष मांनि कैं।
राधे कहै रांनौ मुषि बेरी सब राजलोक
मीराँबाई मगन भरोसौ चक्र पानिकैं ॥215॥

चन्द्रदास सुकवि की राघोदास की भक्तमाल की टीका :
(टीका, इन्दव छन्द)

माता-पिता जनमीं पुर मेड़त प्रीति लगी-हरि पीहर माँही।
रानंहि जाइ सगाई करावत ब्याहन आवत भावत नाँही ॥
फेर फिरावत बानि सुहावत यौं मनमैं पति साथि न जाँही।
देन लगे पित-मात आभूषण नैन भरे जल मोहि न चाँही ॥270॥

द्यौ गिरिधारिहिलाल निहारन बेस आभुषन बेग उठावौ।
मात पितास सुता अति है प्रिय रोय दये प्रभु लेहु लड़ावौ ॥
पाइ महासुष देषत है सुख डोलहि मैं बयठाइ चलावौ।
धांमहि पौंचत मात पुजावत सास करावत गाँठि जुरावौ ॥27॥

मात पुजाइ लई सुत पैं पुनि पूजि बहू अब रास कही है।
सीस नवै मम श्रीगिरिधारिहि आन न मानत नाथ वही है ॥
होत सुहागणि याहिक पूजत टेक तजौ सिर नाइ मही है।
येक नवै हरि और न नावत मांनत क्यूँ नहिं बुद्धि बही है ॥272॥

होइ उदास भरै उर सास गई पति पास बहू नहि आछी।
मानत तैं अब फेरि गिनैं कब केति कहो फिरि आत न पाछी ॥
रोस कर्‌यौ नृप ठौर जुदी दई रीझि लई वह नांचन काछी।
नृत्य करै उर लाल धरै सत्संग बरै सब है जन साछी ॥273॥

आई नणद कहै सुनि भाभहि साधन संग निवारि भजीजे।
लाजत है नृप तास बड़ौ कुल लाजत द्वैनृप बेगि तजीजे ॥
सन्त हमारहि जीवन मानस तारत द्वै कुल सत्य मनीजे।
जाइ कही तब झैर पठावत लै चरनामृत पांन करीजै ॥274॥

सीस नवाइर पीत भई विष सन्तन छोड़न है दुषभारी।
भूप कहै भृति चौकस राषहु आइ कने जन बोलत मारी ॥
स्यांमहि सौं बतलात सुनी तब जाई कही अब है सत यारी।
सो सुनिकैं तरवारि लई कर दौरि गयो पट षोल निहारी ॥275॥

बोलत हौस गयो कत मानस देहु लषाइ न मारत तोही।
येह षरे कछू नाहिं डरे चित लेत हरे किन बाहत मोही ॥

ध्रुवदासजी :

लाज छाँड़ि गिरिधर भजी करी न कछु कुल कानि।
सोई मीरा जग विदित प्रगट भक्ति की खानि ॥
ललिता हू लइ बोलि कै तासों हो अति हेत
आनन्द सों निरखत फिरै वृन्दावन रस खेत ॥
नृत्यत नूपुर बाँधि कै नाचत लै करतार।
बिमल हियौ भक्तानि मिली तृन सम गन्यो संसार ॥
बन्धुनि विष ताकों दियौ करि विचार चित आन।
सो विष फिरि अमृत भयौ तब लागे पछितान ॥

तुकारामजी :

नैहर है मेरा, पढरी-पत्तन, कुटतधान, गाऊँ गीत।
राई रखमाई, सत्यभामा माता, पाँडुरंग पिता करें वास ॥टेक॥
उधव, अक्रूर, व्यास, अबरीष, नारद, मुनीश, भाई मेरे ॥2॥
गरुड़जी बन्धु, लाडिले पुण्डरीक, तिनके कौतुक, गेय मेरे ॥3॥
मेरे बहु गोती, सन्त ओ महन्त, नित्य सुमिरत, सर्वनाम ॥4॥
निवृत्ति, ज्ञानदेव, सोपान, चाँगाजी, मेरे जी के हैं जी, नामदेव ॥5॥
नागा जनमित्र, नरहरि सुनार, रैदास, कबीर, सगे मेरे ॥6॥
सुनो सूरदास, माली सांवताजी, गीतगुण के जी गावो गावो ॥7॥
चोखा मेला सन्त, हृदय के हार, कभी ना बिसार हरि-दास ॥8॥
जीव के जीवन, एका-जनार्दन, पाठक श्रीकान्ह मीराँबाई ॥9॥
अन्य मुनि सन्त, महन्त सज्जन, सबके चरण, माथे धरूँ ॥10॥
सुख संग जाते, पंढरी दर्शन, तदीय कीर्तन करूँ सदा ॥11॥
'तुका' कहे माता, पिता मेरे ये ही, सुखरूप गृही, गृहाश्रमी ॥12॥

राघवदास जी दादूपन्थी : (समय सं. 1653 से 1746 तक, भक्तमाल की रचना वि.सं. 1717 मीराँबाई को बरनन)

मूल छपै :

लोक बेद कुल जगत सुष मुचि मीराँ श्री हरि भजे।

गोपिन की सी प्रीति रीति कलिकालि दिषाई ॥
रसिकराइ जस गाई निडर रही सन्त सभाई ॥
रांनै रोस उपाई जहर कौ प्यालौ दीन्हौं।
राम पुछयौ नहीं येक मॉनि चरनामृत लीन्हौ ॥
नौबति भक्ति घुराइ कै पति सौ गिरधर ही सजे।
लोक बेद कुल जगत सुष मीराँ श्री हरि भजे ॥ 214॥

मनहर :

रामजी की भक्ति न भावै काहू दुष्टन कौं
भूप लजाई रह्यौ जड़ होइर अठि गयौ तजिकै उर छोह।
देषि प्रताप न मानत आप रहैं उर ताप करे हरि वोहि ॥ 276॥

सन्त भेष कर्‌यौ विषई नर आई कही मम संग करीजे।
लाल दीई यह आइस जावहु मांनि लई अब भोजन लीजे ॥
सेज बिछावत साध सभा विचि टेरि लियौ तब कारिज कीजे।
देशितही मुष सेत भयो पनी जाई नयौ अब सिश्य मनीजे ॥ 277॥

भूप अकबर रूप सुन्यौ अति तानहिसेन लीये चलिआयौ।
देषि कुस्याल भयो छबि लालति एक सबद बनाई सुनायौ ॥
जा वृज जीउ मिली पन हौं तिय देष तनैं सुषताही छुड़ायौ।
कुंजन कुंज निहारी बिहारिहि आइरु देस बनैं बनगायौ ॥ 278॥

भूपति बुद्धि असुद्ध लषी आत द्वारवती बसि लाल लड़ाए ॥
लैकरि आबहु मोहि जिवावहु बेगि गए समाचार सुनाए ॥
होउ बिदा चलि ठाकुर पै मुष माँहि लई तुछ चीर रहाए ॥ 279॥

(राघवदास कृत भक्तमाल हस्तलिखित पत्र 63-65 तक टीका—चतुरदास कृत)

नागरीदास : (सं. 1756 से 1823 तक)

मीराँ के रंग लग्यो हरी को ओर रंग सब अटक परी।
गिरधर गास्यां सती न होस्यां मन मोह्यौ घन नामी।
जेठ बहू को नासो नहीं राणांजी थे सेवग म्हैं स्वामी ॥
चूड़ो दो वगे तिलक जुमाला सील वर्त सिंगार।
और सिंगार भावै नहीं राणाजी यौं गुर ग्यान हमार ॥
कोई निन्दो कोई विन्दो गुण गोविन्द का गास्यां।

जिण मारग वै सन्त पहूँता तिण मारग म्हे जास्यां ॥
चोरी करां न जीव सतावाँ काँई कर सी म्हारो कोई।
हसती चढ़ि गधै नहीं चड़ां या तो बातन होई ॥
राज करंता नरक पड़ेसी भोगीड़ा जम कै लीया।
भगत करंता मुक्त पहूँता जोग करंता जीया ॥
गिरधर धणी कडूम्बो गिरधर मात पिता सुत भाई।
थे थांहरै म्हे हयां हाँ रैंहा राणा जी यौं कहैं मीराँबाई ॥

'मेड़तै मीराँबाई तिनकौं राना के छोटे भाई सौं व्याही, यह जग प्रसिद्ध है ही सो कितने दिन उपरान्त काहू समैं राना के वा भाई को देहान्त भयो, अरु राना हुते सो मीराँबाई सौं दूषपाय रहे ही हे, ये वैष्णवनि को सतसन्त करिते यातैं, वा समैं राना नैं कहाई, जो यह औसर है तुम भरता के सङ्ग सती होहु, तब मीराँबाई भगवत रंग आगै लगे हे, त्यौही लगे रहे या समैं कछू षेद मानी नाहीं, अरु या बात के उत्तर कौं एक विष्णु पद नयी बनाए राना कौं लिषि पठयो, पद बहुत प्रसिद्ध भयो। सो वह यह पद है :

भक्ति कारन रूप नरसिंह धरयो आप सरीर।
हरिन कस्यप मारि लीनौं धरयो नाहिन धीर ॥
बूड़तैं गज ग्राह तार्यो किगो बाहिर नीर।
'दास मीराँ' लाल गिरधर दुख जहाँ तहाँ पीर ॥

सो यह पद गायें हूँ उततैं न ढरे, तब महाआरति प्रेमावेस सहित एक और पद बनाय गायो, तब ही ठाकुर आप मैं उनकौं याही शरीर तैं लीन करि लीनें, देहहू न रही, सो जा पद के गायें लीन भये, सो वह यह पद है :

सजन सुधि ज्यौं जानैं ज्यौं लीजैं।
तुम बिन मेरैं और न कोई रावरी कीजैं ॥
द्योस न भूख रैन नहि निद्रा यह तन पल पल छीजैं।
मीराँ प्रभु गिरिधर नागर अब मिलि विछुरनि नहीं कीजे ॥

सो ये दोऊ पद निकट द्वारकै इनकी परम चतुर वैष्णव सखीन कठ करि लीनै तथा लिखि लीने ते प्रसिद्ध भये।

एक पद प्रसंग :

मीराँबाई की कई भाँति की चरचा निन्दक जन राना आगैं बहुत करन लागे, तब एक समैं राना नैं अपनैं अन्तपुर की स्त्री कौं पठाई कह्यो कि आधी रात उपरान्त जहाँ वे होए तहाँ चली जाई जाइऐ काहू की हटकी मत रहिए सो वानैं ऐसे ही कियो, मीराँबाई अटारी पर सोई-सोई जागत ही सौहैं चन्द्रमा को देखि हरि प्रीतम के अन्तराय को विरह सह सह नहीं उनकी भावना करि करि परी उसास लेतही, इतने ही ये जाए ठाढ़ी भई, ताकूँ मीराँ बाई कह्यो, तनकेक बैठि कैं हमारो दुख सुनौं, या समैं हमकूँ तुम बड़े श्रोता मिले, सो जद्यपि वह बिजाती ही, परन्तु ज्यों काऊ अति अधीर अनुरागी होए, ताकूँ बिजाती सजाती को ज्ञान नाहीं रहै, बहि अपने चित्त की कहैं सो कहैं ही, यातैं वाकें आगैं वाहि बेर एक पद बनाय कै गावन लगीं, सो पद सुनि इनकी अवस्था देखि वह आई हूती सो परम अनुराग मैं मूरछित ह्वै गई इनकी ही निकटवर्ती परम वैष्णव भई फिरि राना के अन्तःपुर में न गई, फिरि राना और काहू स्त्रिनिकौ हुती सो परम अनुराग में मूरछित ह्वै गई, इनकी ही निकटवल परम वैष्णव भई, फिरि राना के अन्तःपुर में न गई, फिरि राना अर काहू स्त्रिनिकौ इनपै पढावै सोई नट जाई अरु कहैं ज्यों उनपै ज्यों जाय है, सो बावरी व्है जात है, तातैं हम न जहिगी, यह बात इनकैं बहुत प्रसिद्ध भई, सो पिछली रात के समैं जा पद के सुनै तैं राना की सहचरी की उनमत्त दशम व्है गई, सो वह यह पद–

सखी मेरी नींद नसानी ही।
पिय को पन्थ निहारतां सब रैन बिहानी।
सखियनि मिलि सीख दई मन एक न मानी।
बिन देखैं कल ना परै जिया ऐसी ठानी।

एक अन्य प्रसंग :

मीराँबाई सौं राना बहौत दुष पाये रहै राना के घर की रीत तैं इनकैं भिन्यिरीत, यह भगवत सम्बन्ध सत्यसंग बिसेस कर, देह सम्बन्ध को नातौ ब्यौहार कछु न मानैं, राना बहुत समुझाय रह्यो, निदान एक विष को प्यालो उनकौ पठियो, कह्यौ चरनामृत को नाम लेकै दीजियौ, उनको प्रण है चरणामृत के नाम तैं पीही जाएँगे, सो अैसै ही भयो, जानि बूझ पीयो, राना तो इनके मरिबे की राह देखत रह्यो, अरु यह झाँझ मृदग संग लेकै परम रंग सौ एक नयौ पद बनाए ठाकुर आगै गावत भए, पद बहुत प्रसिद्ध भयो, सो वह यह पद–

रानै जू विष दीनौं हम जानी।
जान बुझि चरनामृत सुनि पियौ बौरी भौरानी ॥

कंचन कसत कसौटी जैसे तन रह्यौ बारह बानी।
आपुन गिरधर न्याय कियौ यह छान्यो दुधरु पानी ॥
राना कोटक वारौ जिहि पर हौं तिहिं हाथ बिकानी।
मीराँ प्रभु गिरधर नागर कै चरन कमल लपटानी ॥

एक अन्य पद प्रसंग :

राना के छोटे भाई मीराँ को देह सम्बन्ध का भर्ता हो, सो ताको परलोक भयो, ता पीछै मीराँबाई गंगादिक तीरथ करिकै अरु श्री वृन्दावन हूँ आए, तहाँ जीऊ गुसाँई जू को प्रण स्त्री के न देखिबे को छुटाए सब सौं गुरु गोविन्दवत सनमान सत्संग करि द्वारिका कौं चले, ऊहाँ बास करिबै कैं लियै तहाँ एक मारग में नयो पद बनायौ, बहुत प्रसिद्ध भयो, सो वह यह पद–

राय श्री रणछोड़ दीज्यो द्वारिका को बास।
संख चक्र गदा पद्म दरसै मिटै जम की त्रास ॥
सकल तीरथ गोमती के रहत नित्त निवास।
संख झालर झाँझ बाजैं सदा सुख की रास ॥
तज्यो देसरूबेस हूँ तजि तज्यो राना राज।
दास मीराँ सरन आउत तुम्हैं अब सब लाज ॥3॥

अन्य प्रसंग :

सी या भाँति मनोरथ करत यह पद गावत द्वारिका पहुँचे, तहाँ कोई दिन रहे ता पीछैं मीराँबाई के संग प्रोहितादिक जे राना के लोक हे तिन कह्यो अब बहुत दिन भये है देस कौं चलो, राना की आज्ञा है। ऐसै द्वै तीन दिन तो कह्यो, फिरि मीराँबाई परि धरना कियो, तब मीराँबाई ठाकुर श्री रणछोड़ जू सौं बिदा हैबे को नाँवलैं मन्दिर में अकेले ही जाय महा आरती सहित एक नयो पद बनाय गायो, सो वह यह पद–

हरि हरिहो जन की भीर।
द्रोपदी की लाज राखी तुम बढ़ायौ चीर ॥
मारवाड़ गढ़ मेड़तो, कमधज कुल राठौड़।
जननी मीराँ भक्त कृष्ण की ब्याही गढ़ चित्तौड़ ॥
श्याम मारी सुध ले जावो ॥म्हाने.॥1॥

लगत मास बैशाख साँपरां, भक्ती करूँ तिहारी।
गैं दासी थारी जनम-जनम की, थे म्हारा सिरजनतारी।
गोतम नार भीलणी गणका, त्यारी अधम उधारी ॥

हे बृजवासी साँवरा, अरज करूँ कर जोड़।
उग्रसेन-सुत-मारण-तारण भक्त-बछल-सिरमौड़
मेड़तणी महिमा गावो ॥म्हाने.॥2॥

जेठ मास सुध लगन तात मेरी करी ब्याह की त्यारी।
गढ़ चित्तौड़ राव सिसोद्यो, भूप शिरोमणि भारी।
जोसी दियो खिनाय तात मेरे रच्चो ब्याह बलकारी।
सेस मेवाड़ो गढ़पति, राणो सुघड़ सुजान।
रच्यो सुयंबर तात बात मेरी, सुनो कृष्ण दे कान।
मीराँ के फन्द छुड़ावौ ॥म्हाने.॥3॥

लागत मास आषाढ़ राव स्हाँसूँ परै लोभ की बात।
सीसोद्यो भूल्हो फिरै सज्यो मैं थाने समजूं भ्रात ॥
मैं न्यारी संसार से थे मोपर रखियो ख्यांत।
काम क्रोध मद लोभ को, समद गयो भरपूर।
मैं न्यारी संसार काम से, समझो आप हिजूर ॥
हो नहीं रस को दावो ॥म्हाने.॥4॥

सावण सगुन मनाए कृष्ण का मीराँ मन्दर जावे।
प्रेम भक्ति सूँ नाच कूदकर, गुण गिरधर का गावे।
खबर भई रणवास में मेड़तणी तोग हँसावे।
बात सुणी सिसोदिया, कोप कियो भरपूर।
कुटिल नार पाने पड़ी याने मारो तुरत जरूर ॥
जाए कर खड़ग दिखावो ॥म्हाने.॥5॥

भादू मास राव सिसोद्यो, मन में कपट उठायो।
भरकर प्यालो जहर कोरण मउ दमें धरवायो ॥
कपट माल कर ब्याल की, ऊँने खूँटी पर लटकायो।
चरणामृत मीराँ लियो, ईम्रित कियो मुरार।
जा पर कृपा होय कृष्ण की कुण छे मारणहार ॥
भक्त को बिड़द बधावो ॥म्हाने.॥6॥

लागत मास आस्योज राव के रीस भई अति भारी।
जहर ब्याल से बच गई बैरण, या छै जादूगारी ॥

राव कहे सुणाज्यो मेड़तणी, राखो लाज हमारी।
सुण मेड़तणी सुन्दरी, राणों करे बयान।
लाज तुम्हारे हाथ हमारी सुणो अरज दे कान ॥
बचन सुण ओड़ निभावो ॥म्हाने.॥7॥

कातिक मास सास मीराँ को अपने पास बुलावे।
सब कामण रणवास की, मीराँ ने वे समझावे ॥
बड़ाँ घराँ की नार बहू तूं मतना लोग हँसावे।
हे रंग भीना गोरड़ी, कह्यो हमारो मान ॥
रैण राव सेवा करो, दिवस भजो भगवान।
जगत में जस फैलावो ॥म्हाने.॥8॥

अगहन मास सास नणदल सूँ मीराँ करै बयान।
म्हारो पति भगवान, सास मैं करूँ रात दिन ध्यान ॥
भक्त-उबारण असुर-संघारण, वो बृजवासी कान।
सुरपत-सुत-नाती जठर, रक्षा-करण कृपाल।
सान्तुन-सुत-नाती-रिपु यो पतनी प्रतिज्ञापाल ॥
इसाने थे बीध्यावो ॥म्हाने.॥9॥

पोष मास मोय आस साँवरा, अब तो हियो उम्यावे।
कड़वा बोले वचन राव म्हारे झूठो कलंक चढ़ावे ॥
कोप्यो राणो कुलछणो मने, कुलदूषणी बतावे।
सुरपत-सुत-पतनी-सखा, जलधि-सुतपति नाथ ॥
रुद्र वेद सर अर्धकर, शीश हतन निज हाथ।
मेवाड़े त्राणा दिखाओ ॥म्हाने.॥10॥

लग्यो महीनो माघ साँवरा, अर्ज सुणो अविनाशी।
चुटकी ताल बजाए नाच रही, निरत करत नित दासी ॥
राणो धायौ खड़ग लेयकर, अब थाने कुण बचासी।
मरेण लाग्यो रावजी, कर सूँती तलवार ॥
सो मीराँ भगवत रची, यो इचरज गयो अपार।
मीराँ इव सुर्ग सिधावो ॥म्हाने.॥11॥

फागण मास आस मीराँ की, भगवत आज पुराई।
नन्दराम ब्राह्मण का लड़का, बारामास कथा गाई ॥
साराँ सिरै नग्र कर डावण, निपजै साल सवाई।
स्वर्ग पुरी थी सासरो, यहाँ थी आधचार ॥
सीसोद्यो लमझ्यो नहीं तो, थाने ले उतरी पार।
मीराँ का इव गुण गावो ॥म्हाने.॥12॥

अंग छीन व्याकुल भई मुख पिय पिय बानी।
अन्तर वेदन विरह की वहि पीर न जानी।
ज्यौं चातक घन कौ रटै मछरी बिन पानी।
मीराँ व्याकुल बिरहिनी सुधि-बुधि बिसरानी ॥

चरणदास : (समय वि.सं. 1760 से 1838 तक)

साधो साई जन सूर जो खेत मैं मँड रहै, भक्ति मैदान मैं रहै ठाढ़ा।
सकल लज्जा तजै महानिरभै गजै, पैज निस्सान जिन आय गाड़ा।
भए बहु बीर गम्भीर जे धीर मत सबन को जस कहत ग्रन्थ होई।
तिन बिषै कछू इक नाम बरनन करूँ सुनौ हो सन्त दे चित्त सोई।
पिता सूँ रूठ ध्रुव पाँच ही बरस को टेक गहि भक्ति के पथ धायो।
छल भए ना डिगो टेक पूरी भई जीत मैदान हरि-दरस पायो।
हठी प्रह्लाद हरिनाम छाड़ो नहीं बाप ने त्रास दे बहु डिगायो।
टेक जब ना हरी राम रिक्ष्या करी दुष्ट कूँ मारकरजन जितायो।
कबीर, दादू, धनैं पहिर कातर बनें नाम दे सारषे बहुत कूदे।
सैन सदना भगत बली पीपा बड़ोराम की ओर कूँ चले सूधे।
मलूक जैदेव गज ग्रह कलगीधरैं सूर, रैदास मुख नाहिं मोड़ा।
ध्यान वन्दूक मैं प्रेम रंजक जमा मीर माधो चला कुदा घोड़ा।
दास मीराँ पली प्रेम सनमुख चली छोड़ दई लाज कुल नाहिं माना।
और स्यौरी मडी तोड़ ऊँची गढ़ी दौड़ करमां चली प्रेम जाना।

दयाबाई : (समय सं. 1735 से सं. 1800 तक)

विष का प्याला घोरि के राणा भेज्यो छान।
मीराँ अचलो राम कहि हो गयो सुधा समान ॥

नन्दराम :

बारहमासा :

म्हाने सुरत दिखावो, बेगा थे आवो, कृष्ण मुरारी ॥टेक
प्रथम महीनो चैत शारदा, गणपत देव मनाऊँ।
बारामास बणाय बुद्धि से, तब बृजराज लड़ाऊँ।
कृपा करो थे मात शारदा, मन इच्छा फल पाऊँ।

1. भक्त नागरीदास जी जोधपुर के शासक महाराजा उदयसिंह के छोटे पुत्र कृष्णसिंह की सन्तान में से थे। आप राजसिंहजी के पुत्र थे और इनका नाम सामन्तसिंह था। इनके पिता राजसिंह जी की मृत्यु सं. 1805 में हो जाने के बाद हिंडोन पर इनके छोटे भाई बहादुरसिंह ने अधिकार कर लिया। तब ये अपने पुत्र सहित बादशाह अकबर के पास गए। बादशाह ने आपकी सहायता की पर वे सफल न हो सके और मथुरा की ओर चले गए। मथुरा में ही सामन्तसिंह ने विरक्ति के कारण ब्रह्म सम्बन्ध कर लिया और नागरीदास होकर यहीं रहने लगे। चूँकि आप राजस्थान के उसी राठौड़ वंश से थे जिसमें मीराँबाई हुई थी। अतः मीराँ सम्बन्धी आपकी बातें बड़ी महत्त्वपूर्ण हैं।

लिखि सन्देस मैं प्रानपिय पै काहि पठओं दई ॥
कठिन छाती स्याम बिछुरत बिहरि दो किन भई।
दासि मीराँ प्रानपिय पैं करि दछिना दई ॥

नरसी मेहता : (सन् 1472 से सं. 1539 ई. तक)

तू तारा बिरद साहाँमू जोजे शामला, न जोइश करणी हमारी रे।
लाखाग्रेह माँ जेम पवडां उगार्या, ब्रह्माण्ड ज्वाला कापी रे ॥
अर्ध वचने गज गणिका नारी, जयदेव ने पद्मनी आपी रे।
मीराँबाईना विष अमृत कीधाँ बिदुरंनी अरोग्या भाजी रे ॥
सबरी ना जेम बोरज प्राश्याँ तेनी प्रीते थया राजी रे।
अनेक भक्त आगे उगार्या, सहाय यथा मोरारी रे।
नरसैंया चा स्वामी लक्ष्मीबर, मोही ओथ तमारी रे ॥

चिते गिरिधरं देवं पति कृत्वा व्यवरिच्छत ॥6॥

जयमल्लस्ततो मीरा सुमुहूर्ते ददौमुदा।
राना पुत्राय वीराय धनानि विविधानी च ॥7॥

ततः स मीरा नीत्वा स्व भवन चलितो भवत्।
मीरां गिरधरं त्यक्त्वा नमंतुं सहतेऽस्यसा ॥8॥

प्रस्थान समये मीरा रूदंती मूर्छितापतत्।
ततस्तु पितरौ तस्याः समागत्येदमूपतुः ॥9॥

किमस्ति हृदये, मीरे तद्ददावोवना शुवां।
इति श्रुत्वा ब्रवीन्मीरासमुन्मील्य विलोचने ॥10॥

मह्यं गिरिधरं देहि नीत्वा तं यामि हर्षिता।
नोचेदद्यैव मरणं भविष्यति न संशयः ॥11॥

इति श्रुत्वा वपस्तस्याः पितरावति मोहितौ।
ददस्तुस्तं गिरिधरं पुत्री तोधयतांवुभौ ॥12॥

अथ मीरां गिरिधरं शिवकायां निधायतं।
हर्षिता प्रथयौ पत्युर्गे हे सैन्यसमन्विता ॥13॥

तत्रश्वश्रूः समागत्य मीरयी सहचात्मज।
ग्रामदेवी समीपे तु निमायाति प्रमोदिता ॥14॥

पुत्रेण पूजयित्वा तां देवी मीरायथाव्रवीत्।
स्नुषे सपूज्य मनसा ग्रामदेवी नमस्कुरु ॥15॥

इति श्वश्रुवचः श्रुत्वः मीराँ प्राह कृतांजलिः।
बिना गिरिधरं चान्या नमस्कुर्मामहं नाहि ॥16॥

इति श्रुत्वा पुनः श्वश्रू राह सौभाग्यवर्धनम्।
भविष्यति ततस्त्वनु नमस्कुरु न संशय ॥17॥

इति श्रुत्वा पुनः प्राह मीराश्वश्रू न मे पतिः।
मरिष्यति ततो नित्यं सौभाग्यं वर्धते मम ॥18॥

किंच मा विधवाः सन्ति ग्रामे तव कथंस्त्रियः।
इति श्रुत्वा तदा श्वश्रूः कोपेन स्फुरिताधरा ॥19॥

वधू पुत्रौ परित्यज्य पति संनिधिमागता।
उवाच तं महा दुष्टां स्नुषानीता त्वया गृहे ॥20॥

अद्यैव न शृणेत्युक्तं किमेषाग्रे करिष्यति।
अह तु नैव वक्ष्यामि किंचिदस्यै हितहितम् ॥21॥

इति श्रुत्वा ततो राना नृपः क्रुद्धौ विचारमन्।
मरणोऽस्याःकलंकस्यात् स्त्रीवधश्चातिदारुणः॥22॥

तस्मात्क्कचिद् गृहे रक्ष्या भोजनाच्छादनादिभिः।
जिज्ञास्या नैव गेहेस्यांः प्राधान्यास्यात्कथंयन् ॥23॥

इति निश्चित्यतां मीरां स्थापयामास मंदिरे।
क्कचित्तत्रर रक्षासौ द्वारपालान् सुधार्मिकान् ॥24॥

मीरा गिरिधरं नित्यं पूजयंती पतिव्रता।
नवेद किचिच्चरित श्वश्रा वा स्वशुरस्य च ॥25॥

पूजयंती गिरिधरं निर्लज्जाः साधुभिः सह।
अनभिज्ञा कुलाचारे निमग्नान सागरे ॥26॥

तदा रानादयः सर्वे तदाचारेण दुःखिता।
कुले कलंकभूतेय मरिष्यति कदा पुनः ॥27॥

एवं विचिंतयं तस्ये लेभिरे शर्म न क्वचित्।
मीराननदाचैकस्मिन् दिनेभ्योत्या ब्रवीच्चतां ॥28॥

भ्रांतृजाये, किमेवं त्वं कुलद्वय कलंकिनी।
भूत्वा गायति नर्लज्जा वैष्णवानां पुरःस्थिता ॥29॥

कवि देवीदास– 1. 'लीन भई रणछोड़ में मीरा सरीषीदासी'
2. मीरा ने प्रभु गिरधर मीलीया। वर पायो गोपाल।

सन्दर्भ-ग्रन्थ सूची

ऐतिहासिक ग्रन्थ :

1. वंश भास्कर — सूर्यमल्ल मिश्रण
2. 'एनल्स् ऐण्ड एन्टीक्वीटीज ऑफ राजस्थान' — जेम्स टॉड
3. नेणसी री ख्यात — मुँहणोत नेणसी
4. मारवाड़ का इतिहास — पं. विश्वेश्वर नाथ रेऊ
5. जोधपुर राज्य का इतिहास — पं. गौरीशंकर हीराचन्द ओझा
6. मारवाड़ का मूल इतिहास — पं. रामकरण आसोपा
7. जयमल-वंश प्रकाश — ठा. गोपालसिंह मेड़तिया
8. राजपूताने का इतिहास — जगदीशसिंह गहलोत
9. 'महाराना साँगा' — हरविलास सारदा
10. वीर विनोद — कविराजा श्यामलदास
11. उदयपुर राज्य का इतिहास — पं. गौरीशंकर हीराचन्द ओझा (दूसरी जिल्द)
12. पूर्व आधुनिक राजस्थान — डॉ. रघुवीरसिंह सीतामऊ
13. मारवाड़ रा परगना री विगत — नैणसी (सम्पा. नारायणसिंह भाटी)
14. चतुर कुल चरित्
15. मेवाड़ का संक्षिप्त इतिहास — देवनाथ पुरोहित
16. 'सोसियल लाइफ इन मिडाइवल् राज.' — डॉ. जी.एन. शर्मा

हिन्दी साहित्य के इतिहास ग्रन्थ :

1. हिन्दी साहित्य का संक्षिप्त इतिहास — डॉ. रामकुमार वर्मा
2. हिन्दी साहित्य का इतिहास — ब्रजरत्नदास
3. हिन्दी साहित्य की कहानी — प्रभाकर माचवे
4. हिन्दी साहित्य का विवेचनात्मक इतिहास — श्री राजनाथ शर्मा
5. हिन्दी साहित्य का विवेचनात्मक इतिहास — सूर्यकान्त शास्त्री

6. हिन्दी साहित्य का इतिहास — डॉ. दयानन्द श्रीवास्तव
7. हिन्दी साहित्य की परम्परा — प्रो. हंसराज अग्रवाल
8. हिन्दी वाङ्मय का इतिहास — डॉ. सत्येदव चौधरी
9. ए हिस्ट्री ऑफ हिन्दी लिटरेचर — एफ. इ. केय्
10. राजस्थानी भाषा और साहित्य — मोतीलाल मेनारिया
11. हिन्दुई साहित्य का इतिहास — अनु. वार्ष्णेय (मूल-गासोदा तासी)
12. राजस्थानी भाषा और साहित्य — डॉ. हीरालाल माहेश्वरी
13. हिन्दी साहित्य — डॉ. श्यामसुन्दर दास
14. हिन्दी साहित्य का इतिहास — आचार्य रामचन्द्र शुक्ल
15. मिश्रबन्धु विनोद — मिश्रबन्धु
16. शिव सरोज — ठा. शिवसिंह सेंगर

हिन्दी विश्व कोश :

1. हिन्दी विश्व कोश — नगेन्द्रनाथ बसु
2. आदर्श हिन्दी शब्द कोश — रामचन्द्र

साहित्यिक ग्रन्थ :

1. स्त्री कवि कौमुदी — डॉ. रमाशंकर शुक्ल रसाल
2. मध्यकालीन प्रेम साधना — परशुराम चतुर्वेदी
3. महिला मृदुवाणी — मुंशी देवीप्रसाद
4. मीराँ, सहजोबाई और दयाबाई — वियोगी हरि
5. स्त्री कवि कौमुदी — ज्योति प्रसाद
6. मध्यकालीन हिन्दी कवयित्रियाँ — डॉ. सावित्री सिन्हा
7. राजस्थान का पिंगल साहित्य — डॉ. मोतीलाल मेनारिया
8. हिन्दी साहित्य रत्नाकर — डॉ. विमलकुमार जैन
9. कवियों का जीवन चरित्र — शिवसिंह सरोज
10. चन्द्रसखी और उनका काव्य — पद्मावती शबनम
11. राजस्थान की हिन्दी कविरानियाँ — सूर्यकरण पारीक
12. कवि चरित्र — के. का. शास्त्री
13. गुजराती साहित्य नु रेखा दर्शन — के. का. शास्त्री
14. 'माइल स्टान इन् गुजराती लिटरेचर' — के. एम. झवेरी
15. राजस्थानी साहित्य — नरोत्तमदास स्वामी

16. 'ए मोनोग्राफ आन मीराँबाई' — एस. एस. मेहता
17. भक्ति काव्य के मूल स्रोत — दुर्गाशंकर मिश्र
18. मध्ययुगीन हिन्दी साहित्य में नारी भावना — डॉ. उषा पाण्डेय
19. हिन्दी भक्ति शृंगार का स्वरूप — डॉ. मिथिलेश कान्ति
20. सन्त साहित्य की सामाजिक एवं सांस्कृतिक पृष्ठभूमि — डॉ. सावित्री शुक्ल
21. आलवार भक्तों का तमिल प्रबन्धम् और हिन्दी कृष्ण काव्य मोहम्मद — डॉ. मलिक
22. हिन्दी के कृष्ण भक्ति कालीन साहित्य में संगीत — डॉ. उषा गुप्ता
23. निर्गुण साहित्य : सांस्कृतिक पृष्ठभूमि — डॉ. मोतीसिंह
24. हिन्दी काव्य की निर्गुणधारा में भक्ति — श्यामसुन्दर शुक्ल
25. हिन्दी सगुण काव्य की सांस्कृतिक भूमिका — रामनेरश वर्मा
26. मध्यकालीन हिन्दी सन्त विचार और साधना — डॉ. केशरीप्रसाद चौरसिया
27. भक्ति काव्य में रहस्यवाद — डॉ. रामनारायण पाण्डे
28. हिन्दी भक्ति साहित्य में लोकतत्त्व — रवीन्द्र भ्रमर
29. मध्यकालीन सन्त साहित्य — डॉ. रामखेलावन पाण्डे
30. राधावल्लभ सम्प्रदाय और साहित्य — डॉ. विजयेन्द्र स्नातक
31. श्रीमद्भागवत महापुराण

धार्मिक भक्तों सम्बन्धी ग्रन्थ :

1. हरीराम व्यास — संवत् 1567-1635
2. नाभादास का छप्पय — " 1642-1651
3. प्रियादास (भक्तमाल के टीकाकार) — " 1679
4. तुकाराम — " 1665-67
5. ध्रुवदास — " 1680-1700
6. दो सौ बावन वैष्णवन की वार्ता — संवत् 1752 लगभग
7. चौरासी वैष्णवन की वार्ता — " 1697
8. दादू पन्थी राघौदास — " 1653-1746
9. नरसी मेहता — " 1470-1536
10. नागरीदास — " 1756-1823
11. चरणदास — " 1767-1838
12. दयाबाई — " 1810
13. नन्दराम

14. प्राणधन
15. बख्तावर
16. जन लछमन
17. सुन्दरदास कायस्थ — वि. उन्नीसवीं शताब्दी के पूर्वार्द्ध में
18. महीपति
19. महाकवि देव — संवत् 1730-1824-25
20. रामदान लालस
21. जैतराम
22. गोसाँई चरित्र
23. चौरासी वैष्णवन की तीन वार्ताएँ — गोविन्द दुबे
24. अष्टसखन की वार्ता — कृष्णदास अधिकारी
25. भक्तमाल — नाभादास
26. मूल गोसाँई चरित्र
27. भक्त नामावली
28. गाथा पंचक (श्री सन्तगाथा) — हरी आप्टे

विदेशी विद्वानों का साहित्य :

1. लीजेण्ड्स आफ मीराँबाई — मैकालिफ
2. माडर्न वर्नाकूलर लिटरेचर — डॉ. जी.ए. ग्रियर्सन
3. दी अण्डर ग्राउण्ड वर्ड ऑफ इण्डिया — सर जार्ज मैकमेन
4. चित्तौर ऐण्ड दी मेवार फैमेली — स्ट्रेटन
5. रिलिजियस सैक्ट्स आफ हिन्दूज — एस. एच. विल्सन
6. दी सिख रिलिजन् इट्स गुरूज, सैकरेट राइटिंग्स ऐण्ड आथर्स — मैक्सआथर
7. इन्साइक्लोपिडिया रिलिजन ऐण्ड एथिक्स, वाल्यूम II
8. इन्साइक्लोपिडिया आफ ब्रिटेनिका वाल्यूम VI
9. इण्डियन एन्टीक्वेरी, अगस्त 1903
लिजेण्ड्स ऑफ मीराँबाई दी राजपूत पोइट्स — एम. मैकालिफ
10. मीराँबाई लाइफ ऐण्ड टाइम्स — एच. गोट्ज
11. मोनोग्राफ आन दी रिलिजियस सैक्ट्स आफ इण्डियन एमंग हिन्दूज — डी.ए. पाई
12. जनरल आफ दी रायल एशियाटिक सोसाइटी, 1905
13. लिंग्विस्टिक सर्वे आफ इण्डिया, वोल्यूम

केवल मीराँ सम्बन्धी ग्रन्थ :

1.	मीराँ एक अध्ययन	श्रीमती पद्मावती शबनम
2.	मीराँबाई का जीवन चरित्र	मुंशी देवी प्रसाद
3.	मीराँबाई	डॉ. श्रीकृष्णलाल
4.	मीराँबाई दर्शन	प्रो. मुरलीधर श्रीवास्तव
5.	मीराँबाई	शिवसिंह सरोज
6.	मीराँ और उनकी प्रेमवाणी	ज्ञानचन्द जैन
7.	मीराँ की प्रेमवाणी	रामलोचन शर्मा 'कण्टक'
8.	मीराँबाई	अन्तनाथ बसु, जितेन्द्रनाथ मुखोपाध्य
9.	मीराँबाई	स्वामी रामेश्वरानन्द
10.	मीराँबाई का जीवन चरित्र	कार्तिक प्रसाद खत्री
11.	मीराँ	श्यामपति पाण्डेय
12.	भारतीय विदुषी	मणिलाल गंगोपाध्याय
13.	मीराँबाई जी	सीताराम शरण भगवान
14.	भक्त मीराँ	व्यथित हृदय
15.	दी हिस्ट्री आफ मीराँबाई	बाँके बिहारी भटनागर
16.	मीराँबाई नौ काल निर्णय	नटवर लाल, रणछोड़ दास जम्बूसरिया
17.	श्रीमती मीराँबाई	गुरांदत्त खन्ना
18.	श्रीमती मीराँबाई जी	सीताराम शरण भगवान प्रसाद
19.	मतवाली मीराँ	प्रभुदत्त ब्रह्मचारी
20.	मीराँ प्रेम दिवानी	रामचन्द्रनारायण ठाकुर

मीराँ पदावली संग्रह :

1.	मीराँ स्मृति ग्रन्थ	बंगीय हिन्दी परिषद्, कलकत्ता
2.	मीराँ की प्रेम साधना	भुवनेश्वर प्रसाद मिश्र 'माधव'
3.	मीराँ सुधा सिन्धु	स्वामी आनन्द स्वरूप जी
4.	मीराँ जीवनी और काव्य	महावीरसिंह गहलोत
5.	मीराँ माधुरी	बृजरत्न दास
6.	मीराँबाई की पदावली	परशुराम चतुर्वेदी
7.	मीराँबाई की शब्दावली और जीवन चरित्र	वेलवेडियर प्रेस, प्रयाग
8.	मीराँ दर्शन	लालसिंह शक्तावत
9.	मीराँ सुधा सिन्धु	स्व. आनन्द स्वरूप

10. मीराँ दर्शन — प्रो. मुरलीधर श्रीवास्तव
11. मीराँबाई नां भजनौ — हरसिद्ध भाई दिवेटिया
12. मीराँ की वाणी — रामलोचन शर्मा
13. मीराँ की पदावली — अज्ञात सन्त
14. मीराँ वृहत् पद संग्रह — पद्मावती शबनम
15. मीराँबाई की पदावली — बालेश्वर प्रसाद
16. मीराँ मन्दाकिनी — नरोत्तमदास स्वामी
17. मीराँबाई का काव्य — मुरलीधर श्रीवास्तव
18. मीराँबाई के गीत — आर.सी. टण्डन
19. मीराँ की पदावली — सदानन्द भारती
20. मीराँ — वामदेव शर्मा
21. मीराँ पदावली — श्रीमती विष्णु कुमारी मंजु
22. मीराँ — महावीरसिंह गहलोत
23. भजन संग्रह (तीसरा भाग) — वियोगी हरि
24. महिला मृदुवाणी — मुंशी देवी प्रसाद
25. गाथा पंचक — हरी आप्टे
26. वृहत् काव्य दोहन — इच्छाराम सूर्यराम देसाई
27. राग कल्पद्रुम
28. मीराँ वृहत्पदावली भाग-1 — स्व. पुरोहित हरिनारायण
29. मीराँ पदावली — शम्भूसिंह मनोहर
30. मीराँ सुधा लहरी — स्वामी आनन्द स्वरूप
31. मीराँबाई के भजन — ईश्वरी प्रसाद रामचन्द्र
32. श्री भक्त शिरोमणि मीराँबाई के भजन — श्री विश्वेश्वर प्रेस, बनारस
33. मीराँबाई के भजन — नवलकिशोर प्रेस, लखनऊ
34. मीराँबाई भजन भण्डार अर्थात् मीराँबाई बृत पद रत्न संग्रह — गोविन्दराम मोरावा कार्लेकर
35. मीराँबाई — सत्संग मण्डल नरनारायण मन्दिर, बम्बई
36. प्राचीन काव्य सुधा — छगनलाल विद्याराम रावल
37. सिलेक्शन फ्रॉम क्लासिकल लिटरेचर
38. मीराँ पदावली — ललित प्रसाद सुकुल
39. मीराँबाई आव उदेपुर — उपेन्द्रनाथ मुखोपाध्याय
40. राजस्थान में हस्तलिखित ग्रन्थों की खोज भाग-3 — उदयसिंह भटनागर
41. नागरी प्रचारिणी सभा की खोज रिपोर्टों में पदों की सूची

42. मीराँबाई एक मनन — डॉ. मंजुलाल मजुमदार
43. मीराँबाई और उनकी पदावली — प्रो. [illegible]शराजसिंह भाटी

पत्र-पत्रिकाएँ

मरु भारती :

1. भक्तिमती मीराँ के आराध्यदेव की मूर्ति का प्रश्न — पं. झाबरमल शर्मा, वर्ष-15, जन. 68 अंक-4
2. राजस्थानी लोक गीतों में नौ महिलाएँ — मनोहर शर्मा, वर्ष-2, जन. 55, अंक-2,
3. मीराँ का उपास्य भगद्विग्रह — गोपालनारायण बहुरा, वर्ष-16, अक्टू. 66, अंक-3
4. मीराँ काव्य का लोकतात्त्विक विवेचन — शम्भूसिंह मनोहर, वर्ष-14, अक्टू. 66, अंक-3
5. मीराँ विधवा नहीं, सधवा थी — दुर्गादत्त गोस्वामी, अक्टू. 64

शोध-पत्रिका उदयपुर :

1. आहाड़ का मीराँ मन्दिर — रत्नचन्द्र अग्रवाल, वर्ष-15, जन., 64, अंक-1
2. अजब कुंवरि और मीराँबाई — अगरचन्द नाहटा, वर्ष-14, अप्रैल 63
3. मीराँ के अप्रकाशित पद — अगरचन्द नाहटा, वर्ष-16, जुलाई-अक्टूबर 63, अंक 3-4
4. मीराँबाई का स्थितिकाल — हरिप्रसाद नायक, वर्ष-15, जुलाई 64, अंक-3

महाराणा कुम्भा संगीत समारोह स्मारिका :

1. कुम्भा और मीराँ — श्रीमती कमला अग्रवाल

हिन्दुस्तानी—इलाहाबाद :

1. मीराँबाई — परशुराम चतुर्वेदी, जून 1931, भाग-1 अंक-1

2. मीराँबाई और वल्लभ सम्प्रदाय — डॉ. पीताम्बरदत्त वड़थ्वाल, अप्रेल 1938, भाग-8, अंक-8
3. भक्त कवयित्री मीराँ के अप्रकाशित पद — अगरचन्द नाहटा, अक्टू. दिस. 1958, भाग-1, अंक-4

परिषद् निबन्धावली–प्रयाग :

1. मीराँबाई की जीवनी और कविता पर कुछ विचार — कुमारी कृष्ण, बी.ए., भाग-2

सम्मेलन पत्रिका :

1. मीराँ नाम : एक समस्या — डॉ. भगवानदास तिवारी, चैत्र-भाद्र पद, शक 1886, भाग-50, संख्या 2-3
2. मीराँबाई के काव्य में लोकजीवन — डॉ. देवीदत्त शर्मा, पौष, फाल्गुन, शक 1882, भाग-47, अंक-1
3. पुलीबाई और उनकी परची — डॉ. हीरालाल माहेश्वरी, पौष, ज्येष्ठ, शक 1887, भाग-51, संख्या 1-2

बुद्धिप्रकाश :

1. मीराँबाई नाम — के.का. शास्त्री, अक्टू.-दिस. 1939

आलोचना :

1. मीराँ वृहत् पद संग्रह (समीक्षा) — अक्षयचन्द्र शर्मा, जुलाई 1953
2. मध्यकालीन हिन्दी कवयित्रियाँ — डॉ. शैलकुमारी, अक्टू. 1952, अंक-1, वर्ष-2

राजस्थानी :

1. मीराँ के कुछ अप्रकाशित पद — नरोत्तमदास स्वामी, जुलाई 1939, अंक-1

2. मीराँ के कुछ अप्रकाशित पद	श्रीकरण शर्मा आचार्य, अक्टू.1939, अंक-2

भारतीय विद्या :

1. मीराँ के दो पद	भारतीय विद्या भवन

कल्याण :

1. भगवन्नाम महिमा और प्रार्थना	वर्ष-39, अंक-1, पृ. 476
2. मीराँबाई	कल्याण, जनवरी 1953, वर्ष-27
3. मीराँबाई	नलिनी मोहन सान्याल, जन. 1934

लोकवाणी :

1. मीराँबाई की भक्ति का स्वरूप	परशुराम चतुर्वेदी, दीपावली विशेषांक, सन् 1949

परिजात, पटना :

1. मराठी और गुजराती साहित्य में मीराँ	प्रभाकर माचवे, पाँचवाँ अंक

भारती, ग्वालियर :

1. मीराँबाई की परिचयी	अगरचन्द नाहटा, सन् 1955

राष्ट्रवाणी पुणे :

1. नरसी जी के माहेरौ का रचयिता और रचनाकाल	राष्ट्रवाणी, अप्रैल 1956 ई.

नागरी प्रचारिणी पत्रिका :

1. मीराँ से सम्बन्धित विभिन्न मन्दिर	श्रीमती पद्मावती शबनम, अंक 3-4, वर्ष-68, सं. 2020

साहित्य सन्देश :

1.	घायल मीराँ की अन्तर्वेदना	कन्हैयालाल सहल, दिस. 1949
2.	क्या मीराँ वृन्दावन गई थी?	श्रीकिरण बी.ए., दिस. 1951, अंक-6
3.	भगवती मीराँ की विरह साधना	श्री चन्द्रकला मित्तल एम.ए. मई 1958, वर्ष-13, अंक-11
4.	योग और योगिनी मीराँ	श्रीमती विमला गौड़ एम.ए., दिस. 1955, अंक-6, भाग-20
5.	मीराँ और सूर में प्रेम भक्ति के प्रतीक	वीरेन्द्रसिंह एम.ए., अप्रैल 1960, भाग-1
6.	गुजराती का सन्त साहित्य	नटवरलाल अम्बालाल व्यास, जुलाई-अगस्त 1958, भाग-20
7.	भारतीय नारियों की हिन्दी को देन	सुश्री कमलाकुमारी म. अग्रवाल दीपश्री, बी.ए., मार्च 1960, भाग-21, अंक-9
8.	मीराँ और महादेवी	प्रो. रघुवीरप्रसाद सिंह, दिरा. 1950, वर्ष-12, अंक-3

राजस्थानी समाज :

1.	मीराँ की जन्म-भूमि मेड़ता	ठा. मदनसिंह देवड़ा, 1961, अंक-7-8

सुधा, लखनऊ :

1.	मीराँबाई	ठा. गोपालसिंह मेड़तिया, मार्च 1928, वर्ष-1, खण्ड-2
2.	जोधपुर के संस्थापक राव जोधाजी	स्व. विश्वेश्वर नाथ रेऊ, वर्ष-6 खण्ड-1

विश्व भारती, शान्ति निकेतन :

1.	मीराँबाई, हर लाइफ टू सांग	विश्वभारती, जनवरी 1929

राजस्थान, कलकत्ता :

1. मीराँबाई — रामलोचन शर्मा एम.ए., वर्ष-1, सं-1, 1922

वीणा, इन्दौर :

1. मीराँ की प्रेम साधना — पं. रामावतार शर्मा, वर्ष-8, अंक-12 1935 ई.

सन्तवाणी, जयपुर :

1. मीराँ व मीराँ — स्व. पुरोहित हरिनारायण, 2001 सं.

देशदूत, प्रयाग :

1. मीरा व मीराँ — कु. सुखवीरसिंह गहलोत

सरस्वती :

1. मीराँबाई का जन्म स्थान कुड़की नहीं बाजोली है — कल्याणसिंह शेखावत, जून 1967

●●●